TEXTES DE LA RENAISSANCE
sous la direction de Jean-Charles Monferran
244

Série *Scriptorium*
dirigée par François Rouget
7

Cinq livres de L'Erynne françoise (1585) et autres poésies

Ubert Philippe de Villiers

Cinq livres de L'Erynne françoise (1585)

et autres poésies

Édition critique par François Rouget

PARIS
CLASSIQUES GARNIER
2022

François Rouget est professeur à Queen's University au Canada. Il a publié des éditions critiques de poètes et édité le *Livre de vers liriques*, les *Modèles de phrases* et *Lettres d'amour* de Pontus de Tyard. Il est l'auteur de *Ronsard et le Livre* (Genève, 2010-2012), *Dictionnaire de Pierre de Ronsard* (Paris, 2015) et *Ronsard et la fabrique des Poëmes* (Genève, 2020).

ISBN 978-2-406-13242-4 (livre broché)
ISBN 978-2-406-13243-1 (livre relié)
ISSN 1262-2842

INTRODUCTION

RÉCEPTION CRITIQUE DE VILLIERS

Qu'évoque aujourd'hui le nom d'Ubert (ou Hubert) Philippe de Villiers ? À l'exception de rares chercheurs, universitaires spécialistes de la littérature et, peut-être, de la musique du XVIe siècle en France, qui a entendu parler de ce personnage dont seules l'existence de quelques plaquettes de vers et l'édition tardive de *L'Erynne françoise* lui ont permis de subsister dans l'Histoire ?

Les bibliographes français de la Renaissance ne semblent pas l'avoir connu, mais La Croix du Maine et Du Verdier répertorient quelques-uns de ses ouvrages, en soulignant rapidement ses qualités de traducteur de l'italien[1], ou en mentionnant qu'il a écrit des vers français (*Le Limas*[2]). La rareté des exemplaires conservés de ses œuvres imprimées explique sans doute l'oubli dans lequel Villiers est tombé depuis la fin du XVIe siècle. Rarement évoqué dans les histoires littéraires de cette époque, ignoré des biographes, quasiment absent des anthologies poétiques modernes[3],

1 La Croix du Maine, *Premier volume de la Bibliotheque*, Paris, Abel L'Angelier, 1584, p. 171.

2 Antoine Du Verdier, *La Bibliotheque*, Lyon, Barthélemy Honorat, 1585, p. 572-573. Pour sa part, Gilles Corrozet avait retenu deux extraits du *Limas* dans le *Parnasse des poetes françois modernes* (Paris, Galliot Corrozet, 1578 [1re éd. 1571], f. 135r°-v° [v. 357-366] et f. 136r° [v. 267-272]). Cette anthologie poétique a été étudiée par Antonin Godet dans sa thèse de doctorat, *Le Parnasse des poètes françois modernes de Gilles et Galliot Corrozet (1571, 1572, 1578) : édition critique*, dir. M. Clément, Université Lyon 2, 2020.

3 Ainsi, Marcel Raymond ne cite son nom qu'une seule fois, au détour d'une référence (*L'Influence de Ronsard sur la poésie française [1550-1585]*, Genève, Droz, 1965 [1re éd. 1927], t. II, p. 2, n. 1). On ne trouve aucune référence à Villiers dans la monographie de l'abbé François Charbonnier (*La Poésie française et les guerres de religion [1560-1574]*, Paris, 1920 ; rééd. Genève, Slatkine Reprints, 1970), ni dans la synthèse d'Henri Weber (*La Création poétique au XVIe siècle en France de Maurice Scève à Agrippa d'Aubigné*, Paris, Nizet, 1955). Seul Jacques Pineaux évoque succinctement son rôle de secrétaire du Prince de Condé, et l'hommage poétique qu'il avait composé pour saluer la disparition tragique de celui-ci

Villiers doit peut-être aussi l'ignorance dont il fait l'objet à la modestie de son corpus poétique.

L'Erynne françoise (Paris, Jean Le Blanc, 1585), œuvre de la maturité composée et transformée au cours d'une quinzaine d'années, fait exception à la règle. Elle est l'œuvre la plus ambitieuse du poète, qui se fait le témoin des guerres civiles et religieuses. Cette fresque lyrique, encyclopédique, satirique et, parfois, énoncée sur le mode épique, a suscité l'intérêt de quelques curieux. Dans un article de 1976, Lino Pertile, croyant que ce poème était inédit, et connu que par la seule copie anonyme, unique et incomplète, du manuscrit Français 22564 de la BnF (provenant de la collection de François Rasse des Neux), lui accorda une courte étude et en attribua, par erreur, la paternité à Germain Audebert. Il ignorait que, dès 1922, Fernand Fleuret et Louis Perceau avaient choisi d'inclure le Tiers Livre de *L'Erynne françoise* dans leur anthologie des *Satires françaises du XVIe siècle*[4]. La seule étude consacrée à ce poème est due à Guy Thuillier, qui replace cette « épopée morale » dans la bibliographie connue du poète, et reproduit trois extraits des Livres I et III[5].

Comme un certain nombre de lettrés de ce temps, et de poètes occasionnels, Villiers connut une existence agitée dont il est souvent difficile de retracer les étapes. C'est au moyen des témoignages de ses contemporains, et en puisant une information assez pauvre par l'examen de ses œuvres poétiques, que l'on souhaite ici dresser le portrait de Villiers.

---

en 1569 (*La Poésie des protestants de langue française [1559-1598]*, Paris, Klincksieck, 1971, p. 173).

4 Paris, Garnier Frères, 1922, t. II, p. 117-130. La brève notice introductive décrit erronément le poème comme écrit « en trois chants » (p. 117).

5 Voir « Un poème protestant inconnu : *L'Erynne françoise* d'Ubert Philippe de Villiers (1585) », *La Revue administrative*, n° 333, mai 2003, p. 240-245. La parution tardive de cet article explique sans doute qu'elle ait échappé à la bibliographie critique de Bruno Méniel qui, cependant, cite plusieurs fois l'épopée de Villiers (*Renaissance de l'épopée. La poésie épique en France de 1572 à 1623*, Genève, Droz, 2004, p. 314 et 473). Du même auteur, voir « La colère dans la poésie épique, du Moyen Âge à la fin du XVIe siècle », *Cahiers de Recherches Médiévales et Humanistes*, 11, 2004, p. 37-48 (ici p. 5).

DES ORIGINES FAMILIALES LYONNAISES ?

On ne connaît pas les dates de naissance et de décès d'Ubert Philippe de Villiers. Il faut donc se tourner vers ses écrits et ceux de ses contemporains pour tenter de reconstituer son itinéraire.

La critique a d'abord supposé que le poète prénommé Ubert, actif entre 1553 et 1586, ayant composé la musique qui accompagne l'*Aer funebre sur la mort de Prince Loys de Bourbon, Prince de Condé* (1569[6]), et son homonyme prénommé Pierre, musicien et compositeur à Lyon entre 1532 et 1543, ne faisaient qu'un seul et même homme[7]. En vérité, il y a peu de chance que cela soit le cas. L'écart des périodes d'activité des deux artistes suggère qu'ils appartiennent à deux générations différentes.

Le premier, désigné simplement comme « Villiers » par Charles de Sainte-Marthe en 1540[8], est un musicien qui a produit une œuvre dans les registres profane et sacré[9], diffusée par les libraires d'abord lyonnais (Jacques Moderne), avant d'être repris dans certaines anthologies parisiennes (Pierre Attaingnant, Nicolas du Chemin, Adrian Le Roy et Robert Ballard). Son répertoire met en musique des poètes lyonnais (outre Charles de Sainte-Marthe : Pernette du Guillet et Maurice Scève[10]). Son nom d'artiste est signé P. Villiers, voire Villiers ou De Villiers, signature qu'on trouve dans quelques ouvrages poétiques et musicaux, comme le recueil intitulé *Chant natal contenant sept Noelz [...]* (Lyon, Sébastien Gryphe, 1538) de Barthélemy Aneau[11], que Villiers a pu cotoyer au collège de la Trinité.

L'autre personnage à porter ce nom affiche ostensiblement sa marque (pour mieux de démarquer de P. de Villiers ?), avec un prénom composé,

6 Voir ce texte *infra*, p. 195-201.

7 Voir surtout *Music in Renaissance Lyons*, Oxford, Clarendon Press, 1992, p. 185-188, et *passim*.

8 *La Poësie françoise*, Lyon, Le Prince, 1540, « A Villiers, Musicien tresparfaict », p. 97-98 (accessible sur Gallica), et F. Dobbins, *op. cit.*, p. 77-78.

9 Voir Pierre de Villiers, *Chansons*, introduction et transcriptions par Frank Dobbins et Jean Duchamp, Paris, H. Champion, 1997, et *id.*, *Motets et messe*, introduction et transcriptions par David Fiala, Paris, H. Champion, 1999.

10 F. Dobbins, *Music in Renaissance Lyons*, *op. cit.*, p. 78-85.

11 « Noël mystic », f. d2v°, et F. Dobbins, *Music in Renaissance Lyons*, *op. cit.*, p. 63-64, et l'éd. citée des *Chansons*, p. XXIX, n° 16. Sur la relation d'Aneau et de P. de Villiers (confondu avec Ubert Philippe), voir l'édition d'*Alector* de B. Aneau par Marie Madeleine Fontaine, Genève, Droz, 1996, t. 2, p. 860.

écrit en toutes lettres et placé sous toutes ses œuvres poétiques. En outre, il ajoute ses devises (« Si plus non mieus », « *Tandem ad astra ferar* ») à la fin de ses compositions qu'il commence à faire paraître à Lyon, à partir de 1553. Auteur de vers liminaires, commandités ou non par les libraires, et destinés à accompagner les ouvrages de ses amis (Ch. Fontaine, G. Symeoni), ce Villiers paraît ici faire ses premières armes, avant de se consacrer à des œuvres plus ambitieuses à partir de la décennie 1560-1570. Le répertoire d'Ubert Philippe est différent de celui de Pierre ; ses sources, ses lectures, son style musical[12], ses formes mêmes relèvent de l'esthétique de la Pléiade. Si rien n'exclut qu'un lien de parenté unissait les deux personnages – que la présence à Lyon et l'activité musicale[13] semblent avérer –, il reste pour le moment mystérieux[14]. Ubert Philippe était peut-être le fils[15] ou le neveu de Pierre de Villiers, mais cela reste conjectural.

Les activités littéraires d'Ubert Philippe montrent qu'il devait graviter dans le milieu lyonnais des écrivains, des musiciens, et des libraires. Comme de nombreux autres lettrés, tâcherons au service des imprimeurs-libraires, tels François de Belleforest ou Gabriel Chappuys[16], Villiers semble semble avoir d'abord exercé une fonction de traducteur, produisant des adaptations d'ouvrages italiens rapidement popularisés, et diffusés dans une ville où la présence des Italiens était forte : les *Jeux divers* d'Innocento Ringhieri, les lettres de Parabosco, deux ouvrages qui seront régulièrement réédités en France dans la seconde moitié du siècle.

---

12 Voir F. Dobbins, *Music in Renaissance Lyons*, *op. cit.*, p. 86 et 188, qui souligne l'écart entre le style polyphonique et contrapuntique de P. de Villiers, et le style monodique employé par Ubert Phillipe dans l'*Aer* de 1569. Voir aussi les commentaires d'Isabelle His dans « Autour de l'*Aer funebre sur la mort lamentable de tres-vertueux, tres-illustre & tres-invincible Prince Loys de Bourbon, Prince de Condé* d'Ubert Philippe de Villiers », in *Louis Ier de Condé, Prince du sang et huguenot (1530-1569)*, Actes du colloque de Chantilly (2019), dir. Hugues Daussy, à paraître. Nous remercions I. His de nous en avoir communiqué la copie.

13 Dans les *Ruisseaux* de Charles Fontaine (Lyon, Thibaut Payen, 1555, p. 334 ; accessible en ligne), celui-ci accorde une épigramme à Villiers, vanté comme poète et musicien (voir *infra* p. 162-163). Par ailleurs, les liens supposés de Villiers et du chanteur Jacques Busserat (voir *infra* p. 12-13), invitent à penser que le poète resta attaché à Lyon et au milieu des compositeurs et chanteurs au cours de sa maturité.

14 C'est aussi à cette conclusion que parvient F. Dobbins (*Music in Renaissance Lyons*, *op. cit.*, p. 188).

15 Voir Pierre de Villiers, *Chansons*, éd. citée, introduction, p. xv.

16 Voir respectivement Michel Simonin, *Vivre de sa plume au XVIe siècle ou La carrière de François de Belleforest*, Genève, Droz, 1992, et Jean-Marc Dechaud, *Bibliographie critique des ouvrages et traductions de Gabriel Chappuys*, Genève, Droz, 2014.

À cette date de 1555, Villiers est peut-être entré au service de la famille de Bourbon, ou aspire à devenir l'un des protégés de Marguerite, duchesse de Nevers[17]. Dans la décennie suivante, il a dû entrer au service du chef de guerre et protestant Antoine de Croÿ, Prince de Porcien, dont il fut le secrétaire et à qui il rend un hommage funèbre en 1567. Ce lien avec le clan des Bourbon (Antoine de Croÿ était le neveu d'Éléonore de Roye, première épouse de Louis Ier de Condé) lui permit vraisemblablement de trouver un nouvel emploi auprès du Prince de Condé. Mais cet état fut de courte durée car le prince mourut assassiné, peu après, lors de la défaite de Jarnac (1569).

Que devint alors Villiers ? Trouva-t-il une nouvelle place dans cette famille illustre, mais tourmentée par les guerres civiles ? Ou envisagea-t-il de se tourner vers un nouveau mécène ?

Le manuscrit de présentation de *L'Erynne françoise*, offert à Henri III[18], montre qu'il s'efforçait de solliciter la bienveillance du monarque, peut-être dans l'espoir d'obtenir un office dans son administration. Cette version intermédiaire de l'œuvre, déconfessionnalisée, donne l'image d'un homme soucieux de paix et de tolérance, qui mit sous silence ses convictions religieuses et prêta allégeance à la couronne. On perçoit aussi dans ce poème ambitieux la lassitude d'un Français qui cherche à atteindre la plénitude du repos, après avoir servi (peut-être au plus près des événements) des chefs de guerre engagés.

Toujours est-il qu'après une période de silence s'étendant sur une quinzaine d'années, qu'il mit à profit pour réviser son poème, Villiers se décida à la faire paraître, cette fois à Paris (1585), dans le format généreux de l'in-quarto. Dédiée à Philippe Desportes, le poète favori du roi Henri III, alors au firmament de sa popularité, *L'Erynne françoise* est l'œuvre d'un officier de la couronne. Villiers s'y présente comme Conseiller et Élu du baillage de Clamecy (dans le département actuel de la Nièvre), c'est-à-dire chargé d'administrer et de répartir les tailles[19].

---

17 Voir la dédicace à cette princesse, placée en tête des *Cinquante jeus divers* (Lyon, Charles Pesnot, 1555 ; accessible sur le site de la Bayerische Staatsbibliothek München).

18 Voir *infra*, p. 13-14.

19 Voir Gustave Dupont-Ferrier, « Essai sur la géographie administrative : des élections financières en France de 1356 à 1790 », *Annuaire-Bulletin de la Société de l'Histoire de France*, 1928, 65 (2), p. 193-342. Pour Clamecy, voir p. 274-275, et l'Abbé Jean-Joseph Expilly, *Dictionnaire géographique, historique et politique des Gaules et de la France*, Amsterdam et Paris, Nyon *et alii*, 1762-1770, t. II (C-E), p. 358.

Nul ne sait à quelle date cette charge lui échut, ni jusqu'à quand il exerça cette fonction, mais elle révèle que Villiers s'était rangé du côté du parti royal, tout en préservant peut-être ses convictions religieuses.

L'ERYNNE FRANÇOISE

L'épopée morale composée par Villiers a connu une longue genèse, commencée après la mort de Louis de Condé, puis offerte sous une version provisoire, et plus courte, à Charles IX (avant 1574), et enfin remaniée et étoffée, avant d'être publiée en 1585. Ce poème se rencontre dans plusieurs versions, manuscrites et imprimée, qu'il convient de rappeler :

1. le manuscrit Rawlinson Poet. 244 de la Bodleian Library d'Oxford University (avec pour *terminus post quem* août 1570, et pour *terminus ante quem* mai 1574) qui procure sans doute la première version mise au net de « L'Erynne Françoise de la France affligée divisée en trois livres avec le Paradoxe des Cornes, avec plusieurs odes, Eclogues et stances ». Ce titre, rédigé par une main postérieure, est erroné car le poème est constitué de quatre livres dédiés à Charles IX. Ce manuscrit présente un intérêt précieux ; en effet, il offre des vers inédits de Villiers qui permettent de reconstituer ses réseaux et de documenter ses goûts littéraires. Son examen laisse deviner qu'il a appartenu à Jacques Busserat, musicien et chanteur[20], lequel a porté sa signature sur les premières et dernières gardes. Il a d'abord transcrit la partition d'une chanson (*incipit* : « Qui ne l'aymeroit la belle au corps gent », RISM B I), mise en musique par Nicolas Gombert (v. 1495-v. 1560), et au verso il a entamé l'accompagnement musical des premiers vers de *L'Erynne*[21]. À la

20 Castrat, Jacques Busserat (ou Buserat/Bucerat), né à Issoudun, fut actif à la Sainte-Chapelle de Bourges de 1565 à 1572. Il entra ensuite à la Chambre et Chapelle royale de France où il exerça au titre de musicien et chantre jusqu'en 1587. Il participa au Puy d'Évreux (1581) et devint membre de la congrégation royale des Pénitents de l'Annonciation (1583). Sur ce personnage, voir Isabelle Handy, *Musiciens au temps des derniers Valois (1547-1589)*, Paris, H. Champion, 2008, p. 377, 453, 456 et *passim.*

21 À moins que ces essais musicaux n'aient été copiés par Villiers lui-même…

fin du manuscrit, il a inscrit cette note : « Ce present livre est et appartient à moy Jacques de Busserat / qui le trouvera si le me rende et je payeray de vin jour et feste de sainct martin ou de sainct Jacques mon parrin / Busserat ». Au-dessus, d'une autre main, on trouve cette indication : « Pour monsieur Busserat ». On ignore si ce recueil de vers est autographe, mais il témoigne d'une relation privilégiée existant entre le poète et le musicien.

2. le manuscrit Français 22564 de la BnF, provenant des papiers du médecin parisien François Rasse des Neux[22], qui procure sur dix feuillets et deux colonnes une copie incomplète de *L'Erynne françoise*, identique à la version d'Oxford.
3. le manuscrit retrouvé à la Bibliothèque Vadiana de St. Gallen (Ms. 457), qui constitue une copie de présentation offerte au roi Henri III, sans doute au moment de son avènement sur le trône en 1575, ou peu après. Le manuscrit sur parchemin, recouvert d'un vélin doré, offre un texte élégant et aéré, entièrement réglé, orné de lettrines illustrées, et portant quelques corrections du copiste (f. 8r°, 10v°, 17r°-v°, 22v°, 24v°, 25r°, et 27v°). Le poème porte un nouveau titre : *De L'Erynne françoyse ou civile fureur, divisée en cinq livres par Ubert Phillippe de Villiers*. Le texte occupe trente-huit feuillets. Le poème est précédé d'une dédicace « Au Roy[23] » (fig. 1). Une seconde main, cursive, qui peut (doit ?) être celle de Villiers, a inscrit deux vers supplémentaires à la fin du Livre II (f. 15r°), deux autres à la fin du Livre III (f. 20v°) et douze autres à la fin du Livre V (f. 31v° ; fig. 2). Le nouveau plan en cinq parties et les modifications apportées à la fin du texte montrent que cette version coïncide avec le retour d'Henri en France, après son bref séjour en Pologne, au cours du second semestre de l'année 1574, avant d'être sacré à Reims, en février 1575.

---

22 Sur ce personnage bibliophile, témoin important de la vie politique et culturelle du temps, voir Jeanne Veyrin-Forrer, « Un collectionneur engagé, François Rasse des Neux, chirurgien parisien », in *La Lettre et le texte*, Paris, ENS Éditions, 1987, p. 423-477, et Gilbert Schrenck, édition du *Recueil poétique* (BnF, Ms. Fr. 22565) de François Rasse des Neux, Paris, Classiques Garnier, 2019. Voir aussi F. Rouget, « La bibliothèque de François Rasse des Neux : compléments d'enquête », in *Labyrinthes de l'esprit, Actes du colloque de la FISIER (Montréal 2011-Cambridge 2012)*, dir. R. Gorris Camos et A. Vanautgaerden, Genève, Droz, 2015, p. 421-471.

23 Nous la reproduisons in extenso parmi les variantes, en fin de volume, p. 203.

4. l'édition imprimée des *Cinq Livres de L'Erynne françoise* pour le libraire Jean Le Blanc, à Paris, en 1585. Le texte de ce volume in-quarto en a été entièrement revu et restructuré par l'auteur, qui en a actualisé la perspective d'après le contexte historique (règne d'Henri III). Cette fois, l'œuvre est dédiée à Philippe Desportes, poète favori du roi, comme si l'auteur se tournait vers le public de lecteurs, et plus seulement la Cour. Le nombre et la nature des modifications opérées par Villiers permettent de mesurer le chemin parcouru entre les premiers tâtonnements de 1570 et la version finalement imprimée en 1585.

Entre le projet initial et sa réalisation finale, le plan de *L'Erynne françoise* est passé de quatre à cinq Livres, un quatrième venant s'intercaler entre les Livres III et V. C'est la version de 1585 qui a été remaniée le plus et qui s'est étoffée d'un quart par rapport à celle de la Vadiana, et de moitié par rapport à la version d'Oxford. Villiers s'est efforcé d'amplifier sa vision des guerres civiles par de nombreux détails. Les retouches stylistiques, qui affectent presque tous les vers, vont dans le sens d'une plus grande clarification des images, des références, et d'une actualisation historique. Ce qui était au départ une fresque de la France des années 1570-1575 est devenu une épopée morale et satirique, une allégorie dramatique, et un message politique porteur de paix, qu'induisait l'avènement d'Henri III, loué par le poète.

La version manuscrite anglaise du poème le structure en quatre parties, précédées à chaque fois d'un « argument » (sauf le Livre I) qui résume son propos :

– *Ce livre second donne à congnoistre l'ire de Dieu provocquée par les debordementz et vicieuses actions et impietez de la France qui luy faict lascher la bride aux fleaux et executementz de sa vengence. La Mort, la Peste, la Guerre, la Famine, et aultres sortes de persecutions pour ravager par la France. Sus laquelle exerceans leur rage, renversant tout, et d'un miserable desordre, furieusement se bande contre soy mesme : preste à sentir une entiere ruine sans l'aide survenu de la misericordieuse main de Dieu.*
– *En ce troysiesme livre, sont sommairement touchez les principaux poinctz des braves exploicts qui ont estés executez d'une part et d'aultre durant les premiers, seconds et derniers troubles ; dont le discours est clos par l'exaltation*

des actes valeureux et remercables victoires obtenues par Monseigneur le duc d'Anjou, frere du Roy ; avec un sommaire regret de trois grandz chefz des deux costez, lesquelz y sont demeurez à diverses foys.

– *Ce quatriesme et dernier livre* [Livre V en 1585] *exprime les douleurs et pitoyables regretz de la France, laquelle ne peult plus supporter le poisant faix de si cuisantz maleurs, enfin a recours à la misericorde de Dieu et par une devote et pitoyable oraison fleschit et appaise le rigoureux courroux du souverin, lequel d'en hault envoye la paix en terre qui est reconnue apres un long-temps par ce tres grant Roy Charles neufiesme regnant, lequel pour la grandeur et gloire immortelle de S. M. pour le bien commun et conservation de ses subgectz nous en faict heureusement jouir.*

Ce schéma narratif ne change pas à partir de 1575, mais il est déployé avec plus de force et d'expressivité. On le constate dès l'ouverture du poème, plaçant le spectacle du monde devant les yeux du lecteur qui découvrent le passage de la chorographie au paysage[24]. La vision panoramique s'effectue d'un point de vue céleste et énumère les parties de la terre, depuis l'Asie centrale jusqu'à l'Europe occidentale, comme si chaque partie géographique apparaissait au cours de leur désignation et venait peu à peu compléter l'image (v. 1-214). Cette focalisation externe relayée par le regard du Créateur s'attache ensuite à l'espace restreint de l'Europe, et surtout de la France, cadre où prend place le tableau de l'Âge de fer qui marque son déclin (v. 215-348).

Le Second Livre voit le déclenchement de l'action dramatique, selon un schéma qui transpose la conception de la punition intermédiaire exercée par Jupiter, que se faisaient les Étrusques et que rapporte Sénèque (*Questions naturelles*, II, 41-44[25]). Dieu, exaspéré par les exactions commises

24 Sur cette question, voir Frank Lestringant, « Chorographie et paysage à la Renaissance », in *Le Paysage à la Renaissance*, études réunies par Yves Giraud, Fribourg, Éditions Universitaires, 1988, p. 9-26.

25 Selon cette conception, Jupiter lance sa foudre sur les méchants et intervient d'abord en chargeant un émissaire de châtier à sa place, puis en épargnant les coupables. Le Dieu de Villiers est à la fois sévère et débonnaire. – La Fontaine en propose une version courte dans la fable intitulée « Jupiter et les tonnerres » (II, 20) : « Jupiter, voyant nos fautes, / Dit un jour du haut des airs : / "Remplissons de nouveaux hôtes / Les cantons de l'univers / Habités par cette race / Qui m'importune et me lasse. / Va-t'en, Mercure, aux enfers : / Amène-moi la furie / La plus cruelle des trois. / Race que j'ai trop chérie, / Tu périras cette fois." / Jupiter ne tarda guère / A modérer son transport. / O vous, rois, qu'il voulut faire / Arbitres de notre sort, / Laissez entre la colère / Et l'orage qui la suit / L'intervalle

par son peuple, intervient et décide de le punir. Le bras armé de sa vengeance sera Alecto, l'une des Érinyes ou Euménides, déesses des Enfers, qui est conviée par l'ange ambassadeur de Dieu à libérer les forces de la guerre et ses fléaux. De manière prophétique, est promise aux Français, vicieux et oublieux de l'autorité divine, une guerre sanglante au cours de laquelle chacun subira les atrocités de son adversaire (v. 205-242). Cette mise en garde, ignorée des belligérants, cause le déclenchements des hostilités. Villiers présente alors un nouveau tableau topique de la littérature morale, celui du monde à l'envers (v. 273-315), avant l'arrivée de la nuit qui suspend l'action (v. 347-362).

Celle-ci reprend à l'aube et se déploie dans l'ensemble du Tiers Livre. Villiers décrit un champ de bataille, ou théâtre des guerres intestines, où les hommes subissent les châtiments divins. Le poète intervient et apostrophe les combattants pour neutraliser leur conflit, lequel s'étend au cadre naturel, et se répand dans la totalité de l'espace (v. 174 : « Le bas en hault s'esleve et le hault donne à bas »). C'est à ce moment précis, au cœur ou presque du poème, que Villiers énonce sur un ton élégiaque son témoignage personnel devant le spectacle de l'horreur. Le « je » qui parle énonce une plainte émouvante à laquelle succède une réflexion historique, politique et morale, dont l'objectivité accuse les deux camps, à présent identifiés, des catholiques et des protestants (v. 215). L'exaspération du poète, face à la répétition des guerres que les trêves ne parviennent à éteindre, s'épuise dans l'évocation désolée des héros morts au combat, pleurés par les deux partis, et dont il ne demeure que le souvenir des mânes (v. 387-406).

Au fur et à mesure qu'on avance dans la lecture de *L'Erynne françoise*, on perçoit la présence croissante de l'auteur qui s'affirme dans son œuvre. Villiers réagit en poète d'une « France affligée », il s'en fait le porte-parole fidèle et ému. Le Quart Livre est avant tout une complainte ou longue déploration en vers, qui choisit d'évoquer le tableau de la paix (laquelle fait l'objet d'un hymne vibrant, v. 161-198) pour mieux faire sentir l'absurdité et l'injustice des guerres de religion. L'Âge d'or rêvé et regreté a laissé place à l'âge de l'or dans la France du XVIe siècle, qui a fini par tout corrompre et à imposer l'âge de fer ou des armes. Au

d'une nuit. / Le dieu dont l'aile est légère / Et la langue a des douceurs / Alla voir les noires sœurs. / A Tisiphone et Mégère / Il préféra, ce dit-on, / L'impitoyable Alecton » (*Œuvres complètes*, éd. J.-P. Collinet, Paris, Gallimard, « Bibl. de la Pléiade », 1991, t. I, p. 328).

grand plaisir de l'Érinye, à travers le regard de laquelle apparaît l'image du triomphe de la Mort, qui vient tourmenter ceux qui ont causés les désordres civils.

Autant le Quart Livre semblait conclure sur la victoire de la Mort, autant le suivant s'ouvre sur l'espoir d'une ère nouvelle. Tout le début est occupé par la description traditionnelle du lieu de plaisir (*locus amoenus*) sur les bords de la Seine, d'un espace épargné, hors du temps, d'un jardin édenique marqué par le souvenir du *Roman de la Rose*. Dans ce lieu magique, où s'accorde la variété de la nature printanière et la force de l'art, Villiers a placé la France, personnification du pays qui prend soudain la parole pour énoncer une « oraison » à Dieu (v. 107-242). Dans un acte de contrition, sa prière fervente en appelle à la miséricorde divine. Dieu ne tarde pas à l'entendre et à exhaucer son vœu, d'une façon aussi rapide que brutale (v. 243-252). Son pardon prend la forme d'une nouvelle alliance entre Lui et son peuple incarnée par l'avènement d'un nouveau roi, Henri III, à peine rentré de l'étranger. En Hercule gaulois, il parvient à abattre la guerre (v. 329-330), il se soumet les combattants et rétablit l'ordre de ses « sainctes loix » (v. 340). Cette fin heureuse est l'occasion de louer le roi (et destinataire ultime du poème), comme promoteur d'un second Âge d'or, et, après une comparaison avec ses ancêtres (v. 393-404) – qui rappelle le catalogue des rois de France de *La Franciade* (Livre IV) de Ronsard –, de lui dresser un péan ou chant de triomphe hyperbolique (v. 405-410).

Comme le laisse apparaître la structure d'ensemble, *L'Erynne françoise* ménage des temps forts et des temps faibles, fait alterner descriptions et séquences narratives, énonce une morale universelle qui s'appuie sur le témoignage personnel de l'auteur, et confère aux cinq Livres un schéma dramatique d'allure tragique dont l'issue est heureuse.

À travers ce poème, qu'on peut ranger soit dans la catégorie des épopées (comme le fait B. Méniel), soit dans celle des romans allégoriques en vers, soit dans celle des complaintes et exhortations politiques, à l'exemple des premiers *Discours* de Ronsard (« Discours des miseres de ce temps » et « Continuation du discours des miseres »). L'auteur morigène les deux camps sur terre, en se tournant vers Dieu pour qu'Il fasse abattre sa colère sur eux, et leur indique la voie à suivre pour retrouver la raison et l'ordre. Tout au long du récit, le poète questionne l'écart qui sépare le Ciel de la Terre, c'est-à-dire condamne la rupture de Dieu et des hommes. La prégnance du registre lexical de la verticalité (« en hault… hault… / enbas… ça bas ») accuse cette déliaison, car les hommes ont oublié l'autorité de Dieu, et signale un besoin de transcendance. Pire, ils la défient sans cesse, comme ces Géants révoltés contre Zeus, voulant écheler jusqu'aux cieux, dont le mythe est omniprésent en arrière-plan de *L'Erynne françoise*. Après avoir rapporté les horreurs de la guerre, qui semble se répandre sur terre comme un incendie, Villiers fait intervenir la France elle-même, figure allégorique et défigurée, incapable d'exhorter son peuple à la sagesse. Sans l'irruption de la trancendance, qui parvient à vaincre le chaos, et sans l'arrivée d'un messie politique (le roi), la machine infernale des guerres n'aurait pu être enrayée. C'est dire si, dès le début et jusqu'à la fin, la présence active de Dieu est décisive. C'est Lui qui décide de réagir face au désordre dans sa création (l'action du récit commençant *in medias res*) et qui y met un terme brutalement (*deus ex machina*).

Comme beaucoup de ses contemporains, Villiers se désole des déprédations et des massacres. Il ne prend pas position en faveur de l'un ou de l'autre camp et, malgré ses sympathies pour les huguenots qu'il servit jusqu'en 1569 au moins, son œuvre est déconfessionnalisée. Entre Ronsard, qui durcit ses positions et prend la défense du parti catholique, et d'Aubigné, qui fait le procès de celui-ci et parle au nom de tous les protestants, Villiers reste neutre. S'il appuie Charles IX, peu après 1570, puis son successeur au trône de France, c'est qu'il voit en eux l'espoir d'une paix civile. *L'Erynne françoise* est l'épopée d'un conflit politique ; elle est aussi une réflexion plus large sur une polarité naturelle de l'humanité, la guerre et la paix, et les moyens d'assurer l'équilibre entre les forces du monde, « les accords discordans » qui sont les ressorts de la vie. C'est pourquoi la structure de *L'Erynne françoise* se plaît à poser en contrepoint, d'un côté, la fresque animée des forces du mal qui, libérées des Enfers, viennent décharger leur potentiel de haine en surface, et, de l'autre, le tableau du jardin idyllique où se repose le personnage de la France, refuge à partir duquel celle-ci prie Dieu d'accorder sa clémence.

En poète pacifique, désorienté par les débats du temps, Villiers fait entendre sa voix. L'étude de ses sources, des influences perceptibles dans ses vers, montre qu'il possède une culture à la fois profane et religieuse. Mais, chez lui, les références bibliques n'envahissent pas l'espace du poème. Son imaginaire puise aux auteurs de l'Antiquité (Homère, Virgile surtout, Lucain), aux Italiens (Pétrarque, Folengo, L'Arioste, les

Bernesques) et au patrimoine national. Villiers a lu Chartier, Marot, Scève (*Microcosme*) et les poètes de la Pléiade, peut-être aussi Du Bartas bien qu'on ne puisse assurer qu'il ait connu *La Sepmaine* avant de rédiger complètement *L'Erynne françoise*. Son style lui est personnel, souvent abrupt, porté par une langue riche de néologismes et d'archaïsmes, d'épithètes homériques, et conduit par une syntaxe ample et parfois heurtée. Si l'on note ici ou là des imperfections, des facilités (à la rime), voire des licences, elles sont souvent corrigées dans les versions successives du poème. L'originalité de celui-ci tient à la manière assez habile avec laquelle le poète a orchestré les composantes, et disposé les schèmes descriptifs, narratifs, lyriques, informatifs et argumentatifs. Et l'on pourrait appliquer à *L'Erynne françoise*, poème hybride, la définition tardive que Du Bartas a donnée de *La Sepmaine*, qui « n'est [...] un œuvre purement Epique, ou Heroïque, ains en partie Heroïque, en partie Panegirique, en partie Prophetique, en partie Didascalique ». Et d'ajouter, pour expliciter la nature rhétorique de son projet :

> Ici je narre simplement l'histoire ; là j'émeu les affections : Ici j'invoque Dieu ; là je luy en ren graces : ici je luy chante un Hymne, et là je vomi une Satire contre les vices de mon age : ici j'instrui les hommes en bonnes meurs, là en pieté : ici je discours des choses naturelles, et là je loue les bons esprits[26].

On l'a compris : le poème militant de *L'Erynne françoise* mérite d'être lu et, peut-être, médité, ne serait-ce que parce qu'il témoigne des horreurs des guerres de religion d'une manière vibrante, et qu'il dépeint le tableau de la France « en mère affligée » en anticipant sur celui qui sera largement amplifié dans *Les Tragiques* (1616) d'Agrippa d'Aubigné[27].

---

26 *Brief advertissement de G. de Saluste, Seigneur Du Bartas, sur quelques points de sa Premiere et Seconde Semaine*, Paris, Pierre L'Huillier, 1584 ; rééd. *La Sepmaine ou Creation du monde*, éd. dir. par Jean Céard, Paris, Classiques Garnier, t. I, 2011, p. 456.

27 Voir dans l'annotation de *L'Erynne françoise* les rapprochements possibles. – D'Aubigné a pu connaître Villiers, soldat comme lui (?), et servant la cause du parti protestant. D'Aubigné participa à la bataille de Jarnac à l'issue de laquelle Condé perdit la vie. Sa présence intermittente à la Cour (1573, 1576) lui offrit aussi des occasions de croiser les poètes du temps, comme Villiers. D'après son témoignage, il paraît avoir entamé la composition des *Tragiques* peu après 1577, mais cette affirmation est remise en doute. Sur la genèse du livre, voir l'éd. de J.-R. Fanlo, Paris, H. Champion, 1995, t. II, p. 825-840 (« Hypothèses de datation »).

AUTRES POÉSIES DE VILLIERS

L'activité littéraire de Villiers semble avoir été entamée par des travaux de commande ou dictée par les circonstances. Ses premiers essais constituent des traductions de l'italien : compte rendu de bataille (1553), adaptations d'Innocento Ringhieri et de Girolamo Parabosco. À l'occasion, il compose des vers de compliments accordés à ses connaissances (Charles Fontaine, Gabriele Symeoni), une activité qu'il poursuit tout au long de sa carrière pour rendre hommage à ses maîtres (Antoine de Croÿ, Louis de Condé). À chaque fois, il adopte un genre rhétorique et une forme prosodique qui sont adaptés à la situation : l'épigramme de dédicace, le sonnet ou l'ode d'appui à un confrère. Tantôt, il traite sur le mode burlesque une épopée d'inspiration berniesque (*Le Limas*, 1564) ; tantôt, il élève la voix pour dresser un hymne philosophique (dans le *Theatre du monde* de Pierre Boaistuau, 1566), et choisir le dialogue pour dramatiser la disparition des chefs du parti huguenot (1567-1569). Plus ou moins développés, ces poèmes révèlent l'éclectisme des goûts et la plasticité formelle de la poétique de Villiers.

À côté de ces compositions imprimées, figurent d'autres pièces que nous reproduisons ici pour la première fois. En effet, le manuscrit Rawlinson Poet. 244 d'Oxford contient à la suite de *L'Erynne françoise* un corpus de neuf poèmes d'inspiration très variée dont la rédaction s'arrête vraisemblablement avant 1574. La première pièce de vers illustre le genre de l'hymne paradoxal mis à la mode par Ortensio Lando en Italie (*Paradossi*), puis adapté et imité en France. Le « Paradoxe des cornes », suite de 522 octosyllabes, traite sur le mode comique un sujet apparemment sérieux, que Remy Belleau puis Jean Passerat, parmi d'autres, reprendront pour blasonner le symbole de la force, de l'honneur, mais aussi du cocuage. Ce morceau de bravoure poétique et dérisoire affiche le tempérament de Villiers pour la poésie ludique. L'écriture est un jeu, comme le prouve la deuxième pièce du manuscrit, qui choisit la proportion inverse pour offrir au lecteur une énigme à résoudre. Sur un mode aussi léger, le poète transcrit un échange de vers entre lui, Belleau et Ronsard, dans une églogue intitulée « Narcis », qui est caractéristique du genre tel qu'il est adapté en France entre 1560 et 1570.

Outre son allure joviale, ce poème permet de reconstituer une partie du réseau d'amitié de Villiers, tourné non plus vers les premiers amis de Lyon, mais vers le groupe de la Pléiade. Fidèle au principe de *varietas* recommandé par ce groupe, Villiers multiplie les expérimentations formelles. Hymne-blason, églogue, mais encore sonnets et odes lui servent à changer de registre thématique et à élargir son répertoire. Comme ses contemporains, Villiers compose des sonnets amoureux (p. 139 et p. 155), des odes sur le mode mythologique (p. 140), et il adopte les nouvelles formes comme les stances pour recueillir les intermittences de son cœur (p. 149-151) et celui de l'aimée (p. 152-155). À l'exemple des poètes de cour dans l'entourage de Desportes, qui avaient fait paraître les *Imitations de quelques chans de l'Arioste* (Paris, Lucas Breyer, 1572), il choisit d'adapter en alexandrins le monologue désabusé de Roger, extrait des Chants VII et VIII du *Roland furieux* (p. 156-160). Ce texte final, dont la rédaction est restée inachevée, est parfaitement représentatif du style de Villiers qui mêle à la fois la confession élégiaque, l'émotion lyrique devant la beauté féminine, la réflexion morale et l'invective satirique.

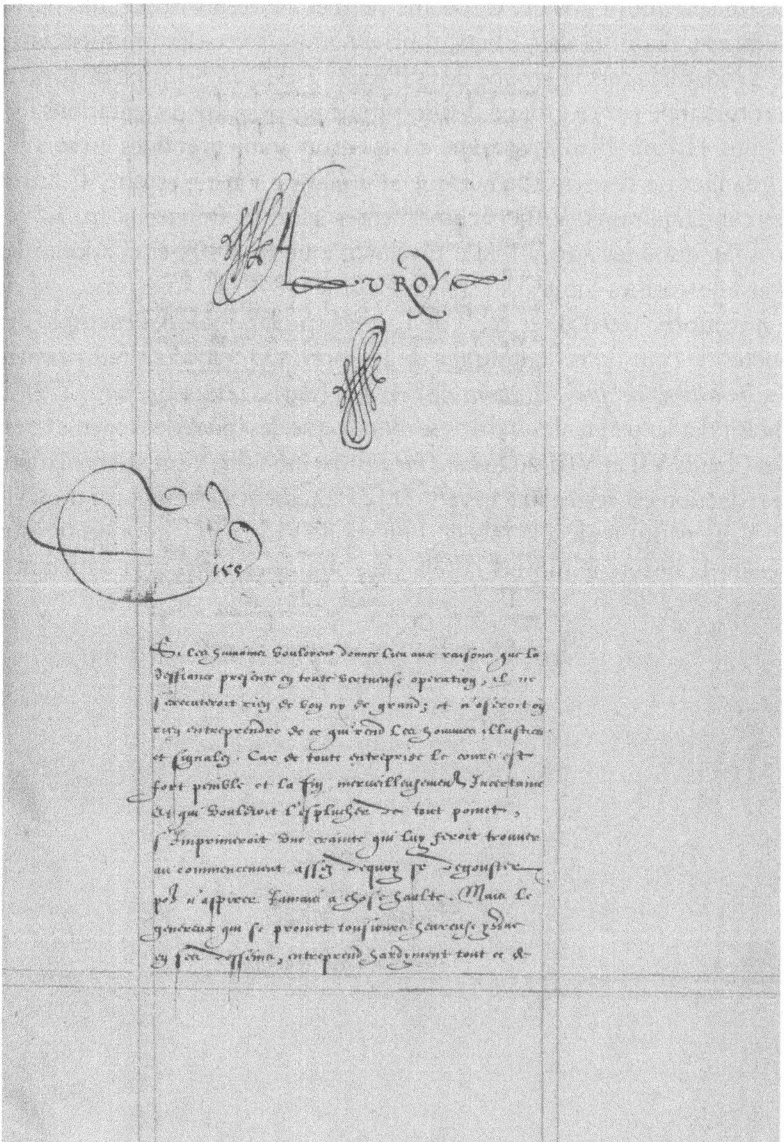
Au Roy

Sire

Si les hommes vouloient donner lieu aux raisons que la deffiance presente en toute vertueuse operation, il ne s'executeroit rien de bon ne de grand; et n'oseroit on rien entreprendre de ce qui rend les hommes illustres et signalez. Car de toute entreprise le cours est fort penible et la fin merveilleusement incertaine. Et qui vouldroit l'esplucher de tout poinct, s'imprimeroit une craincte qui luy feroit trouver au commencement assez dequoy se degouster pour n'aspirer jamais a chose haulte. Mais le genereux qui se promect tousiours heureuse yssue en ses desseins, entreprend hardiment tout ce de-

FIG. 1 – Ubert Philippe de Villiers, *L'Erynne françoise*,
Kantonsbibliothek Vadiana St. Gallen,
Sammlung der Ortsbürgergemeinde, VadSlg Ms 457, f. 3r.

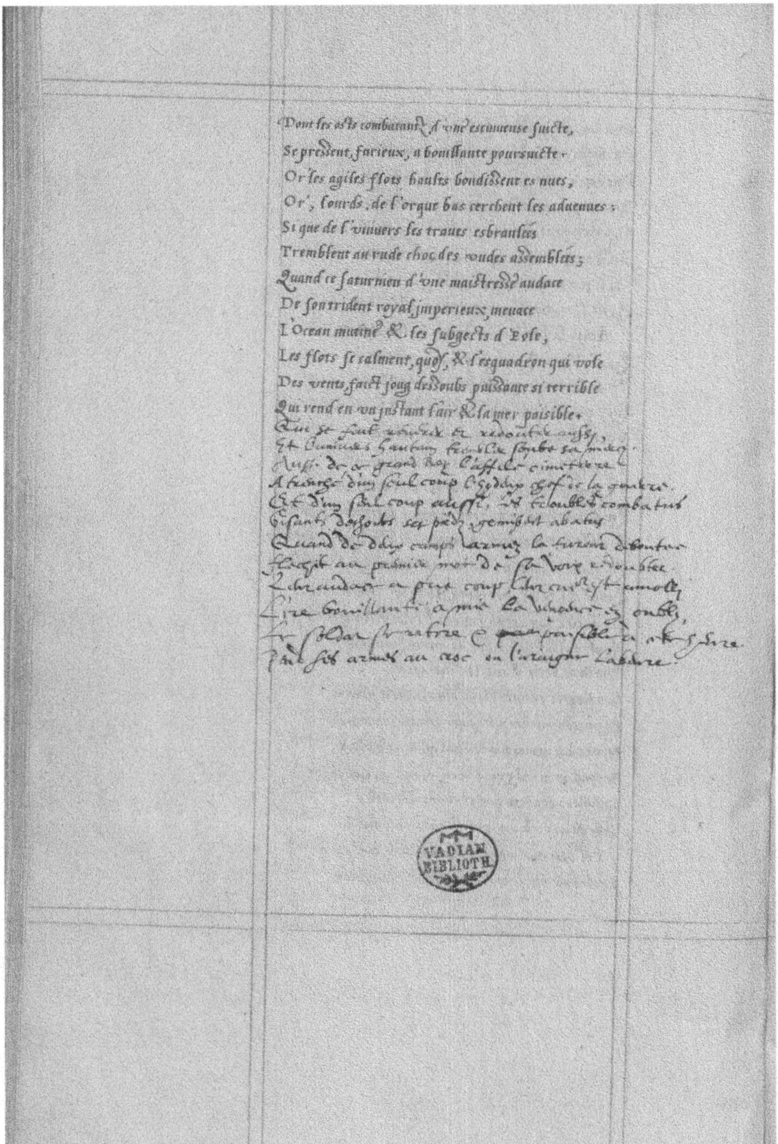
Dont les ostz combatantz d'une escumeuse suicte,
Se pressent, furieux, a bouillante poursuicte.
Or les agiles flots haults bondissent es nues,
Or', lourds, de l'orgue bas cerchent les aduenues :
Si que de l'uniuers les traues esbranlees
Tremblent au rude choc des oudes assemblees ;
Quand ce saturnien d'une maistresse audace
De son trident royal, imperieux, menace
L'Ocean mutiné & les subgects d'Eole,
Les flots se calment, quoy, & l'esquadron qui vole
Des vents, faict joug dessoubs puissance si terrible
Qui rend en un instant l'air & la mer paisible.

FIG. 2 – Ubert Philippe de Villiers, *L'Erynne françoise*,
Kantonsbibliothek Vadiana St. Gallen,
Sammlung der Ortsbürgergemeinde, VadSlg Ms 457, f. 31v.

NOTE SUR LA PRÉSENTE ÉDITION

La présente édition critique reproduit le texte de l'édition imprimée en 1585, en vertu d'un privilège, accordé le 4 mai 1585 à Ubert Philippe de Villiers, et figurant à la fin de l'ouvrage :

CINQ LIVRES || DE || L'ERYNNE FRANCOISE. || PAR || VBERT PHILLIPPE || DE VILLIERS, || Conseiller du Roy, & Esleu en || l'Eslection de Clamecy. || [marque du libraire] || A PARIS, || *Par Iehan le Blanc demeurant ruë du Paon pres la porte* || *sainct Victor à l'enseigne du Soleil d'or.* || 1585. || AVEC PRIVILEGE DV ROY.

In-4 ; [38] feuillets signés ã^4 A-H^4 I^2.

Exemplaire suivi : Bibliothèque Jean Jaurès, Nevers, cote : N.M. 409.

Pour l'établissement du texte, nous avons respecté la graphie et la langue originales. Conformément à l'usage éditorial moderne, nous avons dissimilé le *u* du *v*, le *i* du *j*, rétabli les majuscules des noms propres, résolu les abréviations, désagglutiné certains mots, remplacé l'esperluette par *et*, accentué le *-e-* final tonique (-é, -ée, -és et -ées), mis un accent diacritique pour distinguer *a* de *à*, *ou* de *où*, *la* de *là*, afin d'éviter les équivoques. Nous avons introduit la cédille sous le *c* devant *a*, *o* et *u*. Nous avons corrigé dans le texte les fautes éventuelles de l'imprimeur. Il nous a parfois fallu intervenir sur la ponctuation, soit pour la corriger, soit pour l'ajouter quand elle semblait nécessaire, soit pour la rendre plus conforme à l'usage actuel. En outre, nous avons indiqué entre crochets, dans la marge de droite, la foliotation de l'édition de 1585, et ajouté en marge de gauche la numérotation des vers. Nous avons complété l'édition en reproduisant les poèmes connus de Villiers, soit demeurés manuscrits (Ms. Rawlinson Poet. 244, Bodleian Libr., Oxford), soit imprimés du vivant de l'auteur.

Notre apparat critique signale, après la transcription des poèmes, les variantes sémantiques de *L'Erynne françoise* (excluant donc les variations purement graphiques), relevées dans les copies manuscrites antérieures à la publication imprimée de 1585, dont on trouvera la liste complète dans la Bibliographie placée en fin de volume. Pour éviter de surcharger nos notes critiques, qui ont été rassemblées en bas de page, nous avons omis les remarques concernant le lexique. Sauf exceptions, le lecteur trouvera dans le Glossaire le sens des vocables spécifiques en moyen français.

CINQ LIVRES DE L'ERYNNE FRANÇOISE ET AUTRES POÉSIES

CINQ LIVRES DE L'ERYNNE FRANÇOISE

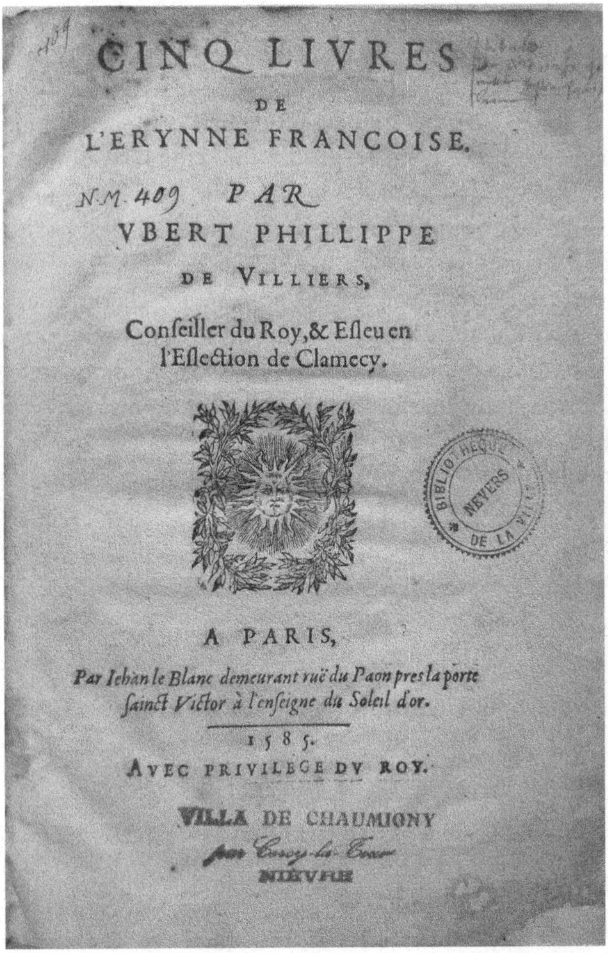

CINQ LIVRES
DE
L'ERYNNE FRANCOISE.

PAR
VBERT PHILLIPPE
DE VILLIERS,
Conſeiller du Roy, & Eſleu en
l'Eſlection de Clamecy.

A PARIS,
Par Iehan le Blanc demeurant ruë du Paon pres la porte ſainct Victor à l'enſeigne du Soleil d'or.

1585.
AVEC PRIVILEGE DV ROY.

FIG. 3 – Ubert Philippe de Villiers, *L'Erynne françoise*, Paris,
Jean Le Blanc, 1585 ; page de titre (Bibl. Jean Jaurès, Nevers, N.M. 409).

[* ij]

A MONSIEUR DES PORTES, Abbé de Tyron, et Josaphat, Conseiller et Ausmonier du Roy[1].

MONSIEUR, m'estant resoulu[2] longtemps y a d'adrecer ce mien petit labeur à quelqu'un qui le deust gracieusement recepvoir, il m'a semblé ne pouvoir mieux ny plus dignement choisir que vous, qui en pouvez autant bien et sainement juger qu'aultre de la France, pour marcher au premier rang de ceulx qui, avec une si grande merveille, ont poëticquement escript : tant pour la gentillesse de vostre divin esprit, que pour la solidité de vostre jugement non-pareil, avec la doulceur de vos mœurs faciles et agreables aux plus petits et plus grands cheries et approuvées. Or est ce mon fils aisné que j'ay tenu pres de moy despuis quatorze ans[3]. Il s'est voulu emanciper, je ne l'ay sceu d'advantage retenir. Mais aussi ne l'ay-je voulu licencier, qu'à la condition de vous aller trouver pour s'offrir à vostre service et se ranger aupres des vostres, pour les respecter et honnorer, et par mesme moyen, demeurer tousjours aupres de vous, comme celluy que j'y envoye expressement en gaige et depost de l'obeissance et amitié que je vous ay vouée et continueray fidellement toute ma vie. A Paris ce vingt-huictiesme d'Avril 1585.

D. V. R. S.

Tres affectionné serviteur,

Ubert Philippe de Villiers.

---

1 Philippe Desportes (1546-1606), poète favori et influent d'Henri III, détenteur des abbayes de la Trinité de Tiron et Notre-Dame de Josaphat, au diocèse de Chartres, depuis 1582.

2 = résolu

3 Cette périphrase poétique ramènerait le début du projet de composition de *L'Erynne françoise* vers 1570-1571 (voir les circonstances précises de sa genèse dans l'Introduction, p. 12-14). – Cette préface, où le poète présente et lance son œuvre dans le monde, comme un père qui libère son enfant, reprend une topique popularisée en France depuis Jean Lemaire de Belges et Clément Marot ; voir M. Jourde, O. Rosenthal, *et alii*, « *Va mon Livre* : quelques jalons pour une histoire de la destination », *Nouvelle Revue du Seizième Siècle*, n° 21/1, 2003, p. 121-151.

[* iij]

VERS DU SEIGNEUR DU PERRON LECTEUR ORDINAIRE DU ROY es Langues, Philosophie et Mathematicques[4].

Nous lisons dans tes vers, divinement trassez,
Nos malheurs advenuz qui ne sont pas passez.
La France te tient bien pour excellent poëte :
Mais si Dieu, justement contre nous irrité,
Ne destourne le mal qui nous est apresté,
Tu seras tout ensemble et poëte et Prophete.

4 Il s'agit de Jacques Davy Du Perron (1556-1618), humaniste protestant, orateur et poète. Poussé par Philippe Desportes, il connut une ascension rapide à la Cour à partir de 1576. Son érudition en philosophie et en sciences fut appréciée du public participant aux séances de l'Académie du Palais (1576-1579). C'est lui qui prononcera l'*Oraison funebre sur la mort de Monsieur de Ronsard* en 1586 (éd. M. Simonin, Genève, Droz, 1985). Converti au catholicisme, il sera créé cardinal en 1591. Ses *Diverses Œuvres* parurent après sa mort en 1622. Sur ce personnage, voir la monographie de P. Féret, *Le Cardinal Du Perron, orateur controversiste, écrivain. Étude historique et critique*, Paris, Didier, 1877 (rééd. Genève, Slatkine Reprints, 1969). Cette étude doit être complétée par R. J. Sealy, *The Palace Academy of Henry III*, Genève, 1981, G. Banderier, « Errances éditoriales et enracinement épistémologique : quelques mots sur les deux *Discours* de 1578 », in *Pontus de Tyard : errances et enracinement*, dir. F. Rouget, Paris, H. Champion, 2008, p. 107-128, M. Simon, « Du Perron et la poétique de son temps », *Travaux de Littérature*, II, 1989, p. 83-89, et C. La Charité, « Les *Perroniana*, les traductions de Cicéron par Jacques Davy Du Perron et la formation rhétorique de Henri III », *Tangeance*, vol. 93, 2010, p. 65-78 et 108-109.

I[SAAC] HABERT SECRETAIRE
Du Roy[5], sus l'Erynne d'Ubert Phillippe de Villiers.

L'Erynne a laissé les Enfers
Noircis d'une nuict tenebreuse,
Et court la France mal-heureuse
Soubs la clairté de tes beaux vers :
Sœur des fureurs, toute en furie
Elle deplore nos fureurs,
Nos miseres et nos erreurs,
Et les mal-heurs de nostre vie :
Puis en vers plus doulx que le miel,
Ce qu'elle dict tu viens escrire
Si doulcement, que pour les lire
Les Dieux contraincts quictent le ciel.

DE LUY-MESME, ODE[6].

Ces vers dignes de louënges
Par les nations estranges

5 Sans doute l'initiale désigne-t-elle Isaac Habert (v. 1560-v. 1615), valet des rois Henri III et Henri IV, neveu du poète François Habert, d'Issoudun, et poète lui-même d'une œuvre qui fut aussi saluée par Du Perron. Son œuvre se compose de textes variés, notamment amoureux avec les *Œuvres poetiques* (Paris, Abel L'Angelier, 1582) et scientifiques et religieux dans les *Trois livres des Meteores* (Paris, Jean Richer, 1585, accessible sur Gallica). Voir la notice que lui consacre J. P. Barbier-Mueller dans *Ma Bibliothèque poétique. Quatrième partie : Contemporains et successeurs de Ronsard*, tome II : *D'Aubigné à La Boétie*, Genève, Droz, 2001, p. 360-372, et dans son *Dictionnaire des poètes français de la seconde moitié du XVIe siècle (1549-1615)*, t. III : *E-J*, Genève, Droz, 2016, p. 554-560. Voir aussi S. Bamforth, « Un poète scientifique méconnu : Isaac Habert (1560-v. 1625) et son *Poème du Soleil* », *Nouvelle Revue du Seizième Siècle*, n° 3, 1985, p. 65-89, et l'édition procurée par N. Mahé des *Amours et baisers* (Genève, Droz, 1999), extraits des *Œuvres poetiques* (1582), et des *Autres œuvres poetiques* parues à la suite des *Meteores*.

6 I. Habert a composé d'autres odes qu'il avait réunies au *Second Livre des Œuvres poetiques* (1582, f. 36-58), et parmi les *Meteores* (1585, « Odes », f. 39-60, et dans « Œuvres chrestiennes », f. 20-24). Ici, il s'agit plutôt d'une épigramme en vers suivis.

Seront leuz et recitez,
Et mesme les Deïtez
Les lisans seront ravies,
Et feront que mille envïes
Creveront tes envieux,
Rongeants[7] leurs cœurs vicieux :
Comme les jeunes viperes
Font mourir leurs vieilles meres[8].

IN ERYNNIM. UBERTI P. VILLERII.
Dialogismus.

LECTOR.

Qui novus ex Galli truculentam pulsat Erynnim
Vates, nostratum qui fera bella refert ?

GALLIA.

Is, si mira canit, perdoctè vera recenset
Villerius, nostro notus in orbe Maro.

C. ALLERON[9].

7 Accord du participe présent avec le sujet au pluriel, selon l'usage en moyen français (F. Brunot, *Histoire de la langue française des origines à nos jours*, t. II : *Le XVIe siècle*, Paris, A. Colin, 1967, p. 462-464).

8 Selon Hérodote (*Histoires*, III, 109), les vipéreaux vengent la mort du mâle géniteur, dévoré par la femelle après l'accouplement. Voir aussi Nicandre, *Thériaques*, 130-136, et Élien, *Personnalité des animaux*, I, 24.

9 Nous ignorons tout de l'identité de ce mystérieux contributeur.

S. D'ALLEMANT GENTILHOMME CHAMPENOYS[10], sus l'Erynne Françoise d'Ubert Phillippe de Villiers.

Villiers, quand tu nous descripts
Par tes furieux escripts
Les fureurs et leurs tonnerres :
Puis quand tu te veulx jouer
D'un doulx vers pour hault-louer
L'antithese de nos guerres,

Tu vas repaissant nos cœurs,
De differentes liqueurs,
Dont la discorde accordante
Par tes nombres doulcereux,
Plus que le miel savoureux,
Ravit nostre ame et enchante.

Ainsi le vieillard sonneur
De son poulce fredonneur
Dessus sa guerriere lyre,
Charmant nos cœurs et nos sens,
Par divers alechements,
Faict pleurer et puis faict rire[11].

---

10 S'agit-il d'un sieur ou seigneur d'Allemant, surnom d'un admirateur de Villiers ? Nous n'avons retrouvé nulle part la trace de ce personnage.

11 « Le vieillard sonneur » désigne sans doute Homère, à la fois poète épique (v. 15), dont la gravité émeut (*cf. Iliade*), mais aussi poète comique, à qui on attribue, encore à la Renaissance, la *Batrachomyomachia*, récit burlesque de la bataille des grenouilles et des rats parodiant l'*Iliade*, qui – outre la *Moscheis* (*Bataille entre les mouches et les fourmis*) de T. Folengo – a pu servir de modèle à la composition du *Limas* de Villiers. Sur la variété d'inspiration chez Villiers, voir *supra* l'Introduction, p. 18-19.

[A1r°]

PREMIER LIVRE DE L'ERYNNE FRANÇOISE[a].

PAR UBERT PHILLIPPE DE VILLIERS
CONSEILLER DU ROY ET ESLEU
en l'Eslection de Clamecy.

Quand l'ardente fureur et quand[b] l'ire bouillante
Ravageoyent sans mercy, quand la troupe insolente
Bouleversoit tout ordre, alors que tu armois
En ton forsennement[c], France, tes felons doigts
Contre ton estomach, comme fieres tenailles,
Pour t'arracher le cœur de tes propres entrailles[12] :
Ce Monarque eternel qui gouverne les[d] cieux[13],
Qui tempere les mers, qui les vents furieux
Dompte encor, et lequel l'universel Empire
Reconnoit et faict joug soubs l'œil d'un si grand Sire :
Ce tout-puissant espris d'un desir de reveoir
Le plus humble de tous les lieux de son pouvoir
Se courbe, et d'un œil prompt, qui legerement erre,
Reveoit en un moment l'ample tour de la terre.
Ferme il demeure en hault : ce petit monde il void[e]
Qui, centre du grand Tout, comme un poinct s'apperçoit[f][14] :
Et[g] devers le costé d'où l'œil du ciel[15] regarde
(Lors qu'à plomb ses rayons[h] plus bouillamment il darde[16]) [A1v°]
Le More porte-ciel[17], chenu, s'offre au devant,

12 Allusion aux guerres civiles qui déchiraient le royaume de France.

13 Jupiter ou Dieu.

14 Le spectacle panoramique du monde, que révèle le regard de Dieu, et qui constitue le corps principal de ce Premier Livre, s'inspire peut-être du second Livre du *Microcosme* (Lyon, Jean de Tournes, 1562) de Maurice Scève.

15 Le soleil.

16 *Cf.* G. S. Du Bartas, *La Sepmaine* (1578), IV, v. 670, rappelant que le soleil « Plein d'un bouillant desir, raye à plomb dessus toy [= la lune] » (éd. dir. par Jean Céard *et alii*, Paris, Classiques Garnier, 2011, t. I, p. 250).

17 Atlas. Souvenir de l'« Hymne des Astres » (1555) de Ronsard, dans la réédition des *Œuvres* de 1578 : « Il me plaist en vivant de voir souz moy les nües, / Et presser de mes pas

Plus ça Fez et Maroch et le Guinois[18] suivant :
Dont les poupes en flotte, à noz rades ancrées,
Chargent leurs riches bords de ses mannes sucrées.
    Il void, proches encor, tous les rivages haults
Où l'Ocean fremit par les mutins assaults[i]
De ses flots rebrisez[j], dès les bornes d'Hercule[19]
Jusqu'au sejour haslé de la Zone qui brule[20] :
Puis son œil rejettant incontinent devers
Les lieux qui sont premiers par Phœbus descouverts[k21],
Reconnoit devant soy la monstrueuse Aphrique,
Et vers[l] la droicte main[22] la poincte Ethiopicque :
L'une et l'autre qui porte une noirastre gent,
Et le nuicteux sejour de l'astre au sein d'argent[m23] :
Dont l'humide environ espand[n] un si grand fleuve[24],
Que l'Egypte alterée en ses eaux il[o] abreuve :
Quand ses champs à propos grassement arrosez
Despitent du soleil les rayons opposez[p].
    Il reveoit ces flots roux qui noyerent la rage

---

les espaules chenües / Du Maure porte-ciel » (in *Œuvres complètes*, éd. Paul Laumonier, Raymond Lebègue et Isidore Silver, Paris, STFM, 1914-1975, t. VIII, p. 150, v. 5-7). Comme André Thevet (*Cosmographie universelle*, Paris, Guillaume Chaudiere, 1575, I, 3, f. 7r), Villiers commence par décrire le bassin méditerranéen.

18 Voir A. Thevet, *Cosmographie universelle*, éd. citée, I, 5-7, f. 10v-17v, et III, 1, f. 66-68 (« De la Guinée, et trafic de la Maniguette, Yvoire, et autres marchandises » ; f. 67v, pour les épices). Fez au Maroc, et la Guinée, où les marins dieppois auraient été les premiers à explorer les côtes vers 1364. – *Cf.* Du Bartas, *La Sepmaine*, IV, v. 727-728, éd. citée, p. 252 : « la troupe basanée / Qui raye les guerets de la riche Guinée ».

19 Les colonnes qu'Hercule avait placées au détroit de Gibraltar. *Cf.* Joachim Vadianus, *Epitome topographica* (Anvers, J. Grapheus pour J. Steelsius, 1535), « *de Terrae habitatae partitione* », f. 4v (« *Ac primo quidem mari nostro, quod Mediterraneum vocamus, ab Herculis columnis usque ad Tanais ostia procurrente [...]* ») et A. Thevet, *Cosmographie du Levant* (1556), chap. xxv, début (éd. F. Lestringant, Genève, Droz, 1985, p. 84), et *Cosmographie universelle*, I, 4, f. 7v, à la suite de tous les géographes (Strabon, *Géographie*, III, 1, 2).

20 Le tropique du Cancer. Voir J. Vadianus, *Epitome topographica*, « *De Zonis* », f. 2v. (« *Zona exusta* »).

21 L'Orient où se lève Phébus ou le soleil.

22 À l'est. L'expression souligne le mouvement de la main du poète qui, placé devant la carte, la révèle au regard du lecteur.

23 La lune, au front d'argent, ou aux cornes d'argent (M. de La Porte, *Les Epithetes [1571]*, éd. François Rouget, Paris, H. Champion, 2009, p. 347).

24 Le Nil.

Du tyran obstiné, quand ils[q] feirent passage
Au peuple circoncis[25] : et void oultre[r] ces flots
De l'Arabe voleur les infertiles[s] rocs[26] :
Et tout aupres encor[t], du costé de l'Aurore,
Le pays des senteurs[27] qui, bien-heureux[u], odore
Mille et mille doulceurs, dignes de[v] parfumer
L'autel qu'un vœu faisoit antiquement fumer[28].
Il laisse expres à part, et despit, ne reguarde,
La (jadis legitime et maintenant bastarde)[w]
Terre, où la gent ingrate au fils chery du ciel
Presenterent en croix un brevage de fiel[29] : [A2r°]
Et pardelà[x] descouvre encore l'antique place
(Miserable tesmoing de l'excessive audace
Du prince eschelle-ciel[30])[y] l'effroy du firmament,
Et or', le vil object d'un poudreux monument,
Où le ciel terraça l'ambition haultaine
Et les confus efforts de la follie humaine[31].
Pres les champs Caldeans le fier Tygre apperçoit,
Qui dans son ample sein l'Euphrate amy reçoit[z32] :

---

25 Allusion au passage à pied sec de la mer Rouge lors de la fuite des Hébreux en Égypte ; Exode 14, 5-9. L'épisode est rappelé par Ronsard, « Remonstrance a peuple de France », v. 813-822 (éd. Laum., t. XI, p. 105), ainsi que par Du Bartas, *La Sepmaine*, II, v. 1041-1042, et VII, v. 225-230, éd. citée, p. 160 et 376.

26 Le désert d'Arabie. Voir J. Vadianus, *Epitome topographica*, « *Arabiae tres, Petrea, Deserta, Beata* », éd. citée, f. 76v.

27 L'Arabie. – L'Aurore est traditionnellement associée aux parfums. *Cf.* « la flairante Aurore » de Du Bartas, *La Sepmaine*, III, v. 944, éd. citée, p. 215.

28 La Perse.

29 Peut-être une allusion au breuvage (de vinaigre, « fiel », trempé d'eau) qui fut offert au Christ par les soldats romains lors de son supplice ; voir Matthieu 27, 33-34, et Marc 15, 23.

30 Expression désignant l'un des Géants, qui osèrent défier l'autorité de Jupiter et furent châtiés (Hésiode, *Théogonie*, 665 *sqq.*), ou l'être humain (impie, ou théologien) qui, par son arrogance, a cherché à limiter la puissance de Dieu. Voir Ronsard, l'« Hercule chrestien » (1556), v. 245-246 (éd. Laum., t. VIII, p. 220), le « Discours des miseres de ce temps » (1562), qui désigne les protestants (v. 149-154, t. XI, p. 27) et la « Remonstrance au peuple de France » (1563), v. 347-348 (*ibid.*, p. 81).

31 Allusion à la tour de Babel, symbole de l'arrogance humaine ; voir Genèse 11, 1-9, et sur ce mythe, voir *Babel à la Renaissance*, Actes du XIe colloque international de la Société française d'Étude du XVIe siècle (Toulon, mars 1997), éd. J. Dauphiné et M. Jacquemier, Mont-de-Marsan, Éditions InterUniversitaires, 1999.

32 *Cf.* A. Thevet, *Cosmographie du Levant*, chap. XXXIX (« Du Caire »), éd. citée, p. 147, et Lucain, *La Pharsale*, III, 256-263.

Des valeureux[aa] Romains la borne naturelle,
Pour arrester[ab] le vol de l'ambitieuse aile
De l'aigle ravisseur, à qui ne bastoit pas
Pour commander, jadis, tout le rond d'icy bas[ac][33].
De là plus oultre il va sus[ad] les desertes plaines
D'herbages avortez ou de seiches arenes.
Et au bout verdoyant, entre l'Est et le Sud,
Joignant les bords Persans void l'empire qui fut
Du grand pasteur royal l'opulent heritage,
Et puis du Grec vainqueur la gloire[ae] et le pillage[34].
L'Inde au chef d'or il void[af] d'un eternel renom,
Qui de terre un grand monde[ag] honore de son nom,
Qui fertile en thesors pompeusement s'escoule
Pour le riche metal[ah] que dans ses eaus il roule[35] :
Et nous envoye icy, mol confort de nos cœurs,
Mille sapins chargez d'espicieres odeurs[ai].
Là, superbes encor, ses[aj] rives estofées
En mille et mille endroicts de cent mille trophées
Preschent, à qui les void, le destiné grand heur
Et le ciel favorable à la grecque grandeur.
Quand, ô pere Denys[36], pompeux en ta victoire[ak]
Des Indoys indomptez tu rapportas la gloire[al][37]. [A2v°]
Et toy, divin Alcide, alors que l'Inde en vain
Tascha de resister à ta puissante[am] main[38].

---

33 Allusion à la Chaldée, en Mésopotamie, jusqu'où s'étendait la limite de l'empire romain. Voir J. Vadianus, *Epitome topographica*, « *Chaldaea* », éd. citée, f. 121v-123r.

34 Évocation de l'empire perse qui s'étendit de la Thrace jusqu'à l'Inde, après les conquêtes territoriales réalisées sous les règnes de Darius Ier et Xerxès Ier. Il tombera sous le contrôle du Grec Alexandre le Grand au IVe siècle.

35 L'Inde était réputée riche en pierres précieuses, et le Gange pour être fertil en or (*cf.* Pline, *H.N.*, VI, XXIII, 80, au sujet de l'Indus). Ce topos est repris par tous les poètes français de l'époque à la suite de Virgile, *Géorgiques*, II, 136-138. Voir aussi M. de La Porte, *Les Epithetes (1571)*, « Gange » : « On dit qu'il trainne avec soi un sablon meslé de petis grains d'or, et qu'on trouve en icelui des anguilles de trente pieds de long » (éd. citée, p. 267).

36 C'est Dionysos ou Bacchus. Voir Ronsard, « Hinne de Bacus » (1555), v. 229, éd. Laum., t. VI, p. 188.

37 Anecdote prise à sa légende ; voir Ronsard, *ibid.*, v. 236-238, à la suite de Marulle, *Hymnes naturels*, I, 6, « À Bacchus », v. 30, éd. et trad. J. Chomarat, Genève, Droz, 1995, p. 64-65.

38 Selon Strabon (*Géographie*, XV, 1, 6-9), Hercule fut conquérant de l'Inde, comme Bacchus.

Et toy grand Macedon, heureux voleur des terres,
Si terrible et soubdain en tes Indiques guerres,
Que tu prenois desja des immortels le rang[an],
Si le fer sans mercy n'eust tiré de ton sang[39].
Le Seigneur tout-voyant[40], non las de veoir encore,
Laisse arriere bien loing les pays de l'Aurore[41],
Et de son œil divin ce viste-empenné[42] cours
Recerche en moins de rien les esgarez contours
De l'Ourse[43], où vient s'offrir[ao] le sceptre et la thiare
Et les haults pavillons du superbe Tartare :
Qui prend arrogamment seul pour soy les honneurs

---

39 Philippe II de Macédoine (382-336 av. J.-C.), père d'Alexandre le Grand, dont les troupes furent hégémoniques en Grèce et tentèrent de conquérir la Perse. Il fut assassiné par Pausanias d'Orestide, dans le temple d'Aigeai (Diodore de Sicile, *Bibliothèque historique*, XVI, 94, 4). Voir J. Vadianus, *Epitome topographica*, « *Macedonia* », éd. citée, f. 32v.

40 *Cf.* Ronsard, « Remonstrance au peuple de France », v. 465, éd. Laum., t. XI, p. 87, et M. de La Porte, *Les Epithetes* (1571), « Ciel », éd. citée, p. 168, et N. Lombart, « "Ô qu'à bon droict les Grecz t'ont nommé d'un beau nom !". L'économie lexicale des hymnes cosmiques de Ronsard (*Le Ciel* et *Les Astres*, 1555) », in *Vocabulaire et création poétique dans les jeunes années de la Pléiade (1547-1555)*, ét. réunies par M.-D. Legrand et K. Cameron, Paris, H. Champion, 2013, p. 195-208 (ici p. 198-200).

41 Les pays orientaux, où se lève l'Aurore.

42 = « ce cours rapide comme la flèche » (rapide car muni d'ailes ou de pennes). Adjectif composé, créé sur le modèle des épithètes homériques, et popularisées par les poètes de la Pléiade : Achille « à la course légère » ou « aux pieds légers » (*cf.* M. de La Porte, *Les Epithetes [1571]*, « Achille », éd. citée, p. 58), et surtout Hermès aux « pieds ailés » ou « vite comme le vent » (*Odyssée*, V, 47-49). Ronsard emploie « pied-viste », pour caractériser Achille, dans l'« Hymne du treschrestien Roy de France Henry II » (1555), v. 91, et dans une « Elegie » du *Second livre des Meslanges* (1559), v. 99, éd. Laum., t. X, p. 114. Cette association sert parfois à qualifier Pégase (M. de La Porte, *Les Epithetes [1571]*, éd. citée, p. 435). – Sur la pratique des mots composés, voir les études générales de F. Brunot, *Histoire de la langue française, des origines à nos jours, op. cit.*, p. 195-196, O. Halévy, « Expression poétique et invention lexicale : les adjectifs forgés par composition (1549-1555) », in *Vocabulaire et création poétique dans les jeunes années de la Pléiade (1547-1555)*, éd. M.-D. Legrand et K. Cameron, Paris, H. Champion, 2013, p. 279-292, et *L'Épithète, la rime et la raison. La lexicographie poétique en Europe, XVIe-XVIIe siècles*, dir. S. Hache et A.-P. Pouey-Mounou, Paris, Classiques Garnier, 2015. Voir aussi les études de cas de A. E. Creore, « The language of Du Bartas », *Modern Language Quarterly*, I, 4, 1940, p. 503-526 (ici p. 507-510), et celles de Nathalie Rousseau, « Traduire l'intraduisible : questions de morphologie grecque » et de A.-P. Pouey-Mounou, « Ronsard et l'épithète homérique », in *Le Poète aux mille tours : la traduction des épithètes homériques à la Renaissance*, éd. Anne-Pascale Pouey-Mounou et Sylvia D'Amico, Genève, Droz, 2020, respectivement p. 55-94 (ici p. 92-93) et p. 361-384.

43 Constellation boréale qui indique le Nord.

Et les tiltres haultains des Rois et des Seigneurs[44].
Ses peuples void errants par les terres loingtaines,
Et les lieux inconneuz de ses amples domaines :
Dont les bras estenduz d'un tour ambitieux,
Semblent tout embrasser ce globe spacieux[ap].
Son œil divin courant[aq][45] cette vague carriere,
Void la Tane et le Gange[46] et la haulte lisiere
Du Caucase, et les champs du Scythe froidureux[ar]
(Terreur de l'Orient)[47] et les lieux valeureux[as]
Du Parthe foule-joug[48], qui au pris de la vie
Survend[at] sa liberté de trop pres poursuivie :
Qu'à ton dam follement, Crasse[49], tu entrepris,
Lors qu'en plein champ armé, du barbare surpris,
Cuidant en rapporter une brave conqueste
Tu y laissas pour gage et l'honneur et la teste[au].

44 Le Tartare désigne le peuple d'Eurasie et d'Asie centrale, communément assimilé à la cruauté (A. Thevet, *Cosmographie universelle*, IX, 2, éd. citée, f. 286v-287r). Mais ici, Villiers semble plutôt désigner le lieu le plus reculé des Enfers où les damnés, sous la garde de Poséidon, ou Rhadamanthe, qui les tient enfermés par des portes d'airain, doivent expier leurs crimes (Homère, *Iliade*, VIII, 15 ; Hésiode, *Théogonie*, 713-745 ; Virgile, *Énéide*, VI, 548-627).

45 = qui parcourt ou cherche à atteindre

46 La Tane, ou Tanaïs, fleuve séparant la Tartarie européenne et asiatique (Pline, *H.N.*, IV, 88 et VI, 20) et A. Thevet, *Cosmographie universelle*, IX, 2, éd. citée, f. 286r. Pour le Gange, voir *supra* la note du v. 70.

47 La Scythie est une région du Nord, fort exposée aux vents et réputée sauvage, entre Europe et Asie, et occupée par les Tartares. Voir Pline, *H.N.*, IV, 80-91 et VI, 50-53, et A. Thevet, *Cosmographie universelle*, IX, 2, « De Tarettroe, dicte Tartarie, ou Scythie septentrionale », éd. citée, f. 286r *sqq.*

48 Nouvel exemple d'adjectif composé, avec le verbe à l'impératif suivi d'un régime (voir F. Brunot, *Histoire de la langue française, des origines à nos jours*, *op. cit.*, p. 195). – Sur les Parthes, voir Pline, *H.N.*, VI, 29, et A. Thevet, *Cosmographie universelle*, IX, 11, éd. citée, f. 304r *sqq.* Selon S. Goulart, « Ce peuple est surnommé tire-droit, à cause de son adresse à bien tirer de l'arc non seulement de visee, mais mesmes en fuyant, et par derriere, comme les historiens le testifient, entre autres *Plutarque* en la vie de *Crassus* » (*Indice* à *La Sepmaine ou Creation du monde de Du Bartas*, éd. D. Bjaï, t. II, p. 313). Villiers semble se souvenir de Pline (*H.N.*, VI, 47), comme de son côté Du Bartas, ainsi que le suggère l'exemple cité de Crassus, au v. 103.

49 Marcus Crassus (v. 115-53 av. J.-C.), consul romain, qui fut défait par l'armée des Parthes à la bataille de Carres où il trouva la mort (Plutarque, *Vie de Marcus Crassus*, XXXII-LVIII). Sa tête fut portée au roi Hyrodès (LXII). *Cf.* Ronsard, « La Salade », v. 136-138, du *Sixiesme livre des Poëmes* (1569), éd. Laum., t. XV, p. 83.

Par deça vont bruyant les flots Hyrcans[50], et plus
Oultre se void l'horreur d'une undoyante glus, [A3r°]
Qui dans ses porres creux abisma la misere
Des execrables faicts du vicieux repaire
Sodomite[51], et plus là du Taur le chef haultain[52],
Les Albains esgarez, le rivage loingtain
De l'unde Caspienne : et vis à vis de l'Austre[53]
(Par deça l'Armenie et la Sirie)[av] une autre
Superbe unde se void, dont le cours estendu
D'un à autre soleil ce bas globe a fendu[aw][54] :
Qui dans ses flancs[ax] enclost mainte et mainte belle Isle,
Et leche[ay] de ses bords mainte terre fertile.
Tu le sçais Tyr, Sydon[55], et toy qui t'esjouys
Du monarque renom dont encor tu jouys[az][56].
Thebes aux cent portaux[57], opulente Corinthe[58],
Crete, monstre fameux de l'obscur[ba] labyrinthe[59],
Ephese chaste et saincte, et le sejour des dieux,
Des miracles humains l'un des plus glorieux[60],

---

50 La mer d'Hyrcanie, au sud-est de la Caspienne (Pline, *H.N.*, V, 27 et VI, 18 ; A. Thevet, *Cosmographie universelle*, VI, 4, éd. citée, f. 159r, et IX, 3, f. 290r, 5, f. 292r-v, et surtout 8, f. 297v-299v).

51 Sodome, ville au sud de la mer Morte, détruite par le soufre et le feu à la demande de Dieu (Genèse, 18-21).

52 Le mont Taurus (Pline, *H.N.*, V, 27).

53 L'Auster, vent du sud.

54 La mer Méditerranée, séparant l'Europe et l'Afrique.

55 Au sud du Liban.

56 Alexandrie. Voir J. Vadianus, *Epitome topographica*, « *Alexandria* », éd. citée, f. 69v.

57 Il s'agit de l'une des deux villes appelées Thèbes, située en Égypte et bâtie par le roi Busyre. Elle était réputée pour ses cent portes (Homère, *Iliade*, IX, 383-385).

58 Autre épithète homérique (*Iliade*, II, 570) que Strabon (*Géographie*, VIII, 6, 20) explique par la position stratégique qu'occupait Corinthe sur l'isthme, à la fois tournée vers l'Italie et l'Asie. *Cf.* J. Vadianus, *Epitome topographica*, « *Peloponnesus* », éd. citée, f. 36r (« *Graeciae lumen* »).

59 Selon la légende, le monstre Minotaure, au corps d'homme et à la tête de taureau, fut enfermé dans le labyrinthe sur l'ordre de Minos, situé au centre de la Crète (voir Strabon, *Géographie*, VI, 3, 6, X, 4, 9, et XII, 8, 5 ; Ovide, *Métamorphoses*, VIII, 152-161).

60 Éphèse, située en Ionie, où fut érigé un temple en l'honneur d'Artémis, une des sept merveilles du monde, que ses nombreux adorateurs remerciaient de présents. Il fut incendié par Érostrate. Voir Pausanias, *Description de la Grèce*, VII, 2, 6, et Pline, *H.N.*, XXXVI, 21.

Cyclades qui cernez par un nombreux espace
L'ambitieux maillot de la bessonne race
Latonienne[61], et qui par son lumineux cours
Aorne cet univers et de nuicts et de jours[bb.]
Rhodes mere des arts[bc], claire Colossienne[62],
Et toy sejour lascif, la gloire Paphienne[bd63],
Malte lors inconnue, et maintenant le mords
Qui bride des Othmans[64] les coursaires[be] efforts.
Cyrenes areneux[65], et vous Syrtes profondes,
Qui le doubteux[bf] nocher menacez de vos undes[66].
Toy, fameuse cité, qui feis teste jadis
A Rome qu'à peu pres ta main rangea, tandis
Le sort tourné tu cheuz apres un bref servage,
Ayant plus faulte d'heur que de force et courage[67]. [A3v°]

61 Les îles Cyclades, qui forment un cercle autour de Délos (Pline, *H.N.*, IV, 22). L'expression « bessonne race Latonienne » désigne Phœbus et Diane, enfants de Jupiter et de Latone, et provient de J. Du Bellay dont l'ode « À Phœbus » (*incipit* : « O Race Latonienne », in *Œuvres poétiques*, éd. H. Chamard, Paris, STFM, t. V, 1923, p. 403-406) a pu inspirer Villiers.

62 L'épithète « claire » figure dans la liste donnée par M. de La Porte (*Les Epithetes [1571]*, éd. citée, p. 499). Sur l'île de Rhodes fut érigé un Colosse de bronze (statue d'Hélios), considéré comme l'une des sept merveilles du monde. Voir Strabon, *Géographie*, XIV, 2, 5.

63 Île de Paphos, sur la côte occidentale de Chypre, où était dédié un temple en l'honneur de Vénus, la « Paphienne ».

64 L'île de Malte constituait un rempart face aux avancées de l'empire Ottoman, et fut assiégée en 1565 par les Turcs. Le 7 octobre 1571, la flotte ottomane fut détruite lors de la bataille de Lépante. Voir A. Thevet, *Le vray portraict de l'Isle, et des forts de Malte, assiegée l'an M.D.LXV par les Turcs* (1565), dont une carte de Malte est reproduite dans la *Cosmographie de Levant*, éd. F. Lestringant, p. 332, et Ph. J. Usher, *L'Aède et le géographe. Poésie et espace du monde à l'époque prémoderne*, Paris, Classiques Garnier, 2018, « La Méditerranée épique », p. 177 *sqq.*

65 *Cf.* J. Vadianus, *Epitome topographica*, « *Cyrenaica regio* », éd. citée, f. 57r *sqq.* S. Goulart : « Aucuns estiment que Cyrene soit un pays aboutissant à la Numidie et à la Lybie vers l'Egypte, pays fort incommode, et presque desert aujourd'huy, à cause des chaleurs extremes. *Pline* descrit la Cyrene au 5. Livre chap. 5. [5, 31] » (*Indice*, « Cyrenoise terre », in *La Sepmaine ou Creation du monde de G. S. Du Bartas*, éd. citée, p. 137).

66 M. de La Porte : « De ce nom il y a deux bras de mer en la Lybie fort dangereus à cause du sable que les vagues y ameinent » (*Les Epithetes [1571]*, éd. citée, p. 548), d'après Pline, *H.N.*, V, 4-6.

67 Sans doute la ville de Carthage, dont la puissance en Méditerranée rivalisa avec la suprématie romaine, avant que celle-ci ne la soumette, à l'issue des guerres puniques.

Mais redrece, Seigneur, ce long cours entrepris[68],
Et ralente l'ardeur du vol de mes esprits[bg],
Pour retourner à toy, qui du plus hault des nues[bh]
Vois ça bas l'Infiny des terres inconneuës[bi].
Le celeste moteur, qui d'un œil clair et grand
Le rond de l'univers[69] en moins de rien comprend[bj],
Void des flots myterrains[70] les bornes magnificques
En[bk] superbes citez, et des Asiatiques
Les belles[bl] regions, ou sus l'extremité
Gist le plan desolé d'une brave cité,
Jadis (la plus des opulentes)[bm] choisie
Digne pour commander au reste de l'Asie[71] :
Qui hautaine sembloit d'un arrogant arroy
Par sa propre grandeur faire à toutes la loy[bn],
Et or' avec l'orgueil, gisant plus bas que l'herbe,
Ne retient que le bruit[bo] d'avoir esté superbe.
Il laisse à part les champs qu'enceint l'air rigoureux
Soubs Borée agité des esprits froidureux
Du North[72], il fuit l'Asie et les rives humides
De l'empire ravy des paluds Meotides[bp][73]
Vers l'Aquilon glacé[bq] : et deça le destroit
Qu'Europe traverça sus le bœuf[74], à l'endroit
D'Ilion il contemple une place fameuse,

68 Première interruption du poète, ou reprise d'haleine. L'apostrophe à Dieu imite un procédé cher à Pindare et à Ronsard, par lequel est mis fin à la digression, pour reprendre le fil du propos. Villiers suggère ainsi la force de son inspiration qu'il a du mal à canaliser, et qui se poursuit, d'ailleurs, après le v. 142.

69 Dieu est moteur de l'univers selon Aristote, *Physique*, VIII, 5-6.

70 = méditerranéens (du latin *mediterraneus* : « qui est au milieu des terres » ; *cf.* « miterraine » [*ca.* 1459] : *FEW*, t. 6, 1, p. 618b)

71 Troie ou Ilion (voir les v. 169-172), cité antique d'Asie mineure, et théâtre de la mythique guerre de Troie racontée par Homère.

72 J. Vadianus, *Epitome topographica*, « *De ventis* », éd. citée, f. 3v-4r. Et M. de La Porte : « Borée est un vent sec et froid, lequel fort d'entre la droite Bize, et le lieu où le soleil se leve es grans jours. Il est autrement appellé Aquilon et Septentrion. Les poetes font Borée fils d'Astrée, et pere de Zethe et Calaïs » (*Les Epithetes [1571]*, éd. citée, p. 124).

73 Ancien nom de la mer d'Azov. Voir Pline, *H.N.*, II, 67.

74 Selon la légende, Europe, fille d'Agénor roi de Tyr, fut séduite par Jupiter qui prit la forme d'un taureau et l'emmena dans l'île de Crète. Voir Ovide, *Métamorphoses*, II, 833-875.

Du seigneur des croissants[75] la retraicte pompeuse ;
Dont le sceptre dompteur tousjours mieux fortuné,
Par tout victorieux encor n'a pardonné
Au Mammeluc, au Grec, ny à la Trapezonde,
N'entreprenant rien moins qu'asservir tout le monde[br][76].
    O ! des grandeurs d'enbas la fresle vanité
» Qu'un fol desir mesure à perpetuité ! [A4r°]
Ilion fut jadis Ilion la haultain[eb],
Quand Bysance n'estoit qu'une deserte plaine ;
Ilion n'est plus rien qu'un desert vaste et grand[bt]
Et Bysance à son tour l'univers entreprend[bu].
» Ainsi change l'estat des choses[bv] à toute heure,
» Et rien qui soit ça bas asseuré ne demeure[77].
    La Grece à l'Est il void, les bords Illyriens
Or Sclavons[78], il remet sus les flots Adriens[bw][79].
Puis le North il parcourt soubs le bruyant[bx] Borée

75 L'émir des Turcs, à Constantinople, ville que Constantin choisit de fonder sur le lieu de l'antique Ilion.

76 Les peuples qu'affronta l'empire ottoman et que Mehmed II tenta de se soumettre, après la chute de l'empire byzantin (1453). Le « Mammeluk » est le membre d'une milice formée d'esclaves affranchis, au service de souverains musulmans. « Trepizonde » désigne Trébizonde, port turc situé sur la mer Noire. Elle fut dominée par les Turcs (1080-1098), avant d'être reprise par les Byzantins de Jean II Comnène, puis administrée par Alexis Comnène.

77 Les guillemets, signalant la valeur proverbiale de ces vers, reprennent le motif de la *translatio studii et imperii*, c'est-à-dire le passage inexorable du temps et le déclin des civilisations. Villiers s'inspire peut-être ici des v. 420-425 du Livre XV des *Métamorphoses* : « C'est ainsi que nous voyons tout changer, certaines nations prendre des forces, d'autres tomber. C'est ainsi que Troie fut grande par ses ressources et ses guerriers et put, pendant dix ans, prodiguer tant de sang ; aujourd'hui, elle ne montre plus, au ras du sol, que d'antiques ruines et, pour toute richesse, que les tombes de ses ancêtres. [...] ». Ronsard avait méditée cette leçon de philosophie, enseignée par Pythagore, dans son « Discours à Maistre Juliain Chauveau » (1569), auquel Villiers doit sans doute l'idée centrale de la fragilité humaine : « Ainsy la forme en une autre se change, / Cela n'est pas une merveille estrange, / Car c'est la loy de Nature et de Dieu, / Que rien ne soit perdurable en un lieu » (v. 101-104). Et de reprendre, en l'adaptant, le tableau de la grandeur et du déclin des empires romain (v. 109-124), et turc (v. 125-128) ; voir l'éd. Laum., t. XV, p. 157-159.

78 « Sclavons », ou Slavons, habitants d'« Esclavonie » (= Slavonie), ancienne région des Balkans. *Cf.* A. Thevet, *Cosmographie de Levant*, chap. IV (« De l'Istrie et Esclavonie »), éd. citée : « [...] fort beau et grand païs, qui jadis avec l'Istrie, fut appellé Illyris, du filz de Polypheme, selon Appian, ou selon Eusthate, fils de Cadme, nommé Illyrios » (éd. citée, p. 23).

79 « Adriens » : d'Adriatique.

Vers Russie et la Prusse, et cette autre contrée
Pres l'Ocean gelé, qu'habite genereux
Le Mosque empellissé malgré l'air rigoureux,
Et qui soubs les guidons du sainct prelat de Myre[80]
Un nuage sifflant de traicts ailez faict bruire
Sus le grand Lituan, qui du Scythe advancé
Souvent a guarenti le Poulacque offensé[by][81].
Icy est la Hongrie et la guerriere terre
Du Reistre biberon[82], par où le Danube erre
Vers le Boheme enclos, courant pour prendre fin
Devers Vienne et Belgrad sus le rivage Euxin[bz][83] :
Laissant d'autre costé les traictes spacieuses
Du Rhin, qui le Germain des Gaules belliqueuses
Separe, et qui du Rhône au cours demesuré[ca]
Quitte l'unde, allant veoir l'autre flot asuré[cb]
Myterrain[84], pour courir[cc] devers la froide Bise
Au sein de l'Ocean Holandoys deça[cd] Frise[85].
Sourdants tous trois, enflez d'une libre fierté,
Pour leurs trois chefs voisins de cette liberté,
Qui pietonne et guerriere, aujourd'huy sert aux Princes,
Mercennaire à dompter leurs rebelles Provinces, [A4v°]
Et qui ayant repris l'estoc vieil de ses loix,
Fiere a secoux[86] le joug des Princes et des Rois[ce].
Delà[cf], tendant au Sud, gist la terre feconde,
L'Itale[87] au chef pourpré, plaisant jardin[cg] du monde :
Seule sur tous heureuse en triumphants esprits,

80 Saint Nicolas, archevêque et martyr, mort à Myre en 345, et saint patron de la Russie. Voir Jacques de Voragine, *La Légende dorée*, III, « Saint Nicolas, évêque et confesseur », trad. T. de Wyzewa, Paris, Le Seuil, 1998, p. 18-27.

81 Le « Mosque » ou habitant de la Moscovia ; le « Poulacque » ou Polonais. S. Münster raconte comment la Lituanie fut convertie au christianisme par la conquête de Vladislas en 1387 (*Cosmographie universelle*, IV, « Comment le duc de Lithuanie estant encore Payen parvint au royaume de Pologne, et se feit baptizer avec tous ses gens », éd. et trad. fr. 1552, Bâle, Henri Pierre, p. 1118-1119).

82 Allusion au reître allemand, réputé glouton et grand buveur.

83 Le Pont-Euxin.

84 De Méditerranée, comme l'indique la variante.

85 La Frise, région littorale qui s'étend du nord des Pays-Bas au nord-ouest de l'Allemagne.

86 = a secoué

87 L'Italie.

Et puis seule de tous le partage et le pris
Pres la blonde Sicile : et pres d'elle encor baigne[ch]
Le flot Lygurien, Corsegue[88] et la Sardaigne[89].
Plus deça et sus l'Ouest se presentent aussi
Les Balaires en front de l'Aphricain noircy[ci] :
Et[cj] de l'autre costé les Espaignes bornées
De l'une à l'autre mer des haults monts Pyrenées[90] :
Autour les autres flancs des grands digues haslez[ck],
Mugle l'horreur du bris de flots divers salez[cl] :
Du levant, du mydi, et du lieu où se couche
Le Soleil journalier[cm] dans son humide couche.
Tourne ton œil, Seigneur, laisse la France à part[cn91],
Indigne que de toy reçoive un seul regard[co92].
Le vice debordé qui la chetifve empire,
Peult estre sans mercy provoquera ton ire :
Cinge dispost au sault des folles actions,
Et de tout vice encor de toutes nations[cp].
Le ciel sourd à ma voix n'exauce ma priere,
Il fault que l'œil soigneux[cq] de ce tout-puissant pere
Revoye, diligent, et reconnoisse tout
Ce qui est icy bas de l'un à l'autre bout.
Il fault qu'à nostre honte il voye nostre France,
France non plus, helas, mais terre de soufrance[93].
Favorite du ciel, reçoit[94] prodiguement
Tout ce qu'on peult d'enhault recevoir largement : [B1r°]
Denys le pere y rid[95], et Ceres s'y promeine[96]

88 La mer Ligure et la Corse.

89 Villiers conclut ce panorama géographique par les îles de Méditerranée, comme le faisait J. Vadianus, *Epitome topographica*, éd. citée, f. 205r-v (« *Corsica* », « *Sardinia* » et « *Baleares* »).

90 *Cf.* J. Vadianus, *Epitome topographica*, « *Hispania* », éd. citée, f. 7v-8r.

91 Nouvelle interruption dans la description panoramique.

92 = indigne de recevoir un seul de tes regards

93 Début du deuxième tableau présentant la géographie de la France.

94 = elle reçoit (omission du pronom sujet fréquent en moyen français)

95 Voir la note du v. 77. La France accueille favorablement la vigne, fruit de Bacchus.

96 M. de La Porte, *Les Epithetes [1571]*, « Cere ou Ceres » : « [...] Aucunesfois Ceres signifie le pain, comme Bacchus le vin » (éd. citée, 108). Selon la tradition, les deux personnages sont associés par Ronsard dans l'« Hymne de la France » (1549 ; v. 73-74, éd. Laum., t. I, p. 27).

Autant Françoise, ou plus, qu'elle est Sicilienne[97],
Sus les fleuves profonds de grands vaisseaux couverts[98] :
Rapportants le butin des plus loingtaines mers
Au sein de cette France[99], où les plaines fruictieres
Rient à la frescheur des undes fontainieres[100] :
S'eslevants en costeaux peuplez de toutes parts
De grans troupeaux lainiers nombreusement espars[101],
Et de meuglants heutins es praeries herbues,
Ou bien au broust fumeux des forests chevelues,
Ou bien au frez des monts, qui en leur sommité
Ne sceurent onc que c'est de la sterilité,
Dont le dos cultivé[102] d'un soc mesnager donne
Au riche montanar le butin qu'il moissonne,
Et qui dans ses greniers richement respandu
Luy rend plus d'interest qu'il n'avoit preten[du].
    Il n'est rien si peuplé, il n'est rien si fertile,
Et diroit on que France est une seule ville :
Dont les palaix haultains aornent le fond muny,
Comme l'or de joyaux diversement guarny[cs][103] :
Retenant tous les[ct] traicts de sa premiere forme :

---

97 La Sicile, réputée pour sa fertilité agricole, était symboliquement associée à Cèrès ; voir M. de La Porte, *Les Epithetes [1571]*, « Cere ou Ceres : [...] porte-bled, douce nourrice, sicilienne », éd. citée, p. 147, et Ronsard, « Les Isles Fortunées » (1553), v. 100-102, éd. Laum., t. V, p. 182.

98 Cérès, déesse des grains et des moissons, est un autre symbole de l'abondance. Villiers évoque le transport fluvial tel qu'il pouvait le concevoir à partir de la cartographie du réseau hydrographique de la France à son époque ; voir, par exemple, la table placée en tête de la *Cosmographie universelle* de S. Münster (« Description nouvelle des Gaules »), la gravure d'Oronce Finé, dans la *Nova totius Gallae descriptio* (1553), et *La Guide des chemins de France [...]. Les fleuves de France*, de Charles Estienne (Paris, Charles Estienne, 1552).

99 *Cf.* Ronsard, « Hymne de France » (1549), v. 141-142 : « Maint grand vaisseau, qui maint butin ameine, / Parmi nos flotz seurement se promeine » (éd. Laum., t. I, p. 31).

100 À partir d'ici et jusqu'au v. 248, prend place un bref hymne de la France, ou tableau idyllique célébrant ses richesses et sa fertilité, établi sur le modèle de l'Italie de Virgile (*Géorgiques*, II, 136 *sqq.*) imité par Ronsard (« Hymne de France », v. 63 *sqq.*, éd. Laum., t. I, p. 27 *sqq.*).

101 *Cf.* Ronsard, « Hymne de la France », v. 75-76 : « Mille troupeaux frisez de fines laines, / Comme esquadrons se campent en noz plaines » (p. 28).

102 *Cf.* Ronsard, « Hymne de la France », v. 144 : « Au doz des monts les grands forests verdoyent » (p. 31).

103 Ronsard, « Hymne de la France », v. 191, parle de « palais dorez » (p. 33). Voir M. de La Porte, *Les Epithetes (1571)*, « France », éd. citée, p. 259 : « Or combien que cela soit

Seul le peuple mutin, monstrueux, et enorme,
Débordé, dissolu, tout changé de façon[104],
Des bons ancestres vieux ne retient que le nom :
Ne praticquant rien moins en sa vie mauvaise,
Que l'exemplaire vieil de la bonté françoyse[105].
De luy la plus grand part, hypocrite, s'en va,
Pipeusement fardant les faulx desseins qu'elle a[cu].
L'autre prompte à tout mal et à tout vice adextre
Publicquement faict veoir ce qu'elle est et veult estre : [B1v°]
Vulgaire opiniastre et fol monstre testu,
Qui, se plaisant au mal, de vice faict vertu[cv][106].
De là[cw] se paist la porque et gloute gourmandise[107] :
Deça[cx] la degoustée et seiche friandise :
Mais l'impudicque lict pres les treteaux vineux,
Frequentez nuict et jour du blaspheme odieux,
Tachez d'inventions foraines et lubricques
Corrompent de nos mœurs les modelles antiques :
Quand la fille affectée et l'enfant effronté,
D'un geste trop lascif et d'un œil ehonté[cy]
Taschent à descouvert[cz], à qui plustost, et comme,

---

de petite estendue, neantmoins il enclost ceste grande et fameuse ville de Paris, dont l'excellence est telle qu'elle ennoblit le reste de la France [...] ».

104 Cette caractérisation du peuple correspond à l'image que s'en faisait Ronsard (voir D. Ménager, article « Peuple », in *Dictionnaire de Pierre de Ronsard*, éd. F. Rouget, Paris, H. Champion, 2015, p. 522) et M. de La Porte (*Les Epithetes [1571]*, « Peuple » : « Monstre testu, divers en jugement, tumultueus, variable, prothée, tributaire, nourricier, foulé, turbulent, factieus, animal. VOI POPULACE », éd. citée, p. 442 et 466).

105 L'« Hymne » de Ronsard louait le retour de l'Âge d'or en France, à peine atténué par la menace que faisait peser l'Espagne de Charles Quint. Villiers s'écarte de cette vision idyllique et va dépeindre le retour de l'Âge de fer, synonyme de discorde.

106 Alors que M. de La Porte ne retenait que les qualificatifs élogieux, d'ailleurs repris par Villiers (« fertile, riche, peuplée »), celui-ci change brusquement de ton et prend le contre-pied, en révélant qu'elle est tout sauf une « escole de vertu » (*Les Epithetes [1571]*, « France », éd. citée, p. 259) et en listant ses vices : la gourmandise, l'ivrognerie, la débauche, l'inceste, la prostitution, l'adultère.

107 *Cf.* M. de La Porte qui ne retient que la seconde épithète (« Gourmandise », éd. citée, p. 276). – « Porque » : du latin *porca* (truie). Cette image de la truie (romaine) provient de Virgile, *Énéide*, III, 389-393, et VIII, 42-48 et 81-85. Voir aussi J.-A. de Baïf, *Poemes*, in *Euvres en rime* (Paris, Lucas Breyer, 1572-1573, IX, 8 [« Du Naturel des femmes »], dir. J. Vignes, Paris, H. Champion, t. I, 2002, p. 507-508) qui évoque « la porque orde et mal-néte » (v. 30 et 35).

Chaqu'un resveillera la volupté de l'homme.
Et souvent, ô forfaict, le lict incestueux[da]
Reçoyt en plain midy le feu voluptueux[db]
Fraternel[dc] et encor vilainement attouche
Le filz sa mere louve[dd] en une mesme couche.
La mere vend sa fille et sans la chastier,
Se la faict succeder en son paillard mestier[de],
La femme à son mary faulse la foy promise :
Et chaste est celle là qui de nul n'est[df] requise.
Le mary faict vertu de sa desloyauté,
Questant nouveau plaisir et nouvelle beauté[108].
Ainsi rare est l'enfant (ô triste vitupere)[dg]
Qui puisse asseurément reconnoistre son pere[109].

L'un s'enfle en son orgueil et, de soy seul soigneux[dh][110],
N'œillade l'environ que d'un œil desdaigneux.
L'autre ireux et bouillant, d'une façon despite,
Ne tend qu'à se venger de quiconque l'irrite,
Mutin, et l'autre encor, ne riant qu'à demy,
Cautement simulé guette son ennemy[di] : [B2r°]
Lors que son cœur sanglant[dj] mille moyens luy forge
Affin de le[dk] surprendre et luy couper la gorge.

Le fol ambitieux[dl], au court sommeil, accourt
A la suitte des grands pour leur faire la court :
Pour se rendre honnoré les moindres[dm] il honnore,
Pour se veoir admirer les grands flate et adore,

108 *Cf.* Agrippa d'Aubigné, *Les Tragiques*, I, « Miseres », 208-209.

109 Paraphrase d'un passage d'Ovide concluant la description de l'Âge de fer (*Métamorphoses*, I, 144-148). Pour dépeindre cette folie assassine qui s'empare des familles, Villiers s'inspire peut-être aussi de Ronsard, lecteur du même passage dans « Les Isles Fortunées », v. 149-156 (éd. Laum., t. V, p. 184-185), et du tableau des désordres civils occasionnés par la guerre religieuse que présentent les v. 159-178 du « Discours des miseres de ce temps » (1562, t. XI, p. 28-29). *Cf.* A. d'Aubigné, *Les Tragiques*, I, 212-213. – Sur ce topos appartenant à la peinture des guerres civiles et sa popularité, voir l'étude d'Anne-Gaëlle Leterrier-Gagliano, « "Le frère contre le frère". La réception catholique des *Discours des misères de ce temps* : reprises et variations du motif de la famille éclatée », in *« Une honnête curiosité de s'enquérir de toutes choses ». Mélanges en l'honneur d'Olivier Millet, de la part de ses élèves, collègues et amis*, ét. réunies par M. Champetier de Ribes *et alii*, Genève, Droz, 2021, p. 587-594.

110 Le catalogue des passions vicieuses se poursuit : l'orgueil, l'égoïsme, la colère et la tentation meurtrière.

Il n'a souverain bien, il ne veult plus grand heur,
Ne connoit autre dieu, ça bas, que sa grandeur[111].
Le larron hazardeux les moyens subtilise
Pour destourner les biens en cachette et surprise
De son voisin credule, et se met au hazard
Malencontreusement d'une honteuse hart[112],
N'estant sa volonté d'en avoir assouvie,
Et pour vivre il poursuit la perte de sa vie[dn].
Le marchand corrompu sans rougir autrement,
En sa foy de marchant nous trompe proprement[do][113].
Et de tout aultre estat n'est tenu pour habile
Qui n'a pour acrocher[dp] la main prompte et subtile.
Le prochain deçoit l'autre et (mensonger sçavant)
Le pipe : et, cauteleux, ne le paist que de vent[dq].
Tel faict semblant d'aymer qui de maltalent brusle :
» Et en tel croit-on bien, qui trompe et[dr] dissimule.
» L'un nous baille du plat, l'aultre sert à couvert :
» Et tel rid à plein fond, contrefaisant l'ouvert[ds][114],
» Dont la sorciere main bien souvent s'est aidée
» Au dam de son voisin[dt] des moyens de Medée[115] :
» Qui sans estre offensé pour aultruy se ressent,
» Courratier[116] à tout pris du sang de l'innocent[du].
O, qui nous as perduz, detestable avarice,
De tous vices mortels la cruelle[dv] nourrice,[dw] [B2v°]

---

111 Ce portrait de l'ambitieux correspond à l'image satirique du courtisan que Ronsard identifie avec la source des maux (notamment dans l'« Elegie au cardinal de Chatillon » qui ouvre le *Second livre des Meslanges* [1559], éd. Laum., t. X, p. 5 *sqq.*). Sur cette question, voir P. M. Smith, *The Anti-Courtier Trend in Sixteenth Century French Literature*, Genève, Droz, 1964.

112 Corde employée pour la pendaison des condamnés à mort ; par extension/métonymie, le supplice de la pendaison.

113 *Cf.* Ronsard, « Discours des miseres de ce temps », v. 170, éd. Laum., t. XI, p. 28.

114 = feignant d'être réceptif, accueillant. *Cf.* Ronsard, description de « La Promesse » (1564), v. 7-28 et v. 171-192, éd. Laum., t. XIII, p. 4 et 10-11. Ce personnage n'est que feinte, hypocrisie, et il manipule ceux qui le courtisent, leur faisant entrevoir des faveurs illusoires (v. 39-50, p. 5).

115 Ces moyens sont les pouvoirs magiques par lesquels Médée permit à Jason de s'emparer de la Toison d'or et de venger la mort de son père, Æson (Ovide, *Métamorphoses*, VII, 1-349).

116 = courtier ; servant d'intermédiaire ou d'agent

Qui soubs ton puissant joug[dx] nous asservis si bien,
Que ce cuisant malheur estimons un grand bien.
Le pauvre est là quicté, la vefve est oppressée,
Et la riche moisson au mineur delaissée
Soubdain est fourragée, et s'offre pour butin
A celuy des tuteurs qui la void plus matin[117].
Le Juge n'y void goute, et celuy là rapporte
Plus de faveur de luy qui plus d'argent luy porte[118].
Vices, ô malheureux, ô damnables forfaicts :
La France n'est plus rien que cloacques infects[dy],
Qui attire et reçoit l'infecte ordure toute
Du voysin corrompu qui dans elle s'esgoute.
Tout est venal par tout : la conscience encor
Bonne ou non, ne se prend sinon au poix de l'or.
» L'argent commande à tout, il se rend tout propice,
» De vice il faict vertu, de vertu faict le vice[dz][119].
» L'argent est adoré[ea], l'argent est Dieu ça bas,
» Et de rien que d'argent les hommes ne font cas[120].
Perisse mille fois et mille fois perisse,
Et la rigueur du Ciel eternelle pugnisse
Qui premier s'advisa de fouïller au dedans[eb]
De la terre et piller les thesors de ses flancs[ec].

117 Peut-être faut-il deviner ici une allusion à la rivalité de Jacob et d'Esaü pour obtenir l'héritage de leur père, Isaac (Genèse XXV, 25-26). Voir aussi A. d'Aubigné, *Les Tragiques*, I, 214.

118 Cette critique de la justice et de la vénalité des juges, ainsi que de la corruption des avocats, est fréquente à cette époque. Voir notamment A. d'Aubigné, *Les Tragiques*, I, 233-235. Cette satire s'attache surtout à la conduite des procès ; voir J. Passerat, « La Divinité des Procés » (1602), in *Œuvres poétiques françaises*, éd F. Rouget, Paris, Classiques Garnier, 2021, p. 126-133. Voir *The Smile of Truth. Eulogy and Its Antecedents*, Princeton University Press, 1990, chap. 5, p. 153-156.

119 Cette réflexion morale, que signalent les guillemets, sert de conclusion au tableau des vices ou du monde à l'envers, que d'Aubigné saura amplifier (*Les Tragiques*, I, 199-240) ; voir J. Céard, « Le Thème du "monde à l'envers" dans l'œuvre d'Agrippa d'Aubigné », in *L'Image du monde renversé et ses représentations littéraires et para-littéraires de la fin du* XVI*e siècle au milieu du* XVII*e*, Colloque international (Tours, 17-19 novembre 1977), éd. J. Lafond et A. Redondo, Paris, Vrin, 1979, p. 117-127.

120 *Cf.* Ronsard, « Hymne de l'Or » (1555), v. 122 : « Mais tout, ô gentil OR, se fait en ta faveur » (éd. Laum., t. VIII, p. 185) qui résume l'essor du pouvoir de l'argent dans la vie sociale (v. 199 *sqq.*) ; voir aussi les v. 261-316 (p. 191) qui rappellent la vénération de l'or par les dieux païens.

Celuy là rapporta de ses riches[ed] entrailles
L'or, la source des maulx[ee], le motif des batailles,
La peste des humains, qui bouleverse tout,
Qui le monde a perdu de l'un à l'autre bout[121].
Hè mille fois heureux et mille encor les hommes[ef]
S'ils ignoroyent du tout les argenteuses[eg] sommes :
Chacun vivroit content et n'auroit-on soucy
D'entasser[eh] l'or sus l'or pour s'enrichir icy[122].

121 Nouveau souvenir d'Ovide, *Métamorphoses*, I, 141-143. Ce thème de l'or, peste du genre humain, est repris par tous les poètes ; voir Ronsard, « Hymne de l'Or », v. 348-349, p. 194-195, et v. 423-439, p. 199-200, et l'analyse de J.-C. Margolin, « L'"Hymne de l'Or" et son ambiguïté », *Bibliothèque d'Humanisme et Renaissance*, XXVIII (2), 1966, p. 271-293.

122 C'est l'insouciance que la vie de l'Âge d'or procurait aux hommes avant le déclin (Ovide, *Métamorphoses*, I, 89-112). Voir G. Demerson, « Le mythe des Âges et la conception de l'ordre dans le lyrisme de la Pléiade », in *Humanism in France at the End of the Middle Ages and the Early Renaissance*, éd. A.H.T. Levi, Manchester University Press, 1970, p. 271-294, et F. Rouget, *L'Apothéose d'Orphée. L'esthétique de l'ode en France au* XVIe *siècle de Sébillet à Scaliger (1548-1561)*, Genève, Droz, 1994, p. 126 *sqq.*

[B3r°]

SECOND LIVRE DE L'ERYNNE FRANÇOISE[a].

PAR UBERT PHILLIPPE DE VILLIERS
CONSEILLER DU ROY ET ESLEU
en l'Eslection de Clamecy.

Ce clair-voyant d'enhault, qui esclaire à la ronde
De ce grand tout espars et qui juge le monde[b][123],
Void le François haultain fol et delicieux,
Batant de mille erreurs le sentier vicieux :
Yvre du suc fumeux de cette grace tette
Dont l'Erinne en son sein mortellement l'alaicte[c][124].
Au spectacle soubdain de ces maulx, merveilleux,
Haulse le bras vengeur vers son front sourcilleux,
Il entre en sa fureur, son digne chef il branle,
L'asseuré fondement de l'univers s'en[d] tremble,
De l'Ocean esmeu les abismes profonds
Muglent horriblement, de frayeur, jusqu'au fonds[e],
La terre en bas fremit, le ciel en hault s'estonne,
Et lors l'ireuse voix de ce tout-puissant tonne[125] :
Quoy ? souffreray-je[f] encor que telle iniquité[g]
S'atacque insolemment jusqu'à ma deité ?
Encores permettray-je à cette inique race

---

123 Ce début rappelle l'invocation à Dieu que Ronsard place en tête de l'« Hercule chrestien » (1555), v. 27-28 : « Pour nous, SEIGNEUR, tu as basty le Monde, / Tu as, SEIGNEUR, comme une boule ronde », éd. Laum., t. VIII, p. 209.

124 Comme l'Opinion chez Ronsard, qui allaite les ministres protestants : « Remonstrance au peuple de France » (1563), v. 259-268, éd. Laum., t. XI, p. 77-78.

125 *Cf.* Ronsard, « Ode à Michel de L'Hospital » (1552), v. 273-284, éd. Laum., t. III, p. 134-135 : « Un Tonnerre aislé par la Bise / Ne chocque pas l'autre si fort, / Qui soubz le vent Aphricain brise / Mesme air par un contraire effort, / Comme les Camps s'entreheurterent / A l'abborder de divers lieux, / Les pouldres de leurs piedz monterent / Par tourbillons jusques aus cieux. / Un cry se faict, Olympe en tonne, / Othrye en bruit, la Mer tressault, / Tout le Ciel en mugle là hault, / Et là bas l'Enfer s'en estonne ».

Debordement pecher[126] sans souci de ma grace ? [B3v°]
Ou je ne seray plus de ce tout le seul[h] Dieu,
Ou j'extermineray ce detestable lieu,
Et courra de la France une telle[i] memoire,
Que son malheur sera l'aornement de ma gloire.
Suy-je pas moy qui suis[127] ? donq mespriseras-tu
Rogue pays ingrat, ma force et ma vertu ?[j]
Donq la terre et les mers flechiront soubs mon sceptre,
Et France seule ainsi se rira de ma dextre ?
Doncques impugniment tu me despiteras[k]
Sans redoubter en rien mon redoubtable bras ?[l]
Tu m'eschaperas donq ? haa je te... Lors son ire
Luy coupe la parole et ne luy permet dire
Le reste, ains remaschant un despit si haultain,
Retient à son courroux la foudroyante main[m]
Pour l'heure, et[n] se reserve en sa haulte pensée
Le poinct vengeur du mal de la France insensée :
Terrible et redoutable au dessein entrepris,
Comblant d'estonnement le celeste pourpris[o].
Les celestes ailez et les ames heureuses,
Au redoubté courroux craintifves et paoureuses[128],
D'un silence muet haletoyent, et les corps
Vastes de l'univers retardoyent les accords
De leur contre-musicque[129], attendants quelle traicte[p]
Du Souverain prendroyt la sentence imparfaicte.
Quand ce juge d'enhault soubdain faict desloger
De son divin vouloir l'empenné messager
Instruit de ses secrets, qu'il luy a faict entendre[q],
Et des terrestres lieux luy faict les erres prendre.
Le celeste courrier, dessus l'aile du vent
Descend des lieux astrez et d'une tire il fend [B4r°]

126 = pêcher

127 Exode 3, 14. *Cf.* Ronsard, « Hercule chrestien », v. 99 : « Je suis qui suis » (éd. Laum., t. VIII, p. 212).

128 = peureuses

129 Allusion à l'harmonie résultant de la musique des sphères, selon la conception platonicienne ; *Timée*, 35a-37a.

Tout le vague de l'air, puis en raudant[130] il rase[r131]
La haulte sommité du froid mont de Caucase[132].
Vers l'Aquilon frileux, sus le scithic reguard[s133],
Au plus horrible endroit, vers la plus rude part[t]
Qui soit en tout le mont, un lieu obscur se trouve[134]
Par sentiers desvoyez où gist la gloute louve
De nature ennemye, et qui n'exempte pas
Rien de ce qui est nay de son mortel repas[u] :
Quand d'un ciseau[v] trenchant cette horrible furie
Coupe le foible fil de nostre courte vie[135].
Là houpants la chouette et le hyboux affreux
Solitairent[136] l'entour de ce lieu sombre et creux[w].
Le carnassier corbeau sus le toict de la fére[137]
Rechante en croaçant sa note mortifére[138].
L'effraye vol-rebours[139] d'un cry aigre et piteux

---

130 = rôdant, voyageant, se déplaçant

131 Le « celeste courrier » est l'ange ou ambassadeur de Dieu. Villiers se souvient d'un passage de l'« Hymne triumphal sur le trepas de Marguerite de Valois » (*Tombeau*, 1551), où Ronsard décrit l'arrivée de l'« humble Messager » (Jésus) auprès du corps de la défunte : « De là se laissant pancher / A corps elancé, grand erre / Fondoit en bas pour trancher / Le vent qui raze la terre : / De çà et de là vaguant, / A basses rames voguant, / Ores coup sur coup mobiles, / Ores coyes, et tranquilles / Comme un oiseau qui pend bas / Et l'aile au vent il ne plie / Quand pres des eaux il epie / Le hazard de ses apas » (éd. Laum., t. III, p. 70-71, v. 337-348).

132 M. de La Porte, *Les Epithetes (1571)* : « C'est une montagne de Scythie qui est de longue estendue et si haute qu'elle est tousjours blanche de neiges » (éd. citée, p. 145).

133 = du Scythe, réputé sauvage. Voir *supra* Premier Livre, note du v. 100.

134 Ce lieu fait songer à l'Averne, dominé par Hécate, qui conduit aux Enfers (Virgile, *Énéide*, VI, 201 *sqq.*). Voir d'Aubigné, *Les Tragiques*, II, début.

135 Allusion à la Parque Atropos qui, selon la légende, coupait le fil retenant les hommes à la vie.

136 = se tiennent à l'écart (emploi verbal de l'adjectif *solitaire*, attesté nulle part)

137 De *fera* (italien), la bête sauvage.

138 Description baroque d'un espace désert et terrifiant, avec ses éléments habituels de rapaces nocturnes ou d'oiseaux de mauvais augure qui peuplent le paysage infernal. Voir G. Mathieu-Castellani, *Les Thèmes amoureux dans la poésie française (1570-1600)*, Paris, Klincksieck, 1975, p. 357-383, et M. Closson, *L'Imaginaire démoniaque en France (1550-1650). Genèse de la littérature fantastique*, Genève, Droz, 2000, p. 387 *sqq.*

139 L'« effraye » (souvent confondue avec l'orfraie) est un genre de chouette qui « volle la nuict par les villes et faict un cry moult effrayant » (P. Belon, *Observations de plusieurs singularitez et choses memorables trouvées en Grece [...]*, Paris, Gilles Corrozet, [1553], I, 10, f. 12r, et *L'Histoire de la nature des oyseaux [1555]*, II, 35, éd. Ph. Glardon, Genève, Droz, 1997, p. 142-144). Voir H. Naïs, *Les Animaux dans la poésie française de la Renaissance*,

Estourdit l'environ du pourpris despiteux,
Où l'Eternel hyver rend toute chose morte,
Et n'est nulle saison qui verdure y apporte.
Sterile du bolus qui des mortels dangers
Guarentit quelque-fois nos beaux jours passagers[x][140] :
Mais le poison y croist[y] et tout simple contraire,
Qui peult en un moment nostre vie deffaire,
Ou qui la peult encor alonger, languissant,
Pour remourir cent foys d'un torment renaissant[z].
 En si saulvage lieu soubs une courbe motte
Parmy les haults rochers, se void l'obscure grotte
A cent mille recoins, où logent inconneuz
Mille et mille dangers pour nuire retenuz[aa],
Manoir espouventable, où la Fere[ab] demeure,
Qui sans nulle mercy ordonne que tout meure[ac][141]. [B4v°]
 Icy l'ange envoyé fiche le pied paoureux
Sus le sueil redoubté de l'antre tenebreux[ad],
Qui toutes les horreurs dedans son creux recelle,
Il doubte, et tout confus d'un pas tremblant chancelle,
Herissant de frayeur : mais s'advisant aussi
Que les celestes sont exempts[142] de sa mercy[ae],
R'asserenant[af] l'entour de celeste lumiere

Paris, Didier, 1961, p. 216 et 221. Dans la « basse demeure » de Saturne, décrite par T. Folengo (*Baldus*, XV, 357-360, trad. G. Genot et P. Larivaille, Paris, Les Belles Lettres, 2006, t. II, p. 191-192), habitent les chats-huants, hiboux, chauves-souris, hulottes et chouettes. De son côté, Ronsard associe l'orfraie aux « choäns », huppes et corbeaux dans l'« Hymne des Daimons » (1555), v. 195 (éd. Laum., t. VIII, p. 121), et aux « oyseaux de dangereux augure » dans la *Bergerie* (1565), v. 540-541 (t. XIII, p. 103 ; voir aussi *La Franciade* [1572], II, 1121, var.).

140 Le « bolus » est un médicament ou une dose d'électuaire officinal ou magistral.

141 Cette description de la grotte qui abrite la louve rappelle celle d'Échidna chez Hésiode (*Théogonie*, 299-302), la caverne de Pluton chez Virgile (*Énéide*, VI, 236 *sqq.*, où la Furie [Erinys] repose, VII, 543 *sqq.*). Elle évoque aussi l'antre de l'Envie chez Ovide (*Métamorphoses*, II, 760-770), et la caverne de Saturne chez T. Folengo (*Baldus*, XV, 367-374, éd. citée, t. II, p. 192) où réside « toute la race des maux : bubon inguinal, douleurs costales et fièvre quarte, mal de tête, langueur, charbon, peste infectieuse, phlegmon, tumeur ventrale, vers et coliques, mal de la pierre, chancre [...] ». Villiers suit peut-être l'imitation qu'en fit Ronsard dans l'« Hymne de l'Autonne » (1563), v. 169 *sqq.*, éd. Laum., t. XII, p. 54 *sqq.*

142 = les créatures célestes sont épargnées

Jusqu'au fond du sejour infernal il esclaire.
A ce rayon luisant que la cruelle void,
Soubdain elle se drece et par l'hideux destroict[ag]
(Où toute chose née accourt à sa ruine)
Pleine d'ire et d'horreur, terrible, s'achemine[ah]
Vers la felonne entrée, et ses os cracquetants,
Tous desnuez de chair, font un bruit là dedans
A son fier demarcher, comme la seiche late
Sur[ai] un toict descouvert qui se bat et s'esclate
Du vent importunée, alors que l'air nueux[aj]
Se roule en tourbillons et replis furieux
Par Borée agité, ou comme un bois cracquette[ak]
Quand, verd, en œuvre mis à la chaleur se jette[143].
Et de loing, ô qui viens de ces celestes lieux
Trouver icy l'horreur des manoirs stigieux[al],
Dy si tu veux, avant que d'icy je departe,
L'entiere voulonté du celeste Monarque[am][144].
Veult-il que furieuse et d'un bras despiteux[an]
Je face des humains un carnage piteux[ao] ?
Veult-il que maintenant je raude par le monde,
Et que cet univers je ruine et confonde ?
J'ay pres de moy voysins, tous maulx qu'on peult penser,
Et qui desirent tout destruire et renverser[ap][145]. [C1r°]
J'ay la bosse[aq] enflammée et j'ay les fiebvres toutes,
J'ay les caterres froids, j'ay les humides goutes,
J'ay les spasmes affreux, j'ay les convulsions,
Et de mille langueurs les dures passions.
J'ay les seiches longueurs de la paralisie,
Les reumes assommez, la moite hydropisie[ar],
J'ay tous genres de maux qui me servent, et si[as]

143 Comparaisons familières : pour le bois sec qui brûle mieux que le bois vert, voir Pétrarque, *Canzoniere*, n° 271, « L'ardente nodo ov'io fui d'ora in hora », v. 11). Sur cette image, voir Ronsard, « Elegie ou Amour oyseau » (1569), v. 29-34, éd. Laum., t. XV, p. 208, et *Sonnets pour Helene* (1578), II, 1, v. 5, t. XVII, p. 247.

144 Alecto, l'« implacable » et l'une des Érynies (Hésiode, *Théogonie*, 217-222), est à l'écoute de l'ange qui, comme la Sibylle de Virgile, doit révéler l'oracle (*Énéide*, VI, 77 *sqq.*).

145 Comme la Mort, la Souffrance, la Guerre, les Euménides et la Discorde, chez Virgile (*Énéide*, VI, 275-280).

J'ay la famine creuse et j'ay la peste[at] aussi
Qui donrons[146], s'il luy plaist, au monde tels alarmes[147]
Que nous remplirons tout de pleintes[au] et de larmes[148].
Voire si l'univers peut mesme s'asseurer
De soustenir quelqu'un de reste pour pleurer[av].
Atant se teut tout court cette chimere affreuse[149],
Et de travers en bas jecte sa veuë hideuse :
D'un murmure enroué grondant ne sçay quels vers,
Qui sembloyent menacer mesme tout l'univers[aw]
Lors l'ange : O toy qui as des regions sublimes,
Et des puissants verrouils[ax] des profondes abismes[150]
Les clefs dedans ta main[151], toy qui es la terreur
Qui glace la nature et crevante[152] d'horreur,
Et seule encor à qui la force est ordonnée[ay]
D'enhault pour mettre fin à toute chose née[az] :
A l'endroit où Titan gister on apperçoit
(Quand Thetis mollement dans son sein le reçoit)[ba153]
Une nation fiere et puissante se trouve[bb],
Gauloyse, qui ne feit oncques servile esprouve[bc]
Despuis que courageuse et de robuste main
S'affranchit[154] du tribut du conquerant Romain :[bd]

146 = donnerons (syncope fréquente chez les poètes du XVIe siècle ; voir J. Peletier du Mans, *Art poétique* [1555], II, 9, et Ronsard, *Abbregé de l'art poetique françois* [1565], éd. Laum., t. XIV, p. 22 : « Tu accourciras aussi (je dis en tant que tu y seras contrainct) les verbes trop longs : comme donra pour donnera, sautra pour sautera [...] »).

147 Emploi fréquent du masculin au XVIe siècle ; voir F. Brunot, *Histoire de la langue française des origines à nos jours*, p. 402.

148 *Cf.* Ronsard, « Hymne de l'Autonne » (antre de l'Auton), v. 203-208 : « Là comme petits loups les Caterres couvoit, / Et là, la Fievre quarte et tierce se trouvoit, / Enfleures, flux de sang, Langueurs, Hydropisies, / La toux ronge-poumon, Jaunisses, Pleuresies, / Lenteurs, Pestes, Charbons, tournoyment de cerveau, / Et Rongnes, dont l'ardeur fait alumer la peau ». Passage dont se souviendra aussi A. d'Aubigné, *Les Tragiques*, II, 5-7.

149 La chimère est un animal fantastique, une créature hybride composée d'un corps de lion, d'un dos de chèvre, et d'une queue de serpent. Hésiode la décrit comme un monstre à trois têtes (*Théogonie*, 319-324).

150 « abîme » est du genre féminin au XVIe siècle.

151 Souvenir de Virgile, *Énéide*, VII, 607 *sqq.*

152 = qui crève

153 Périphrase homérique (*Iliade*, XIV, 301-302) pour désigner l'ouest, où, après le coucher du soleil, Téthys accueille Océan, son frère et mari.

154 = « s'affranchist » (prétérit)

Deslors le ciel la feit[be] parfaictement heureuse.
Et plus qu'aultre qui soit crainte et victorieuse : [C1v°]
Ores qu'elle fleurit, plus que jamais, ingrate,
Oubliant ce grand Dieu en son aise se flate
Et, vicieuse en tout, pense que si grand heur
Depende entierement de sa propre grandeur,
Sans reconnoistre rien (tant est d'orgueil frapée)
Que le fil aceré de sa trenchante espée[155].

Or va (dict le Tres-hault) et traine avecques toy
La peur, l'ire et l'horreur, et la rage, et l'effroy :
Abismez, confondez, mettez tout en ruine,
Par guerre, par aguets, par peste et par famine.
Allez : n'oubliez rien de vos sanglants effects,
Et en France exercez vos oultrageux forfaicts[bf],
Tant que de France soit la memoire abolie,
Ou que, criant au ciel, confesse sa follie :
Tendant les mains en hault, requerant humblement
Celuy que maintenant elle va blasphemant[bg][156].

Il a dict, et soubdain il glisse, ou glisser semble,
D'un son harmonieux ses ailerons esbranle,
Il s'en retourne au ciel reprendre le beau jour :
Fuyant la Fere affreuse et son mortel sejour[bh],
Où dolente il la laisse[bi] et qui creve d'envie
De le veoir eschaper et demeurer en vie :
Quand[bj], se resouvenant qu'il faloit mettre à fin
Sus les climats Gaulois le jugement divin,
D'un cry le nonpareil, qu'on ouyt onq, r'assemble
Espouventablement les furies ensemble :
Qui ont à cruaulté l'œil tousjours esveillé,
Et ne rient jamais qu'au mal appareillé[bk].

Comme quand le veneur revenant de la queste,
Ayant faict son buisson et destourné la beste, [C2r°]
Forhue et sonne un mot pour ses chiens respondants,
Qui, ramassez autour et la chasse attendants[bl],

155 Villiers prête à l'ange la colère de Junon et l'ordre donné à Alecto de faire périr Turnus au VIIe Livre de l'*Énéide* de Virgile (v. 286-322).

156 Transposition de Virgile, *Énéide*, VII, 331-340 (colère de Junon et furie d'Alecto).

Sont[bm] d'alegresse espris : connoissant qu'on les meine
A travers les haliers[bn], ou bien parmy la plaine
Au massacre du cerf, ou pour mettre aux aboys
Le sanglier escumeux : avec cent mille aboys
Clabaudent tout autour, dont l'air prochain resonne
Au gnip gniap redoublé[157] qui le ciel mesme estonne :
Lors le soigneux veneur, soubdain et proprement,
Couple ses chiens courants serrez docilement[bo],
Ses forts levriers d'attache il faict mener en lesse,
Et sus[bp] divers accourts il les pose et les laisse,
Il relaye à propos et ordonne si bien
Qu'à sa chasse entreprise il ne manque plus rien[bq] :
Puis, la beste lancée, aux grands forests peuplées
Laisse courre à plaisir ses meutes decouplées[158].
    Ainsi cette furie hurlant horriblement,
D'icy bas estourdit[br] l'un et l'autre element.
D'Acheron[159] les fureurs de tous les costez sortent,
Et dans leurs yeux ardents[bs] sus terre elles apportent
L'horreur, l'effroy, la crainte, et la confusion,
Et du monde en leurs mains l'ample destruction[bt] :[bu]
Tempestant et bruyant[bv] si haultement encore,
Que du Scythe gelé jusqu'au rivage Maure,
Despuis les flots errants vers le nuicteux sejour,
Jusqu'es lieux embaulmez du poinct luisant du jour[bw][160],
L'horrible son porté la terre estonna toute,
Le Rhosne perd son cours qui ce tonnerre escoute :

---

157 Néologisme construit sur l'onomatopée reproduisant le son des pas.

158 Comparant cynégétique résumant la technique des préparatifs de la chasse, tels que les présente Jacques Du Fouilloux (*La Venerie*, Poiters, Marnef et Bouchet, 1561, chap. XIII). L'image familière du regroupement de la meute rappelle un topos de l'épopée : le rassemblement des troupes, qui, chez Homère, fait l'objet de plusieurs comparaisons (par exemple les abeilles, *Iliade*, II, 84 *sqq.*). Voir aussi Virgile, *Énéide*, VII, 475-481, qui présente Alecto suscitant le courage des Rutules, puis la rage des Troyens (v. 511 *sqq.*). – Ce rappel succinct des techniques de la chasse était peut-être destiné à séduire Charles IX, premier dédicataire de *L'Erynne françoise* et grand amateur de chasse. Les poètes contemporains en firent autant : Ronsard, Jamyn, et Passerat qui dédia à Charles IX, puis à Henri IV, « Le Chien courant » (*Œuvres poétiques françaises*, éd. citée, p. 55-69).

159 Fleuve des Enfers.

160 Trois périphrases signifiant d'est en ouest.

Toute Seine en tressault et Loyre de frayeur,
Se recelle en ses bords, la Garonne en a peur[bx]. [C2v°]
Des femelles fuyants les tendrettes portées,
Faonnées de frayeur demeurent avortées
Au redoubtable esclat du son retentissant,
Qui meurtrit le poisson soubs l'unde fremissant[by],
Et les oyseaux en l'air, volants, de toute sorte
Trebuchent au deffault de l'aile qui les porte[bz].
Guarde pauvrette France : hé, pare à ce danger,
Le ciel tant[ca] provocqué se veult de toy venger.
Destourne sa fureur par une humble priere,
Avant que d'esprouver la puissance meurtriere
De l'Orque ravisseur[161], d'où viendra le meschef
Qui de mille tourments martellera ton chef[cb].
En vain tu pleureras quand cette obscure nuë
Sus tes riches lariz[162] tu verras survenuë,
Qui armée d'esclairs, de fouldres et d'effroy,
Un horrible deguast[163] tempestera sus toy,
Au large respandant mille engreslez orages,
Et sans fin te batant de ses plus fortes rages[cc].
Mais quoy ? je crie en vain : son malheur ne veult pas
Que de ma voix Delphicque[164] elle face aulcun[cd] cas.
Ainsi aux fols Troyens la divine Cassandre[165]
Les glaives et les feux, saige, faisoit entendre :
Mais les fatales sœurs[166] leurs malheurs bastissants,

161 L'Orque désigne Orcus, monstre des Enfers, siégeant dans le Styx ; voir Horace, *Odes*, II, 3, v. 24, et *passim* ; Virgile, *Énéide*, IV, 699, et VI, 274, et L'Arioste, *Roland furieux*, X, 101-111, qui relate le combat de Roland contre l'Orque, monstre marin semblable à une laie, afin de libérer Angélique. L'adjectif « ravissant » est retenu par M. de La Porte parmi *Les Epithetes (1571)*, éd. citée, p. 412, qui le définit ainsi : « Orque a esté des anciens estimé dieu des enfers, et l'appelloient Pluton et Dis. Aucunesfois aussi ils le prennent pour l'enfer ». Dans l'« Hymne de la Justice » (1555), Ronsard confiait à l'Orque le soin d'envoyer les Furies pour châtier les humains (v. 112-114, éd. Laum., t. VIII, p. 53).

162 Ou « larris » = terrains en friche

163 Sens fort de *ravage*.

164 De Delphes, où la Sibylle prononçait ses oracles.

165 Cassandre prédit la perte des Troyens qui ignorèrent sa prophétie. Voir Lycophron, *Alexandra* ou *Cassandra*, poème édité et traduit en latin à la Renaissance, et commenté par Jean Tzetzès (Bâle, Jean Oporin, 1546).

166 Les Parques.

Des Pythonicques[167] vers leur destournoyent le sens[ce].
Ainsi en Israël les propheticques carmes
Predisoyent des voysins les dompteresses[cf] armes,
Et ne chantoyent sinon aux peuples de Syon
De leur pays haultain l'ample destruction[cg] :
Mais l'estrange durté de ces felonnes testes[ch]
N'escoutoit les propos de leurs hommes celeste[ci][168]. [C3r°]
    Tandis les Iliens[169] se sont trop perduz,
Les oracles certains[cj] sont trop tard entenduz,
Et l'incredule Hebreu ne devint oncques sage
Qu'apres le coup[ck] receu de l'annoncé dommage :
Comme aussi du Françoys le rigoureux destin
Plustost ne sera veu qu'à son extrême fin[170].
» Que[cl] double est le malheur de veoir le sort nuisible,
» Quand l'heure tarde rend le remede impossible.
    Mais qui m'inspirera, qui me donra[171] la voix
Haultaine pour chanter le malheureux Françoys[cm],
Qui pour n'avoir voulu, trop ingrat[cn], reconnoistre
Tant de biensfaicts receuz de ce souverain[co] maistre,
Court à bride abatue à sa ruine, et va
Perdre ce que le ciel benin luy reserva ?[cp]
    Ja ce camp stigieux volant parmy les nues
D'une maistresse main gagne les advenues[cq].
Il entre pesle-mesle et ja usurpe tout
L'ample pays Gauloys de l'un à l'aultre bout.
    Icy la dure[cr] guerre et là la peste aborde,
Deça l'hypocrisie et delà la discorde :
L'une d'un geste feint, d'un propos qui deçoit,
Pipe si dextrement qu'on ne s'en apperçoit.
L'aultre, mere d'erreur, ses moyens subtilise,
Et d'un fusil ardent les cœurs bouillants attise.
Quand la sedition, sans raison, discourant,

167 De Pithon, déesse de l'éloquence.
168 Voir les Livres des prophètes, notamment de Zacharie (IX), même si les « vers Pythonicques » semblent plutôt référer aux trois Livres poétiques de l'Ancien Testament.
169 Habitants d'Ilion, ou Troie.
170 *Cf.* Ronsard, « Discours des miseres de ce temps », v. 95-102, éd. Laum., t. XI, p. 24.
171 Voir *supra* la note du v. 117.

Esmeut par les cantons les fureurs en courant.
En ses desseins enflez l'ambition haultaine
Infecte les entours où elle se pourmeine.
L'orgueil de pres la suit, dont le fier demarcher
Brave qui de luy veult seulement s'approcher. [C3v°]
Voicy les trahisons infidelles suivies
De parjures serments, de haynes et d'envies.
Voicy venir encor les conspirations,
Les inventifs aguets et les deceptions,
L'audace, la fureur, l'altere avarice,
De tous mortels malheurs la laictiere nourrice,
L'ire aux poulmons bouillants, qui traine quant et soy
De mille aultres malheurs l'effroyable desroy :[cs]
Décochants[ct] le venim de leurs fleches mortelles
Sus les sens esgarez[cu] de si folles cervelles[172].
Tout est confus par tout, le bataillon espars
Mortellement armé donne de toutes parts :
Sans que nul face teste à tant forte surprise,
Estourdissant chaqu'un si haultaine entreprise.
Comme le citadin à peu pres consommé,
Par un siege ennuyeux qui le rend assommé,
Cassé soubs le harnoys, rompu de longue veille,
Alors que le travail le contraint qu'il sommeille,
(Et que son dur destin luy veult faire sentir
Les angoisseux effects d'un mortel repentir),
Voicy venir d'emblée une eschellante troupe,
Qui d'un fer recellé muettement luy coupe
La gorge encor ronflant : Ainsi sans faire bruit[cv],
Les tristes nourriçons d'Erebe et de la nuict[173],
Les furies d'embas aux tresses serpentines,
(Porte-flambeaux ardents, r'enflammant les poictrines[cw],
Où loge la rigueur et l'ire des humains,
Qui de serpents couplez dans leurs sanglantes mains,

172 Ce tableau des effets de la discorde humaine, causée par le venin de la Guerre, rappelle en les développant la vengeance des Furies dans l'« Hymne de la Justice » de Ronsard (v. 115-120, éd. Laum., t. VIII, p. 53).

173 Les Érinyes, filles de Nyx (la Nuit), habitent l'Érèbe.

En cent tortiz noüeux d'une horreur qui tormente
Bourrellent sans cesser l'ame qui est meschante)[cx]
Agitoyent les plus grands, qui[cy] paisibles et doulx [C4r°]
Au soir, sus le matin[cz], bouilloyent touts de courroux :
Puis ravageants par tout, d'une[da] mesme destresse,
Comme le routurier tourmentoyent[db] la noblesse.
 Le marchant calculant paisible au magasin
Aguette, mutiné, le marchant son voysin[dc].
Le penible artisan, lequel à rien ne songe
Qu'à son journal[dd] labeur, d'ire et courroux se ronge :
Le laboureur, qui sue apres son coultre et soc,
S'escrime furieux et de taille et d'estoc
Inexpert[de], et le toict couvrant mesme famille
Void qu'elle vient aux mains et fierement se pille[df][174].
 La mere envers l'enfant oublie sa doulceur.
Le frere ne veult plus reconnoistre sa sœur.
La sœur la sœur ignore, et la sœur et le frere
S'accordent, conjurez, contre leur propre pere[175].
Trop inhumainement, le cruel pere aussi
De ses propres enfants ne veult avoir mercy[dg].
Tout est remply par tout de haine et de rancune,
Les voysins n'ont entre eulx civilité aulcune[dh],
Leurs cœurs enfelonniz n'ont aucune pitié.
Les humains n'ont rien moins que l'humaine amytié[di].
Nul ne veult plus, en fin[dj], les plus grands reconnoistre.
Chaqu'un veult dominer, le petit veult grand estre :
Et celuy qui avoit coustume de servir,
Insolent devenu, veult son maistre asservir.
 Voylà tout renversé[176] : et l'estat polyticque
Se precipite, aveugle, en fureur frenetique :
Dereiglé, sans raison et hors de sentiment,

174 Chez Ronsard, c'est l'Opinion qui suscite une vague de violence incontrôlée et pousse les catégories de citoyens à se quereller (v. 107-174, éd. Laum., t. XI, p. 28).

175 *Cf.* Matthieu X, 21 et 35, et surtout Marc XIII, 12, peut-être lus par l'intermédiaire de Ronsard, « Discours des miseres de ce temps », v. 159-166, lequel se souvient aussi d'Ovide, *Métamorphoses*, I, 145-148.

176 Sur ce motif, qu'illustrent les v. 293-214, voir *supra* le Premier Livre, note du v. 334.

Ainsi qu'un corps esteint par faulte d'aliment [dk177].
De là vient[dl] le desdaing, les haines et rancunes, [C4v°]
Et d'entre les pareils les envies communes,
Les jalouses grandeurs et les novalitez[178].
Par mordants quolibets et partialitez
On se picque, on se bande, et des desseins[dm] on brasse,
Chaqu'un cerche son mieux et le party embrasse
De qui luy semble bon : et ces divisions
Sont soubz pretexte sainct de deux religions[179] :
Dont le mesme subject par[dn] diverse doctrine,
Diversement mené cause nostre ruine,
Et des noms factieux la dure nouveauté
Amorce la fureur d'un et d'autre costé[180] :
Trompant l'heur de nos jours, dont la suite ordonnée
Promettre nous sembloit plus seure destinée[do].
La France est embrasée et ses peuples espars
Aux armes, divisez, courent de toutes parts.
La terre tressuant ne soustient qu'à grand peine,
Les deux osts conjurez[dp], campez emmy la plaine,
Apres avoir entr'eux par un esgal party
Emmy le champ poudreux le soleil departy[dq],
Où le fier fantacin tient prest son equipage
Pour meurtrir l'ennemy, ou luy porter[dr] dommage :
Et l'homme de cheval donne ordre, cependant,
A polir son harnois, la bataille attendant[ds],
Qui se donra[181] demain d'une furie grande,
Car[dt] l'un et l'autre chef ça et là le commande[182] :

---

177 Comparant assimilant la cité à un corps (politique) ; voir Platon, *La République*, V, 462c-d et 464b, et Aristote, *Politique*, 1253a (I, 11).

178 Ces nouveautés, que diffusait la Réforme, sont dénoncées par Ronsard, favorable à la tradition de l'Église : « Remonstrance au peuple de France », v. 89 et 586, éd. Laum., t. XI, p. 67, et 93.

179 C'est la première fois que Villiers déclare l'objet de son poème et identifie les guerres de religion comme la source des discordes civiles.

180 Pour Ronsard, c'est précisément la diversité des opinions théologiques qui est condamnable (« Discours des miseres de ce temps », v. 149-154, éd. Laum., t. XI, p. 27).

181 Voir *supra*, v. 117, et la note.

182 Usage fréquent en moyen français consistant à accorder deux sujets au singulier coordonnés par *et* avec un verbe conjugué au singulier ; voir G. Gougenheim, *Grammaire de la langue française du seizième siècle*, Lyon, IAC, 1951, p. 224.

Pour esclarcir du tout par un sanglant effort,
Le poinct encor doubteux de l'un et l'autre fort[du].
Tandis Phœbe decline et plus n'esclaire au monde,
Au giron de Thetis pose sa teste blonde :
Laissant d'aultre costé ses limonniers fumeux [D1r°]
Que mollement reçoit l'Ocean escumeux[dv][183],
Se reposants, lassez, de leur[dw] longue carriere,
Pour reprendre au matin leur[dx] route journaliere,
Quand ce peuple guerrier de l'une et l'aultre part
Sonne au guet, et soigneux, ses quartiers il depart :
Et pour mieux asseurer l'armée qui repose
Chaque chef[dy] à l'escart ses sentinelles pose :
Apres avoir des-ja sourdement ordonné
De la ronde et du mot en son camp entourné[dz] :
Sus chaqu'une advenuë[ea] assiet ses corps de guarde
Aupres de plus d'un feu veillant la nuict songearde[184],
Puis bien tard retiré, soubs sa tente à couvert,
Entre craincte et espoir sommeille l'œil ouvert[eb][185].

---

183 Phébus ou « Phœbe » (Apollon) personnifie le Soleil, qui se couche « au giron de Thetis ». Voir *supra* v. 132, et la note.

184 Par hypallage, car la nuit favorise les songes qui révèlent vérités ou mensonges. *Cf.* D. Ménager, *La Renaissance et la nuit*, Genève, Droz, 2005, p. 32-36 et *passim*. – Bien que l'épithète ne fasse pas partie de celles recensées par M. de La Porte, on la trouve associée au sommeil chez Ronsard, *Amours* (1552), s. CLIX, v. 1-2 : « Il faisoyt chault, et le somme coulant / Se distilloyt dans mon ame songearde » (éd. Laum., t. IV, p. 151).

185 Cette conclusion, coïncidant avec la tombée de la nuit, ménage une pause du récit, et suscite la curiosité du lecteur, avant le déclenchement des hostilités. *Cf.* Homère, *Iliade*, Chant I (fin), et Ronsard, *La Franciade*, Livre II, v. 1481-1484, éd. Laum., t. XVI, p. 171.

[D1v°]

TIERS LIVRE DE L'ERYNNE FRANÇOISE[a].

PAR UBERT PHILLIPPE DE VILLIERS CONSEILLER DU ROY ET ESLEU en l'Eslection de Clamecy.

La Nuict calme en repos[b] se passe et le silence,
Compaignon du sommeil, sillant l'œil de la France,
S'enfuyt au frez matin : le bruit estourdissant
D'un murmure confus par la plaine croissant,
Se leve avec le jour soubs la vermeille aurore,
Qui d'un teint safrané le clair Levant colore[c186] :
Embaulmant l'environ de mille et mille odeurs
Dans le plaisant tapis d'un nuage de fleurs[d] :
Quand ce peuple guerrier, qui point ou peu[e] sommeille,
Sus la[f] dure et paillasse, aussitost se resveille.
Il quitte d'un plein sault des logis la durté,
Reprend en un instant sa premiere fierté[g]
Aux phifres et tabours et trompettes qui sonnent
La diane[187], et qui hault le boute-selle entonnent.
Qui va, qui vient, qui court, qui se retire à part,
Qui courageux s'advance et qui craint le hazard :
L'un s'enqueste du mot, l'aultre de son enseigne,
Tel est tenu de touts brave à qui le nez seigne, [D2r°]

186 Expression homérique désignant l'Aurore : *Iliade*, VIII, 1-2 : « À l'heure où se répand sur la terre l'Aurore aux voiles de safran… ». M. de La Porte reprend cette caractérisation parmi ses épithètes de l'Aurore : « saffranée […] jaunissante […] » (*Les Epithetes [1571]*, éd. citée, p. 105). Cette image topique a suscité de nombreuses variations, comme chez Ronsard, « Elegie », in *Elegies, mascarades et Bergerie* (1565), éd. Laum., t. XIII, p. 136, v. 113-116 : « Et où l'Aurore au rosoiant menton / Laisse dormir son vieux mary Tithon, / Ouvrant du Ciel les barrieres descloses / Pleines de liz, de saffran, et de roses ». Et, dans un contexte épique, voir *La Franciade*, I, 677 (« l'Aube ensaffranée »), et IV, 133-138, t. XVI, p. 63 et 250, et l'étude d'Anne-Pascale Pouey-Mounou, « Ronsard et l'épithète homérique », art. cité, ici p. 377 *sqq.*

187 = de *diana* (latin), batterie de tambour exécutée à l'aube. *Cf.* Ronsard, « Les Armes », in *Les Meslanges* (1555), v. 108, éd. Laum., t. VI, p. 210.

Qui faict de l'empesché, qui bien loing des dangers
Remet fort volontiers l'honneur aux plus leigers[h],
Et tout le camp brillant fremit[i] en la maniere
Que l'on void fretiller une espesse fourmiere,
Alors que le passant, estant[j] tout de loisir,
Importune son fort pour se donner plaisir[188].
Cependant du beau jour la poincte renaissante
Maistrise de la nuict l'obscurité errante[k] :
Et les rayons brillants de tous ses menus feux
Cedent à la clairté de la lampe des cieux[l] :
Lors[m] les tonnants tabours de ces guerrieres bandes
Bruyant, sonnent aux champs parmy plaines et landes.
Des squadrons ordonnez la gaillarde façon
Par plus et plus d'un tour forme le limaçon[n189].
Les enseignes au vent se jouent, desployées,
De guidons ventelants bravement costoyées[o] :
Animants au combat d'un et d'autre costé
De ces deux osts voisins la mutine fierté[p],
Qui marche à la faveur[q] de cent et cent cornettes ;
Apres qu'au desloger les clairons et trompettes
Courants par les quartiers et à mont et à val
Rechantent clairement, *à cheval, à cheval*[r].
Les tasquets[s190] reluisants, les cuirasses brillantes,
Et des haults morrions les crestes undoyantes,

---

188 Comparaison des troupes à une fourmilière, provenant de Virgile, *Énéide*, IV, 401-407 (image des fourmis armant les vaisseaux d'Énée) et rappelant aussi Homère, *Iliade*, XVI, 258-262 (même si les Myrmidons [= fourmis en grec], combattant aux côtés d'Achille, sont décrits comme un essaim de guêpes). Ronsard a retenu le modèle virgilien pour décrire l'activité des charpentiers de Francus, au Livre I de *La Franciade*, v. 571-576, éd. Laum., t. XVI, p. 58, et avait déjà développé cette image de l'« ost de Fourmys » au labeur dans l'hymne-blason du *Bocage* (1554), éd. Laum., t. VI, p. 94, v. 41-45 (et pour la référence aux Myrmidons, v. 75-86, p. 95-96).

189 Le corps de bataille rappelle les parties du corps de l'animal. La troupe est disposée en limaçon, en spirale, pour mieux se protéger (comme les Myrmidons, serrés les uns contre les autres). C'est le conseil que donne Végèce dans son traité d'art militaire (éd. et trad. fr., *Du Fait de guerre*, Paris, C. Wechel, 1536, Livre I, chap. 26). – Peut-être faut-il voir ici un souvenir de *La Franciade* de Ronsard, où celui-ci évoque la danse des soldats rendant hommage à Cybèle (« qui font le limaçon », Livre I, v. 428). Voir aussi *infra* le poème « Le Limas », v. 211-212 et 491-492 (p. 171 et 180), qui décrit cette formation avant la bataille.

190 La variante éclaire le sens de ce mot : « glaives ».

Le cliquetis du heurt des glaives et harnois,
Des vaillants chevetains l'imperieuse voix[t],
Des chevaux, tressuants, qui se donnent carriere[u]
Leur clair hannissement, la volante poussiere,
Le furieux aspect, le grave demarcher
Du pieton que l'on void brusquement se marcher[v], [D2v°]
Du genereux roussin la nombreuse cadence[191],
Et de son cavalier la brave[w] contenance,
Des chefs chevaleureux la haulte majesté,
De leur port asseuré la fiere gravité[x],
R'asseuroit le courage[y] à qui, paradventure,
Se dementant[z] estoit veillacque[192] de nature :
Mais qui pour lors des coups osoit bien approcher,
Couvrant un cœur de foin d'un semblant de rocher[aa].
Lors l'airin[193] resonnant par la plaine replicque
D'un accent esclatant[ab] bien plus d'un vers bellicque.
L'alarme chaulde va par[ac] touts les regiments,
Et l'effroyable son des guerriers instruments
Ronfle dedans, dedans tue, chocque, chamaille,
Heurte, fier, brise, fen, perce, romp, coupe[ad], taille[194].
Le canon qui vomit l'horrible fouldre, faict
Pres et loing bondissant, plus de bruit que d'effect[ae]
Aux squadrons valeureux, qui par la plaine[af] large
Debusquent furieux et s'en vont à la charge[195].
Quelle rage vous pousse, ô Françoys insensez,
Où sont les ennemys qui vous ont offensez ?

---

191 = le pas cadencé

192 Peut-être la première attestation de ce mot « vieillaque », de l'italien *vigliacco* (vil, misérable, méprisable à cause de sa lâcheté) ; voir aussi l'espagnol *vellaqueria* > veillaquerie = coquinerie (F. Brunot, *Histoire de la langue française, des origines à nos jours*, *op. cit.*, p. 213-214).

193 = la trompette

194 Vers composé de mots monosyllabiques censé reproduire, en style imitatif, la vigueur des combats.

195 Sur le spectacle offert par le champ de bataille, et particulièrement le bruit des canons, voir P.-É. Pichot, « L'artillerie dans la poésie épique française au temps des guerres de religion », *Seizième Siècle*, 16, 2020, p. 7-25, et N. Lombart, « Écouter l'épique : les paysages sonores de *La Franciade* », in *« Toute l'âme de la poésie héroïque ». Études sur l'épopée en France (XVI*[e]*-XVIII*[e] *siècles) offertes à Denis Bjaï*, éd. F. Rouget, Genève, Droz, 2021, p. 131-156.

Quelle estrange fureur vous trouble le courage ?
Allez, versez ailleurs ce foudroyant orage
De vos sanglants efforts es pays plus loingtains,
Là là, tracez le seing de vos exploicts haultains
Sus le dos ennemy d'une anticque arrogance,
Et pardonnez au sang de vostre doulce France[ag].
Ce n'est pas l'estranger qu'avez par[ah] tant de foys
Rompu, deffaict, contrainct de rendre les aboys[ai].
En teste icy n'avez[aj] cette barbare audace
Qui vous usurpe encor[ak] plus d'une forte place. [D3r°]
Rien ne s'oppose à vous que vous-mesme, et les champs
Coulpables, à regret, soustiennent tant de gens
Bandez l'un contre l'aultre, et dont la mesme langue
Ne sçauroit exprimer qu'une mesme harengue,
Ny l'usage autre habit, autre port, ny façon :
Ny la nouveauté mesme encor autre leçon[al].
» Le loup n'estrangle[am] l'autre et l'ours à l'ours pardonne[196].
» Chaqu'un aupres des siens paisible se façonne[an].
» Nul que le furieux contre soy ne forfaict.
» Inhumain est celuy qui soymesme deffaict[ao].
» Revenez donc à vous : celuy vrayment est saige[ap]
» Qui aux talons d'autruy reconnoit un passage :
» Et l'autre avec le fol symbolise aisement[aq],
» Qui de noms factieux paist son entendement[ar].
» Car en leurs factions les factieux perissent,
» Et de leur glaive mesme eulx-mesmes se meurtrissent[as].
Croyez-vous plus d'un Dieu ? avez-vous double foy ?
Hé pour Dieu dictes-moy, avez-vous plus d'un Roy[at] ?
Mais quoy ? avez-vous[au] plus d'un naturel langage[197] ?
France n'est-elle pas vostre commun partage[av] ?
Qui vous faict donq ainsi d'un courage endurcy[aw]
Pour deux noms ruineux[198] combatre sans mercy[ax] ?

---

196 Cette séquence morale est introduite par une image déjà utilisée par Ronsard dans la « Remonstrance au peuple de France », v. 485-487 : « Telle fureur n'est point aux Tygres ny aux Ours, / Qui s'entraiment l'un l'autre, et se donnent secours, / Et pour garder leur race en armes se remuent » (éd. Laum., t. XI, p. 88).

197 Villiers se montre partisan de l'unité politique, religieuse et linguistique.

198 Les catholiques et les protestants, pourtant chrétiens.

Si vous estes brutaux, sans chef, sans connoissance,
Vous serve la fureur, l'abandon, l'ignorance :[ay]
Mais vous estes[az] Chrestiens, vivez chrestiennement.
Mais vous estes[ba] au Roy, servez fidellement,
Mais vous estes[bb] Françoys, vivez doncques en France
Paisibles, sans combat de l'un l'aultre à[bc] oultrance :
Et ne rensanglantez en vostre mesme flanc
Vos glaives enyvrez de vostre propre sang[bd]. [D3v°]
Ainsi les partisans, le flambeau de l'Itale[199],
D'eulx-mesmes ont esté la ruine fatale :
Et de deux noms aussi la folle invention
Apporta le subgect de leur perdition.
Quand pour se prevaloir des estrangers liguez
Ouvrent la porte à ceulx qui les ont subjuguez :
Et maintenant ce[be] mal, n'y trouvant plus que mordre,
S'acharne[bf] dessus nous et met tout en desordre :
Qui appellants à nous le Thedesque[200] avec eulx
Nous trouverons en fin de mesme malheureux.
Se trouve-t-il ça bas chose plus dangereuse
Que d'un puissant voysin la caresse envieuse ?[bg]
Pour-dieu pensez à vous et, saiges, practiquez
La ruse des ciseaux l'un sus l'aultre picquez[201].
De ces mutins ciseaux la façon ordinaire
Est de se paistre entre eux d'une feinte colere :
Mais ils ont bien aussi, pour ancienne leçon,
De ne porter jamais le mal de leur tençon :
Et s'appaisent tousjours au dam de qui plus proche,
Pensant les demesler sottement s'en approche.
Ne voyez-vous le drap ? les ayant descouverts,
D'un despiteux semblant l'un dessus l'aultre ouverts
(Prests à s'entre-choquer d'une felonne audace,
Et resouluz de vaincre ou tumber sus la place)[bh]
Prochain de leur fureur se vient mettre entre-deulx

---

199 L'Italie ou camp des catholiques.

200 « Thedesque » : tudesque, c'est-à-dire de Germanie.

201 Image familière des ciseaux (de la Parque Atropos ?) pour symboliser l'art de l'esquive, afin de résoudre une querelle (« tençon »).

S'entre-meslant, peu fin, de la querelle d'eulx[bi].
Il tasche à departir par sa foible entremise
Le danger apparent de leur fiere entreprise,
Mais si tost ne s'est mis à faire le ho-là
Que son corps demembré tout en pieces s'en va[bj][202]. [D4r°]
Puis ces freres uniz se rient à leur aise,
Aux despends de ce fol se meslant de leur noyse[203] :
Qui s'apperçoit, trop tard, de sa faulte et ne sert
Que d'exemple à celluy qui de mesme se perd[bk].
» Le conseiller en vain[bl] le furieux enhorte.
» Où le glaive reluit, raison demeure morte.
» Et ne sert le conseil en cas fort advancé[bm],
» Non plus qu'à regretter le caillou ja lancé[bn] :
» Car il fault que le cours de chaque destinée
» Vienne au poinct limité de sa loy ordonnée[bo].
Las, malheur, en cecy tous mes conseils sont vains,
Puis que ces forsennez sont ja venuz aux mains.
Ils sont ja collettez, les voylà pesle-mesle,
Et de plombs fouldroyez cette mortelle gresle
Sur[bp] le terrein sanglant a desja abatuz
Mille et mille guerriers du malheur combatuz
Plustost que de l'adrece, ou que de la vaillance
D'un plus grand cœur ou bien d'une plus rude lance.
» Le fer entreprend tout, et par tout inhumain
» Discourt pour retrencher l'espoir du lendemain[bq].
Comme quand les fureurs[br] de Borée et de l'Austre[204]
Par le vague animez tempestent l'une[bs] l'aultre,
De leurs poulmons enflez poulsants l'esbranlement
Qui du monde estonné sape le fondement[bt] :
Lors les verdes forests mantelans[bu] les orées
Et les flancs raboteux des haults[bv] Hyperborées[205]

---

202 Seconde image familière, le drap ou voile, destiné à séparer les belligérants, demeure inutile, et est découpé (par les ciseaux ?).

203 Rime approximative, réduite à une assonance.

204 Voir *supra* le Premier Livre, v. 113 et v. 156-157, et les notes.

205 Pays mythique situé dans le grand Nord, site d'une nation heureuse nommée Hyberboréenne. *Cf.* Pline, *H.N.*, IV, 26 [89-91].

(Esmeües peu à peu par l'effort aleneux
De la gueule orageuse et de l'estomach creux
De ces vents despitez) au souflement s'esbranlent,
Des cimeaux jusqu'au pied les troncs plus puissants tremblent, [D4v°]
Les branchages fueilluz librement agitez,
Des aultres plus prochains heurtent les sommitez,
Des rameaux estenduz la secousse undoyante
A ce heurt, flechissant, s'entrenuit innocente.
L'environ en gemit, tout volle par esclats,
Le bas en hault s'esleve et le hault donne à bas,
La forest ruinée en un tas s'emmoncelle,
Difforme et sans honneur mesme en soy se recelle :
Ne luy restant en tout des orages passez
Que le piteux object des arbres entassez[206].
  Triste comparaison, hé demeure imparfaicte.
Honteux, je tay le poinct, auquel tu es subgecte :
Peusse-je ainsi celer cette confusion
Que je rentreroy bien en ma conclusion.
  Rien ne se peut cacher en chose manifeste.
Qui ne void en plain champ la civile tempeste ?
Je voy les lys parens, ennemis, s'attaquer
Et les mesmes canons contre canons bracquer.
Les enseignes, jadis communes et unies,
De contraires partiz en fureur sont suivies.
Et les mesmes squadrons, sus eux-mesmes courants,
Pour s'entre-massacrer vont par tout discourants.
  Quelle brutale erreur, Françoys, quelle impudence
D'abandonner ainsi le sang de vostre France

206 Image de l'orage et de la tempête, topiques du poème épique (Virgile, *Énéide*, IV, 160-165, et I, 81-123). Chez Virgile, ce sont les vents du sud [l'Eurus et le Notus, v. 85] qui menacent Énée et ses marins. On rencontre aussi fréquemment cette image dans la harangue politique des rhéteurs, comme Cicéron (voir É. Deniaux, « Les tempêtes et la vie politique : recherches sur l'imaginaire des Romains de la fin de la République », in *Roma illustrata. Représentations de la ville*, Actes du colloque international de Caen [6-8 octobre 2005], dir. P. Fleury et O. Desbordes, Caen, Presses universitaires, 2008, p. 115-128), et chez les poètes comme Lucain (*La Pharsale*, V, 476 *sqq.*) et Ronsard, « Discours des miseres de ce temps », v. 43-50, éd. Laum., t. XI, p. 21.

Au barbare estranger[207] ? que vous sert la valeur
De vos bras employez sans nul espoir d'honneur ?
Hé que peult meriter vostre insolence folle
Ny de vos cœurs felons la vaillance frivolle ?
Jà jà les fiers Angloys, du monde distinguez,
Pourroyent estre despuis vos troubles subjuguez. [E1r°]
Des pays bas haultains les testes desloyales
Debvroyent aorner le front de vos maisons royales.
Ces peuples arrogants, qu'au poix vous achetez,
Soubs vos bras valeureux debvroyent estre domptez[208] :
L'Asian, l'Aphricain, l'Ethiope et le More,
L'Inde et toute autre gent, s'il en est point encore
Coulpable, oultre le North soubs le char estoylé
De l'Ourse[209], ou vers le bas du globe recelé.
Nos liz enracinez es plaines Idumées
Fleuriroyent au milieu des terres empalmées[210],
Leurs sceptres s'eslevants richement chaqu'un an,
Lairroyent soubs leur haulteur les cedres du Liban.
Nous verrions parmy nous la plante Egyptienne
Embaulmer les entours de sa superbe Seine :
Et tous peuples flechiz apprendroyent le Françoys,
Avec l'humble façon de courtiser nos Roys.
Chaque party soustient et faict sa cause bonne,
Et les armes au poing la raison il se donne :
Mais de sçavoir qui d'eulx s'arme plus justement,
C'est entreprendre un peu trop dangereusement[211].
Par plus et plus d'un coup ces fureurs animées
Ont exposé au sort leurs puissantes armées,
Et plusieurs foys aussi (mettants les armes bas)

207 Même mise en garde contre la menace des troupes étrangères chez Ronsard, « Discours des miseres de ce temps », v. 52-53, éd. Laum., t. XI, p. 21, et dans la « Continuation du Discours des miseres de ce temps », v. 321-322, p. 54.

208 L'Angleterre et la Flandre avaient été gagnées peu à peu par l'influence de la Réforme.

209 La Grande Ourse.

210 « idumées » : iduméennes (latin : *Idumaeas*). *Cf.* Ronsard, les « palmes Idumées », dans la « Harangue du duc de Guise » (1553), v. 320, éd. Laum., t. V, p. 219.

211 Sur la question de la responsabilité des guerres civiles, Villiers renvoie dos à dos catholiques et protestants. En cela, il se distingue de Ronsard qui mit en accusation l'apparition de la Réforme.

Paisibles ont mis fin à leurs sanglants combats[bw][212].
Mais comme deux taureaux, dont la fierté despite
En colere et fureur és prez herbuz s'irrite,
D'un menaçant reguard, d'un profond muglement
D'un pied terre-grateur[213], qui met la pouldre au vent,
Front à front se joignants l'un sur l'aultre s'advance, [E1v°]
Fourchent leurs chefs armez, combatent à oultrance[214],
Tant qu'au combat, lassez, prennent quelque respit[bx]
Pour retourner plus frez à leur premier despit,
Et puis, ayants repris la vigueur retournée,
Exercent leur fureur le long de la journée[by][215] :
Telle[bz] la France estant quelque temps en repos,
Heureuse respiroit, quand trop mal à propos
D'un et d'aultre costé la noyse[ca] renouvelle,
Et les armes on prend pour la vieille querelle.
Le cartouche est bourré, le pulverin est fin,
Le chien est abatu, le reste est au destin[cb] :
Si bien qu'au declicquer[216], tant est seiche la pouldre,
Le plomb du feu poussé devancera[cc] le fouldre[217].
Aussi en temps si chauld et qui encor bouïlloit
Beaucoup de paille au feu attiser[cd] ne failloit,
Pour raviver soubdain[ce] la flamme presque esteincte,
Et renverser du tout[cf] l'accord d'une paix saincte[218].

---

212 Allusion aux guerres de religion, périodes de conflit interrompues par des traités de paix. À la date de rédaction de ces v. 219-222 (avant mars 1585), la France en avait traversé sept.

213 Nouvel exemple de mot composé à la manière des épithètes grecques.

214 Comparaison imitée d'Apollonios de Rhodes (*Argonautiques*, II, 88-89), peut-être par l'intermédiaire de Ronsard, *La Franciade*, II, 1391-1400, éd. Laum., t. XVI, p. 167 (combat de Francus contre Phovère). Ici, cependant, Villiers semble aussi se souvenir de Virgile, *Géorgiques*, III, 220-223 : « eux s'attaquant tour à tour engagent de violents combats et se criblent de blessures ; un sang noirâtre baigne leurs corps ; *front contre front*, ils se heurtent, cornes en avant, avec un vaste *mugissement*, que renvoient les forêts et le lointain Olympe » (*cf.* « muglement », v. 225, et « front contre front », v. 227).

215 Première d'une série de trois comparaisons épiques paraphrasée de Virgile, *Géorgiques*, III, 229-236, qui mentionne la retraite provisoire d'un seul taureau.

216 Substantivation du verbe pour le « déclic », qui déclenche le tir de l'arme à feu.

217 « Foudre » peut être du genre masculin en moyen français.

218 D'après la variante primitive du v. 254 (« Par trois fois »), on peut supposer que Villiers évoque l'Édit de Saint-Germain, du 8 août 1570, qui mettait fin à la troisième guerre.

Plus et plus d'une foys[cg] a esté combatu,
Et plus et plus d'un coup[ch] le Protestant batu :
Qui plusieurs[ci] foys aussi a bien cœur et audace
De se remettre sus et presser qui le chasse.
Comme un dogue hardy, lequel robuste et fier,
Le taureau genereux[cj] ause bien deffier,
Et sans doubter en rien sa redoubtable force
D'en venir au dessus par touts moyens s'efforce[ck],
Puis ayant essayé que c'est d'un repentir
(Par plus d'un rude coup qu'il luy a faict sentir)
Ne veult[cl] pourtant ceder à si haulte puissance,
Quand plus fort repoussé, plus courageux s'advance ;
Cet indomptable chien, qui d'ungles et de dents, [E2r°]
D'une gueule escumeuse et de ses yeux ardents
Fouldroye tout autour, l'entreprenant pour proye,
Quoy que souvent le Taur aux pieds le foule et broye[cm219] :
Ainsi le Protestant, habile et courageux,
Se ressourd acablé du destin oultrageux[cn],
Comme Anthée abatu d'Hercule contre terre
Se relevoit sus pieds plus habile à la guerre[220].
Jamais il ne perd cœur[221], quoy qu'il soit combatu.
Il ne peult faire joug soubs la force et vertu
De l'ennemy vaincueur, jamais il ne s'oublie,
Son asseuré cerveau ne s'esgare, ains ralie[co]
Le soldat formené[222], qui ça et là espars,
Sans guide, avau-de-route[cp223], erre de toutes parts.
Il r'asseure des chefs la prouësse troublée,
Il remet cœur en pance[224] à l'armée esbranlée[cq],

219 Comparaison provenant de Virgile, *Géorgiques*, III, 220-236, et imitée par Lucain, *La Pharsale*, II, 601-609, et L'Arioste, *Roland furieux*, XXXIX, 52.

220 Antée, fils de Gaia et de Poséidon, qui ne pouvait être projeté ou cloué au sol, fut étouffé par Hercule. Cet épisode est raconté par Curion dans *La Pharsale* de Lucain, IV, 590-649 : « À des formes si formidables, la terre ajouta ce don encore à son rejeton que, quand il touchait sa mère, ses membres déjà épuisés recouvraient une nouvelle vigueur » (v. 598-600). Voir aussi L'Arioste, *Roland furieux*, IX, 77.

221 = courage

222 = fort mené, poursuivi

223 = à vau-de-route : précipitamment et en désordre (*TLFI*).

224 = redonne courage

Ses forces il r'assemble et se void desormais
Prest à recommencer, plus gaillard que jamais.
Qui veit onq le filet d'une foible eau[cr] descendre,
De l'Apennin cornu aval[225], humble se rendre[cs],
En cachette couler tout craintif et honteux,
Et puis se r'enforcer soubs l'orage venteux,
Qui du chef enneigé par une moite nue
La coiffe blanchissante en liqueur a fondue ?
Un deluge se faict, qui se verse à l'endroit
De ce ruisseau tapy dans son canal estroit,
Il s'enfle et (orgueilleux en sa force augmentée
Par l'effort surcroissant de la mare enfantée)
Terrible devenu fierement s'escoulant,
Les rochers derocquez dans ses eaux va roulant[ct],
Les arbres il arrache, et les hameaux emmeine, [E2v°]
Et les troupeaux beslants pesle-mesle en[cu] la plaine
Soubs sa force asservie, et les valons aussi
Pres des monts assiegez, qu'il tient à sa mercy[cv][226] :
Mais l'orage escoulé[cw], un simple guarson passe
A pied sec le conduict[cx] de son eau humble et basse[227] :
Et ne croyroyt-on pas (tant le faict est nouveau)
Qu'il y eust eu jamais aulcune trace d'eau[cy][228].
Tout tel[cz] le Protestant aux forces infinies,
(Apres tant de succez contraires re-unies)
Marche terrible et fier, et porte quant et soy
Au[da] Romain Catholic et l'horreur et l'effroy :

---

225 Évocation de la crue du Pô, identifié avec tantôt le Rhône, tantôt l'Éridan ; *cf.* Pline, *H.N.*, III, 20 (117). L'Éridan est un fleuve « cornu » : Virgile, *Géorgiques*, I, 482, III, 14-15, IV, 371, et l'*Énéide*, VI, 656, imité par Ronsard, *Odes* (1550), IV, 4, v. 28, éd. Laum., t. II, p. 93. Voir aussi M. de La Porte, *Les Epithetes (1571)*, éd. citée, p. 224.

226 Nouvelle comparaison (comparant : v. 275-294 ; comparé : v. 295-300) qui est inspirée par le modèle homérique du torrent : *Iliade*, V, 86-95 (combat de Diomède). Ici, cependant, Villiers semble se souvenir de Cicéron, *De Oratore*, III, XIX, 69, où l'image sert à distinguer philosophes et orateurs ; voir également L'Arioste, *Roland furieux*, XXXIX, 14-15. La valeur métapoétique de l'image a été analysée par P. Galand-Hallyn, *Le Reflet des fleurs. Description et métalangage poétique d'Homère à la Renaissance*, Genève, Droz, 1994, p. 122-125.

227 Image empruntée à L'Arioste, *Roland furieux*, XXXVII, 110.

228 Allusion aux fils d'Israël qui traversèrent la mer Rouge à pied sec, lors de la fuite d'Égypte (Exode 14, 21) ?

Et les armes au poing par tout il se faict voye,
Et tout ce qu'il r'encontre il terrasse et fouldroye.
Mais tout en un instant (voyez comment est vain
Et trop mal-asseuré le jugement humain)[db]
Lors que victorieux ce partysan[dc][229] pense estre,
Que tout luy va riant[dd] et qu'il se faict paroistre
Comme ayant le dessus, l'espine vient soubdain
Se mettre entre l'espy et son heureuse main[230],
Qui luy faict lascher prise et quicter la victoyre
A plus heureux que luy, qui s'aorne de sa gloire.
C'est toy, Prince au liz d'or[231], dont le bras valeureux
A dompté puissamment les plus chevaleureux.
C'est toy, prince royal, dont la brave vaillance
Des plus forts a vaincu l'invincible puissance,
Toy seul, à qui le ciel ce triumphe debvoit :
Car l'impossible aussi nul que toy ne pouvoit[de].
Alors qu'adolescent ta gloire faicts estendre
Claire, beaucoup plus loing, que ce grand Alexandre[232],
Qui souspire, envieux et, du tout despité, [E3r°]
Mauldit de son destin la partialité
Qui te prefere à luy : voyant qu'en plus bas age[df]
(Qu'il n'entreprit le monde[dg])[233] as bien eu le courage
Maistrisant la fortune, en despit des dangers,

---

229 Mot rare : relatif à un parti, à une faction. Une seule occurrence chez Ronsard dans le « Discours au Roy, apres son retour de Pologne » (1575), v. 52 (var. de 1587), éd. Laum., t. XVII, p. 20.

230 Image proverbiale (la vie est semée d'épines) constituée sur l'exemple d'un autre lieu commun d'origine grecque (Lycophron, *Alexandra*, 489-490, « "Entre la lèvre et la boisson que contient la coupe / le destin qui tout invente pour les mortels roule bien des choses" », éd. et trad. A. Hurst, Paris, Les Belles Lettres, 2008, p. 30), et adapté en latin par Érasme (« *multa cadunt inter calicem supremaque labra* », *Adages* [1523], n° 401 : « il y a loin de la la coupe aux lèvres »).

231 Cette périphrase désignait Charles IX dans la version manuscrite d'Oxford de *L'Erynne françoise*, et désigne Henri III dans le manuscrit de la Vadiana et l'édition imprimée en 1585.

232 Rapprochement avec Alexandre le Grand, le conquérant, facilité par le prénom d'Alexandre-Édouard donné à Henri de Valois, fils d'Henri II.

233 *Cf.* Ronsard, *Tombeau du feu Roy Charles Neufiesme* (1574), éd. Laum., t. XVII, p. 6, v. 62-66 : « L'age ne sert de rien, les gestes font la vie. / Alexandre à trante ans vesquit plus que ne font / Ceux qui ont la vieillesse et les rides au front : / Peu nous servent des ans les courses retournées : / Les vertus nous font l'age, et non pas les années ».

Au tendre et printemps de tes ans passagers,[dh]
D'attenter[di] si grand chose, où la puissance crainte
Des plus rudes[dj] guerriers a bien failly d'ateinte :
Mais ta force et valeur, ton heur et ton destin
Ont à point coronné ton œuvre par la fin[dk][234].

Poursuy donq, Prince heureux, mais drece à aultre usage
Tes armes : car le ciel te promet d'advantage,
Et te doibt departir je ne sçay quoy ça bas
Pour te rendre plus grand troys foys que tu n'es pas[dl].
Lors quelqu'un chantera, peult estre, en meilleur stile
Le glorieux renom de ta force invincible[235],
Ta vertu, ta bonté, ta royale equité
Et de ton port haultain la digne majesté[dm]

Tandis je poursuyvray d'un metre pitoyable
Touts les embrasements et l'horreur effroyable
De tant de sang versé, le pays fourragé.
De mille indignitez le bas peuple oultragé[dn]
Des vefves sans confort les pleintes desolées.
Les durs gemissements des vierges violées[do].
Les freres regrettez et les peres aussi.
Des parents et amyz le remordant soucy[dp][236].
D'un et d'autre costé le destin miserable,
Et du royaulme entier la perte irreparable.

Le sang arrose tout : et les champs sont couverts
De cadavres gisants[237] : les cercueils sont ouverts
Dans les temples polluz, dont l'aire prophanée [E3v°]
Blasme la deité en vain tant reclamée,

---

234 L'avènement d'Henri III sur le trône en 1575 conduisit Villiers à récrire tout ce passage, et à substituer à la promesse d'un destin glorieux la célébration de sa réalisation. – Le v. 326 est un écho de Ronsard, « Discours au Roy, apres son retour de Pologne », v. 201, éd. Laum., t. XVII, p. 29 : « La fin couronne l'œuvre ».

235 Nouvel exemple de rime approximative.

236 « le remordant souci » : emphase d'une expression horatienne, « *curas edacis* » (*Odes*, II, 11, v. 18), imitée par tous les poètes (dont Ronsard, *Odes*, III, 17, v. 13, éd. Laum., t. II, p. 46).

237 Même tableau de l'horreur dans *La Pharsale* de Lucain (VII, 789-792) et le « Chant triomphal pour jouer sur la lyre [...] » (1569) de Ronsard, v. 61-66, éd. Laum., t. XV, p. 64, et le « Chant de triomphe sur la victoire en la bataille de Moncontour » (1569) de Remy Belleau, v. 329-336 et v. 345-346, in *Œuvres poétiques*, éd. G. Demerson *et alii*, Paris, H. Champion, t. III, 1998, p. 133-134.

Qui sourde à nostre voix, permet si longuement
L'impieté regner ça bas impugniment.
    Manes[238], qui volentants autour de vostre cendre,
Dans l'oubly stygieux differez à descendre,
Que faictes-vous errants entour voz os troublez ?
Allez à la bonne heure, allez umbres allez
Et par l'air frofrotants[239], employez la nuict brune
A rechercher, leigers, le cercle de la lune.
Là vivants en repos, exempts de passion,
Ne craindrez des malheurs la dure affliction
Heroës devenuz : et proches des celestes
Vous rirez franchement de ces dures tempestes
Que souffristes vivants, et qu'encor vous souffrez
Trop inhumainement dans vos cercueils oultrez.
    Allez, Manes, allez, quittez à la bonne heure
A nous, pauvres chetifs, cette triste demeure :
Qui versants de nos yeux une mare de pleurs,
Courbez dessoubs le joug de si cuisantz malheurs,
Ne regrettons sinon de vous avoir veuz naistre,
Et fiers parmy les rangs plus que Caesars paroistre :
Puis, tout en un instant furieux devenuz,
Vous, qui fustes Françoys, à vous-mesme inconneuz
Contre vous-mesme armer vos dextres trop cruelles,

---

238 M. de La Porte, *Les Epithetes (1571)* : « Manes se nomment en Latin les ames sorties des corps » (éd. citée, p. 355). Sur les « Manes Stygieux » (v. 352), voir Ronsard, *Amours* (1552), s. CXLV, v. 10, éd. Laum., t. IV, p. 140.

239 Onomatopée formée par le redoublement de la première syllabe et par dérivation adjectivale, à l'imitation de la Seine « floflotant » chez Ronsard (« Avantentrée du Roi à Paris », 1549, v. 54, éd. Laum., t. I, p. 19), et la « floflotante vois » de sa fontaine Bellerie, *Odes* (1553), V, v. 10 (t. V, p. 241). Sur cette pratique dans la poésie française depuis Ronsard (M. de La Porte, *Les Epithetes [1571]*, « Mer », éd. citée, p. 368-369) jusqu'à Christophe de Gamon (V. Giacommotto-Charra, « "Le papier le reçoit, mais la foy le rejette" : Christophe de Gamon correcteur de la poétique bartasienne », in *Ronsard and Du Bartas in Early Modern Europe*, éd. A.-P. Pouey-Mounou et P. J. Smith, Leyde, Brill, 2021, p. 49-69 [ici p. 65]), en passant par Du Bartas (*La Sepmaine*, V, 10 ; A. E. Creore, « Word-Formation in Du Bartas », *Bibliothèque d'Humanisme et Renaissance*, XV (2), 1953, p. 192-208), voir G. Lote, *Histoire du vers français*, Paris, Boivin, 1949 (et Univ. d'Aix-en-Provence, 1990), t. V, « L'harmonie imitative », et R. Lebègue, « Dépérissement et mort du néologisme (d'Henri II à Louis XIII) », *Cahiers de l'Association Internationale des Études françaises*, 1973, n° 25, p. 31-44 (ici p. 37).

Et perir entassez de playes mutuelles.
    Ainsi la fiere gent qu'en armes enfanta
Le champ Bœtien, où Cadme s'arresta
Sus le serpent oultré, ne fut pas plustost née
Qu'elle fut à peu pres sus l'heure exterminée,
Sus soy-mesme courant et sans occasion [E4r°]
L'occasion trouva de sa destruction[240].
    Vous, guerriers genereux, qui à vostre dommage
Et d'une brave erreur avez vengé l'oultrage
Sus vos noms entrepris par l'envie du temps,
Vivez à tout jamais sur la course des ans :[dq]
Puisque vostre renom[dr] glorieusement vole
D'une aile qui fend l'air de l'un à l'autre pole.
» Perte de vie est gaing, quand de la perte sort
» L'honneur d'un hault exploict où se gaigne la mort[241].
    Anthoine (l'aultre honneur et la claire excellence
De l'antique maison royale de la France)
De ta haulte valeur les honneurs meritez
Ne furent onq d'aucun trop dignement chantez.
Prince, si quelque-foys ton oreille enchantée
Aux accords de ma voix vivant fut contentée,
Reçoy ces derniers chants sus ta cendre et reçoy
En gré les tristes pleurs que je respan pour toy[ds][242]
    Robuste Guysien, ton audace terrible
Et ta vaillance extrême estoit toute invincible,
Quand d'un plomb aguetteur poussé mal à propos,

240 Cadmos, fondateur de la Béotie, combattit un dragon et, sur le conseil d'Athéna, sema ses dents qui produisirent des hommes armés, mais qui s'entre-tuèrent presque tous, sauf cinq (voir Ovide, *Métamorphoses*, III, 1-137, et Lucain, *La Pharsale*, IV, 549-554). Villiers cite cette légende pour renforcer sa critique des rivalités intestines et contemporaines, comme l'avait fait Ronsard (« Continuation du Discours des miseres de ce temps », v. 102-106, éd. Laum., t. XI, p. 41) et comme le fera A. d'Aubigné dans *Les Tragiques*, I, 190, et V, 375-376.

241 Illustration d'un motif célèbre : voir Virgile, *Énéide*, II, 317 (« *pulcrumque mori succurrit in armis* ») et Horace, *Odes*, III, 2, v. 13 (« *Dulce et decorum est pro patria mors* »). Voir aussi Ronsard, *La Franciade*, I, 766 : « Un beau mourir orne la vie humaine ».

242 Antoine de Bourbon, duc de Vendôme, époux de Jeanne d'Albret, et de confession huguenote, combattit pourtant dans le camp catholique. Blessé durant la première guerre de religion, à Rouen, il mourut le 17 novembre 1562. Sur la relation de ce personnage avec Villiers, voir *supra* l'Introduction, p. 11.

Contrainct fus de cercher au ciel plus seur repos[dt][243].
    Toy, franc[du] Montmorancy, tu coronnas ta gloire
Au milieu des estours[dv] d'une riche memoire,
Quand ayant longuement, chargé d'honneurs[dw], vescu
Par une illustre mort, la mort mesme as vaincu[244].
    Et toy Loys (duquel la proüesse estimée
Laisse arriere bien loing ta haulte[dx] renommée)
Le ciel tesmoigne encor, où tu viz bien-heureux,
L'immortelle valeur de ton cœur genereux[245].
    O dure loy du temps, cruelle et importune [E4v°]
De laisser apres vous l'inutile commune,
Quoy qu'on voye eternels touts vos beaux noms fleurir,
Jamais ne debviez naistre, ou jamais ne mourir :[dy]
» Mais, las, le sort esgal mourir à touts ordonne
» Et à qui que ce soit la parque ne pardonne.
» Touts nos jours sont comptez, rien ne s'y peult changer,
» Et le temps d'un seul poinct ne les peult alonger[dz].

---

243 Allusion à l'assassinat de François de Guise perpétré par Jean Poltrot de Méré, aux portes d'Orléans, le 18 février 1563. Le duc s'éteignit six jours plus tard. Sur ce personnage, voir É. Durot, *François de Lorraine, duc de Guise entre Dieu et le Roi*, Paris, Classiques Garnier, 2021, et F. Rouget, « Ronsard et la célébration poétique de la mort de François de Lorraine (1563) », *Revue d'Histoire Littéraire de la France*, 2017, n° 2, p. 369-389.

244 Anne de Montmorency (1493-1567), Connétable, duc et pair de France, périt lors de la bataille de Saint-Denis, le 12 novembre 1567. Il reçut une balle de pistolet dans le dos tirée par un soldat protestant, Robert Stuart. Cettte disparition suscita une vague d'hommages par les poètes catholiques ; voir notamment le volume multilingue d'*Epitaphes sur le tombeau d'Anne de Montmorency* (Paris, Philippe G. de Roville, 1567), constitué de pièces de J. Dorat, Ronsard, A. Jamyn, D. Lambin, C. d'Espence, É. Pasquier, L. d'Orléans… – Sur ce personnage, voir T. Rentet, *Anne de Montmorency : Grand Maître de François Ier*, Rennes, Presses universitaires, 2011.

245 Louis de Bourbon, prince de Condé (1530-1569), chef des troupes protestantes, mourut assassiné lors de la bataille de Jarnac, le 13 mars 1569, alors qu'il s'était rendu avec le reste de ses troupes. Sa perte fut ressentie tantôt avec douleur, tantôt avec colère par ses partisans, qui perpétuèrent sa mémoire ; voir J. Pineaux, *La Poésie des protestants de langue française (1559-1598)*, Paris, Klincksieck, 1971, p. 173-175, et *passim*. Voir aussi l'hommage que Villiers rendit à son ancien maître dans *L'Aer funebre sur la mort lamentable de tres-vertueux […] Prince Loys de Bourbon, Prince de Condé, dédié à Madame la Princesse de Condé*, s.l.s.n., 1569, *infra* p. 195-201. – Sur ce personnage influent, voir J. Garrisson, *Les Protestants au XVIe siècle*, Paris, Fayard, 1997, l'*Histoire et dictionnaire des guerres de religion*, éd. A. Jouanna *et alii*, Paris, R. Laffont, « Bouquins », 1998, et N. Le Roux, *Les Guerres de religion 1559/1629*, Paris, Belin, 2009, *passim*.

[F1r°]

QUART LIVRE DE L'ERYNNE FRANÇOISE[a].

PAR UBERT PHILLIPPE DE VILLIERS
CONSEILLER DU ROY ET ESLEU
en l'Eslection de Clamecy.

Desja se reposoit ma main encor tremblante
Aupres de son labeur, et ma plume sanglante
Ne desseignoit plus rien, comme ayant faict assez
D'avoir tracé le cours de nos malheurs passez :
Et moy, tel que celuy qui croit ce qu'il desire,
Cerchoy le doulx[b] repos sans plus vouloir escrire :
Mes esprits soulagez s'esgayoient, et la peur
Avoit des-ja levé le siege de mon cœur,
Sans penser au danger de la fatale envie,
Qui de malheurs couplez enchaine nostre vie[c].
Comme le voyageur curieux de sçavoir
Et connoistre les lieux qu'enfermé ne peult veoir[d],
Errant en mille parts d'ardeur travaille et sue
Pour paistre son esprit aussi bien que sa veuë :
Apres avoir couru les pays esgarez,
Raudé soubs les deux pols touts les plains asurez[e][246],
Cerché le Pyrené, l'Olympe, le Caucase,
Le Taur, Athlas, Rhodope[247], et le mont qui embrase
Sicile de ses feux[248], à peu pres estoufé, [F1v°]
Haletant tout panthoys se promeine, eschaufé[f]
Sus l'eschine d'un mont, dont la cime gaignée,
Une aultre encor paroit plus haulte et esloignée,
Et cette aultre franchie, une aultre le deçoit
Qui luy en cele encor d'aultres qu'il n'apperçoit :

246 = les plaines, ou espaces
247 Série de montagnes ; le Rhodope.
248 L'Etna.

Si bien qu'il ne void rien moins que ce qu'il desire,
Et s'enfuit loing de luy le but où il aspire[249].
Ainsi apres avoir sué mille travaulx[250],
Pensant estre arrivé à la fin de nos maulx,
Un aultre pire encor pour subject se presente,
Et fault que je repeigne une Hydre renaissante[251].
J'avoy jecté mes coups (las vainement) afin
De trouver le repos de quelque heureuse fin :
» Mais la fin de nos jours seule nous est certaine,
» Et de toute aultre fin toute esperance est vaine.
Sort[252], ô trop envieux, qui nous faicts naistre icy,
Esclaves des malheurs et du poignant soucy[g].
Ah genre infortuné, ô fier destin des hommes,
Hé les plus malheureux de la terre où nous sommes.
» Le destin conjuré nous esgale bien touts,
» Presse les animaulx aussi bien comme nous,
» Dont la condition ne se trouve[h] imparfaicte
» Sinon d'autant qu'elle est à nous serve et subjettens :
» (Car aultrement leur dos robuste porteroit
» Legerement les maulx desquels il[i] se riroit)
» Mais l'homme malheureux, mais le malheureux homme
» A soy-mesme est son mal, l'homme soy-mesme assomme,
» Il se rend (esbeté, desreiglé, sans raison)
» L'architecte subtil de sa propre prison[j] :
» Et s'affine le fer duquel luy-mesme forge[k] [F2r°|
» Le trenchant aceré qui luy coupe la gorge[253].
Ne dict-on pas[l] qu'en hault à la porte des cieux
Y a deux vases grands, d'où le pere des dieux

---

249 Nouvelle comparaison, étendue sur vingt vers.

250 Écho d'un *incipit* de Ronsard, « Au Roy » (*Odes*, 1555) : « Apres avoir lon tems sué sous le harnois » (éd. Laum., t. VII, p. 5).

251 L'Hydre de Lerne, monstre à plusieurs têtes, abattue par Hercule. D'une tête qu'on lui coupait, deux nouvelles poussaient. Ce personnage mythologique servait à représenter le « serpent Hugnotique », combattu par un Hercule français, dans « L'Hydre deffaict, ou la Louange de Monseigneur le duc d'Anjou, frere du Roy » de Ronsard (*Paeanes*, réunis par J. Dorat, Paris, Jean Charron, 1569, éd. Laum., t. XV, p. 377-387).

252 = Destin, ou Fortune

253 Développement qui illustre le thème moral et satirique de « l'homme est un loup pour l'homme ».

Prend du mal et du bien la semence diverse[254] ?
De sa gauche le mal, le bien[m] de l'aultre il verse[n]
Escharsement[255] ça bas[o], et si hors de saison
Que le fruict recueilly ne vault pas la moyson[256] :
Mais du mal le boisseau, tant la graine est feconde,
Bien qu'il soit clair-semé, peult fournir tout le monde[p].
Hé[q] c'est tout aultrement du bien qui vient d'enhault :
Il ne chet qu'à regret lors que cheoir il luy fault :
Et nous est encor moins[r] proffitable ou utile
Qu'au laboureur le grain dans le gueret sterile,
Ou proffite à veu'[257] d'œil le chef enraciné[s]
Du tendon, de la ronse, et de l'injuste-né[t]
Chardon, qui contre droict d'authorité privée
Tient la place qui n'est pour son pied[u] cultivée.
Aussi le ciel jaloux du bonheur de nos jours
S'y bande incessamment par un envieux cours[v],
Qui sans cesse entrerompt cette belle asseurance
Qu'ayons[w] d'un bien entier pour un jour jouissance :
Ou bien si nous l'avons, le mal survient soubdain
Qui nous laisse la paille, et mange tout le grain :
Ou s'il laisse du grain, le temps qui trop nous haste,
Nous en offre le son et nous cache la paste.
» O cent foys malheureux, qui n'avons le loysir
» De gouster seulement une heure de plaisir.
» Le temps chasse nos jours[258], qui vistement s'escoulent

---

254 Souvenir homérique des deux jarres du bien et du mal que Zeus verse sur les humains : *Iliade*, XXIV, 527 *sqq.* Villiers reprend cette source en imitant fidèlement Ronsard, « Responce aux injures » (1563), v. 235-242 : « On dit qu'à-haut du ciel, au devant de la porte, / Il y a deux tonneaux de differente sorte, / L'un est plain de tous biens, l'autre est plain de tous maux, / Que Dieu respant ça bas sur tous les animaux : / Il nous donne le mal avecques la main dextre, / Et le bien chichement avecques la senestre, / Si faut il prendre à gré ce qui vient de sa part, / Car sans nostre congé ses dons il nous depart » (éd. Laum., t. XI, p. 129). – Sur la fortune de cette image, voir F. Rouget, « Les tonneaux de Jupiter : détours d'un comparant d'Homère à Voltaire », *Les Détours du comparant*, Actes du colloque international de l'Université de Rouen (juin 2022), dir. Xavier Bonnier et Florence Fix, Paris, Classiques Garnier, à paraître.

255 Adverbe formé sur l'adjectif *escars* ou *eschars* (= avide, avare).

256 = moisson

257 = à vue (syncope pour le besoin du compte syllabique du vers)

258 *Cf.* Horace, *Odes*, II, 18, v. 15 : « *Truditur dies die* ».

» Par l'insensible cours de nos ans qui se roulent,
» Et vont se derobant de nous infortunez, [F2v°]
» Qui venons à mourir si tost que sommes nez[259].
Que n'avortasmes-nous au ventre de nos meres,
Avant que naistre au temps de si dures miseres ?
Où prismes-nous les yeux, qui nous presta les sens
Pour veoir et pour sentir tant de maulx renaissants ?[x]
Il faloyt qu'ainsi fust, et par longues années
Le Ciel, soubs la rigueur des dures destinées,
Couvoit sinistrement les desastres cuisants
Espargnez de longtemps[y] qu'il verse sus nos champs,
Comme un orage craint qui gronde et qui menace,
Puis tempeste et respand sa fureur sus la place
D'un gresle fouldroyé, faulchant en un instant
L'espoir du paysan[z], qui vainement attend
De la blonde Ceres la menteuse[aa] promesse,
Froissée sus le champ[ab], gisant à la renverse.
Esprits, ô mille foys et mille bienheureux,
Qui desseigniez les traicts doulcement[ac] langoureux
De vos cœurs enflammez, qui en cent façons belles
Bastissiez plaisamment vos amours immortelles[ad],
Admirables à tous[ae], et qui sans crainte erriez
Par les bois umbrageux où, libres, racomptiez
Aux fouteaux cheveluz, aux antres, aux fontaines,
Par doulx gemissements vos amours et vos peines.
C'estoit au temps heureux, en ce beau siecle d'or[260]
Que l'on connoissoyt Dieu, qu'on reveroit encor
De nos celestes Roys cette majesté saincte
Et que France vivoit dessoubs leurs loix en crainte.
Mais despuis le sainct nom de ce grand Dieu soüillé,
Et de ses haults honneurs le sceptre despouillé,
Et sans bride et sans mords, de loy ny d'ordonnance, [F3r°]
Chaqu'un à son plaisir librement se dispense[af].

---

259 Réflexion morale inspirée par Horace, *Odes*, II, 18 et IV, 7.

260 Sur ce motif, souvent associé au contexte pastoral, comme ici et dans la *Bergerie* (1565) de Ronsard, voir *supra* le vers final du Premier Livre.

Des cœurs enfelonniz[261] s'enfuit la pieté[262].
On despite icy bas la haulte majesté.
La balance du droict va tresbuchant à gauche[263].
L'erreur dans les esprits corrompus, fenne[264] et faulche
Les doulces fleurs du bien, et les meschantes mœurs
Estouffent les vertuz naissantes dans nos cœurs :
Ou si dans quelques uns la bonté s'enracine,
Humble elle rampe bas par la troupe mutine,
Agacée en touts lieux, sans adveu ny support :
Faisant joug soubs la loy de ce nombreux effort,
Maling et serve encor des insolents gensdarmes
Qui portent la justice au trenchant de leurs armes,
Et qui debordement tournent à perte ou gaing
Tout ce que laisse ou prend leur ravissante main[ag].
Tandis[265] (le ciel voulant d'une main conjurée
Nous tracer un repos de petite durée)[ah]
Il estoit paix : alors que le soldat d'accord
Meslé dans les deux camps sans rumeur entre et sort
Pour s'entre-saluer : et leurs mains estendues
Sont fidelles tesmoins de leurs fureurs perdues :

---

261 = irrités. Participe passé d'*enfelonner* (ou *enfelonnir*), composé sur *felon*, au moyen d'un suffixe (voir F. Brunot, *Histoire de la langue française, des origines à nos jours*, *op. cit.*, p. 194, composition par la particule *en*).

262 Reprise du tableau des désordres civiles que Villiers avait entamé au Premier Livre. La Piété, est avec la Justice (v. 113), l'un des deux symboles de la devise choisie par Charles IX (« Pietas et Justitia »). La Piété fuit la terre comme Astrée et les divinités de l'Âge d'or (*Cf.* Ronsard, fuite de la Foy dans l'« Exhortation pour la paix » [1558], v. 154 *sqq.*, éd. Laum., t. IX, p. 23, et de la Justice dans l'« Hymne de la Justice » v. 195 *sqq.*, t. VIII, p. 57 *sq.*). Sur la popularité de ce motif à la Renaissance, voir l'étude de F. A. Yates, *Astraea : The Imperial Theme in the Sixteenth Century*, Londres et Boston, Routledge et Kegan Paul, 1975.

263 *Cf.* A. d'Aubigné, *Les Tragiques*, III, « La chambre dorée », sur l'Injustice, v. 243 : « Sa balance aux poids d'or trébuche faussement ». L'image de la balance de Justice relève de l'iconographie ; voir A. Alciat, *Emblemata*, Lyon, M. Bonhomme, 1551, p. 34-39 (« Justitia ») et G. de Tervarent, *Attributs et symboles dans l'art profane. Dictionnaire d'un langage perdu (1450-1600)*, Genève, Droz, 1997 (1re éd. 1958), p. 58. *Cf.* aussi chez Ronsard, « Hymne de la Justice », v. 409-416, éd. Laum., t. VIII, p. 66-67. Dans l'« Ode à Michel de L'Hospital » (1552), antistrophe 23, le chancelier et protecteur de Ronsard est l'émissaire de Zeus envoyé pour rétablir l'ordre et la justice sur terre, « la tenant droicte comme il fault » (v. 768 ; éd. Laum., t. III, p. 161).

264 Forme primitive de *fane* (< *faner*) ; voir É. Bourciez, *Précis historique de phonétique française*, Paris, Klincksieck, 1955, # 94, p. 132-133.

265 = pendant ce temps (adverbe)

Le pere son fils baise (or' pere et sans courroux)
Le fils le pere embrasse (or' fils piteux et doulx)
Qui n'agueres bandez suivants partiz contraires
Cerchoient l'un l'autre à mort comme fiers adversaires[ai].
L'hoste l'hoste[aj] connoyt[266] : le compaignon aussi
De r'acoster le sien reprend nouveau souci,
Et le mesme desir l'estomach tendre[ak] presse
De ceulx dont l'age esgal lia dès leur jeunesse
Les cœurs enamourez, mais despuis corrumpuz [F3v°]
Par la civile erreur dont ils estoyent repuz[al].
Les humeurs de chaqu'un à la paix disposées
Ont de pleurs ruisselez les armes arosées[267] :
Et de[am] mille baisers chauldement redoublez,
Cent et cent mille cœurs d'aise et d'amour troublez
Ont soubdain (mais pour peu) de leurs dures poictrines
Banny le monstre infect[an] des noises intestines.
En festins et banquets mille treteaux drecez[ao]
Plient dessoubs le faix des mets entrepressez[ap],
Et Baccus[aq], saultelant es coupes escumantes,
Trottoit parmy les mains de ces gaillardes[ar] bandes.
Qui compte des combats les exploicts valeureux,
Et qui s'en louë heureux, qui s'en dict malheureux,
Qui chante hault et clair, d'une brave maniere,
Les trophées plantez par la dextre guerriere
De nostre Roy vaincueur : et qui deplore en fin
D'un et d'aultre costé le rigoureux destin ;
Qui d'estenduz discours, apres manger et boyre,
Trompe à l'entour des feux l'horreur de la nuict noire ;
Qui plein de moust bouïllant estendu ronfle et qui
D'accents en l'air poussez va charmant son soucy[as][268].
Concorde, ô le salut et merveille[at] des choses
Qui sont estrangement en la nature encloses :

266 Réminiscence d'Ovide, *Métamorphoses*, I, 144 (« *non hospes ab hospite tutus* »).
267 Ce passage sur le retour de la paix, absent des manuscrits, semble correspondre à la trêve des combats qui dura de 1580 (fin de la septième guerre) à 1585, malgré les menaces que faisaient peser, d'un côté, le Traité de Joinville, signé le 17 janvier 1585 entre les Guises et les Espagnols, et, de l'autre, la reprise de plusieurs villes par les Ligueurs au cours du printemps.
268 Simple assonance au lieu d'une rime.

Pardurable moyen qui, par secrets efforts,
Soustiens l'estat du monde en accordants discords[au][269],
Qui maintiens (ô de tout[av] l'amour sacrée et saincte)
D'un lien eternel cette grand masse estreinte[270] ;
Demeure et, si tu peux, cimente en union
Le bris esparpillé de la division[271] :
Et fay qu'à l'advenir par suictes infinies [F4r°]
Comme nos ames sont, soyent à jamais unies[aw][272].
»   Non, non, le sort maling, aux humains trop conneu,
» Bannit l'heur du repos si tost qu'il est venu.
» La guerre suit la paix[ax] : et tel rid à cette heure
» Qui ne se couchera sans qu'il souspire ou pleure.
» Il n'est commencement qui ne trouve sa fin,
» Et tout ce qui est né chemine à son declin.
Telle est du ciel jaloux la loy dure et estrange.
» Il n'est si seur estat[ay] qui ne verse et se change :
» Et ne se trouve aussi rien si mal asseuré,
» Qui ne prenne aultre fin qu'on n'avoit esperé[az][273].

---

269 La paix comme harmonie infuse l'équilibre des éléments contraires ; elle préside à la naissance du monde (Empédocle ; Ovide, *Métamorphoses*, I, 433, Horace, *Épîtres*, I, 12, 19) et aux aspects de la vie civile (Lucain, *La Pharsale*, I, 98) : *cf.* Ronsard, « Ode de la Paix » (1550), v. 37-68 et v. 301-324, éd Laum., t. III, p. 5-7 et p. 23-25, et « La Paix » (1559), v. 53 *sqq.*, t. IX, p. 107-108. Voir aussi Du Bartas, *La Sepmaine*, I, 16-18, et II, 227-229. Villiers leur doit sans doute l'idée de la variation de l'expression « accords discordants » ou « discordans accords », qu'emploie déjà son ami Allemant, dans son poème liminaire (v. 9, *supra* p. 34) : pour Ronsard, dans « Les Bacchanales » (1552), v. 459, éd. Laum., t. III, p. 208, et encore dans l'« Hymne du Ciel », v. 40, t. VIII, p. 143 ; pour Du Bartas, dans *La Sepmaine*, I, 16-18. – Sur ce thème de la *concordia discors*, voir M. Quainton, *Ronsard's Ordered Chaos. Visions of Flux and Stability in the Poetry of Pierre de Ronsard*, Manchester, Manchester University Press, 1980, p. 7-9 et *passim*.

270 La masse du monde.

271 Cette image du ciment joue sur l'étymologie de religion (< *religio* < *re-ligio*, *religare* = relier, lier fortement). Voir chez Ronsard cette même idée d'union par l'Église, dans la « Remonstrance au peuple de France », v. 397-400, éd. Laum., t. XI, p. 84, et dans la « Responce aux injures », v. 417-422, p. 138.

272 Cette prière à la Paix reprend tous les motifs de la poésie de cette époque ; voir notamment chez Ronsard, dans l'« Ode de la Paix », déjà citée (éd. Laum., t. III, p. 23-26), dans l'hymne qu'insère l'« Exhortation pour la Paix », v. 195 *sqq.*, t. IX, p. 25, et dans « La Paix », v. 247 *sqq.*, t. IX, p. 115-116.

273 Ce passage moral, entouré de guillemets (comme s'il s'agissait d'un monologue de l'Éryne), présente un dicours sur le cours irréversible du temps, les cycles de l'Histoire, et la finitude humaine.

Comme sus le serein[274] les troupes espandues
S'esjouyssent en feste et dansent par les rues
Au calme le plus doulx : sans penser au danger
Prochain, et que le temps est souvent mensonger :
Voicy l'air s'espaissir d'un renaissant nuage,
Duquel l'obscurité trouble le voysinage.
La clairté du beau jour pasle et sombre s'enfuit
Devant le voile obscur d'une effroyable nuict,
Lors que l'air agité dans soy[ba] murmure et gronde
D'un tonnerre esclatant, qui discourt à la ronde
Par les replis espais, où les oblicques feux
Menu-dru-tincellants[275] par la voulte des cieux,
Vire-voltent en l'air, dardent un mortel fouldre,
Qui tout ce qu'il atteint reduict et met en pouldre[276].
Qui ça qui là s'enfuit, qui poisant, qui leiger[277],
Accourt aux toicts prochains en seurté se ranger[bb278] :
Mais le fouldre empierré tout fracasse où il donne[bc],
Et le ciel irrité à nully ne pardonne.
Ainsi à peine encor, au son du cor dernier [F4v°]
Le soldat s'escouloit aussi doulx qu'il fut fier[bd279],
Et à grand' peine encor voyoit-on retirée
A la doulce faveur de la paix desirée
Des villains estonnez tout ce vil nombre espars,
R'asseurants au travail leurs bras de toutes parts[be280],
Qu'une Erynne soubdaine avec terrible audace

274 Humidité ou rosée marquant la fin de la journée.

275 Nouvel exemple d'adjectif composé à partir de trois éléments : *menu*, *dru* et *étincelant*. Cet exemple constitué de trois adjectifs semble un hapax.

276 Description topique de la tempête ou de l'orage, avec ici une réminiscence de Ronsard, *La Franciade*, II, 151-196, éd. Laum., t. XVI, p. 101-103.

277 = soit pesant, soit léger

278 Description qui rappelle celle des feux follets ou « feux ardants » chez Ronsard, lesquels présagent la tempête : « Hymne des Daimons » (1555), v. 289-292, et « Hymne de Castor et Pollux » (1555), v. 777-782, éd. Laum., t. VIII, respectivement p. 131 et p. 293. (Sur la vitalité de ce thème, voir D. Ménager, « Ronsard et les feux follets », in *Ronsard et les éléments*, Actes du colloque de l'Université de Neuchâtel [14-15 avril 1989], éd. A. Gendre, Neuchâtel et Genève, Faculté des Lettres et Droz, 1992, p. 127-138.)

279 Rime pour l'œil ; voir G. Lote, *Histoire du vers français*, éd. citée, t. V, chap. v, p. 289-295.

280 Nouvelle comparaison, ou nouveau parallèle, qui commence au v. 181.

Court d'un canton en l'aultre, et va de place en place,
Suivie de fureurs, parcourt cent mille tours,
D'un hurlement confus horrible les entours :[bf]
Forçant à l'improveu[bg] tout ce qu'elle rencontre,
Et remplit touts les lieux de son mortel encombre[281].
Quel fut le triste jour autheur de ces malheurs ?[bh]
D'où vint le cours mortel de tant de tristes pleurs ?[bi]
Du ciel vengeur, du ciel, dont la saincte ordonnance
Gresla dessus vos chefs fierement par la France
L'horreur, la mort, la peur, et la confusion,
Et quasi de vous touts l'ample destruction
Religieux, et non de nos Roys, ny des Princes,
Non, ny des Gouverneurs des villes et des provinces :
Mais que pourroyent nos Roys faire, dire, ou penser,
Touts celestes qu'ils sont, pour nuire ou offenser ?
Ny qui sçauroit[bj] encor par force ou par science,
Des astres destourner la maligne influence[282] ?
Oncques plomb amorcé si viste ne partit,
Ny si tost feu pouldré la mine ne sentit,
Enlevé par l'effort de la pouldre ensoulfrée,
Pour renverser le fort dessus la terre oultrée[bk]
Que le religieux (ne sçay s'il veille ou dort)
Asseuré se tenant[bl] est proche de sa mort.
Au jour en un clin d'œil, l'esmeuë populace [G1r°]
Avec le fer brillant[bm] discourt en toute place.
Touts ages poursuiviz errent esparpillez :
Qui entre-furetant, qui sort des toicts pillez
Courbé soubs le butin, qui seul et qui en troupe
Par les quartiers ravage et qui le chemin coupe[bn]
Au chetif mal-heureux qui, fuyant un danger,
Esperduement s'en vient[bo] en un plus grand ranger.

281 *Cf.* Virgile, *Énéide*, VII, 447-448. L'Éryne prend le visage de la Discorde et de la Mort (*cf.* Virgile, *Énéide*, VI, 268-281, VII, 570-571) et celui du monstre Opinion qui, chez Ronsard, conduit à la sédition et au désastre.

282 Villiers désigne les factions religieuses comme étant à la source des guerres, et disculpe le pouvoir civil, à l'inverse de Ronsard qui souligne la responsabilité directe du camp protestant, mais aussi des institutions du royaume : l'Église, la noblesse, la justice (« Remonstrance au peuple de France », v. 421-484, éd. Laum., t. XI, p. 85-88).

Qui, tapy, brame[bp] et craint la mort à toutes heures,
Qui cerche connillant[283] les retraictes plus seures[bq],
Qui à sa barbe void[br] sacmenter touts les siens,
Sans oser pleindre encor ny leur mort ny ses biens[bs].
Et qui, pour succeder en bien ample heritage,
Meurtrit[bt] jusqu'au dernier de tout son parentage.
Le plaideur cauteleux, par un mortel exces,
Vuide en dernier ressort l'arrest de son proces.
Tout est abandonné à qui faict la poursuicte[bu],
Et tout est denié à qui se met en fuicte[bv] :
Estant à ce dur temps tant[bw] loysible et permis,
Qu'il altere la foy des parents et amys.
  En faveur tant soit haulte ou tant soit advouée,
Asseurance ou support ne peult estre trouvée.
La connoissance nuit, qui peult ne veult aider :
Et n'ose encor l'amy pour son amy plaider[bx].
Des monts et des forests les secrettes demeures
Ne sont à ces chetifs ny valables ny seures :
Qui s'efforçants en vain à joinctes mains prier,
Ne peuvent la fureur à leur mercy plier[by]
Non, ny des lieux[bz] sacrez la favorable enceinte
Ne guarentit aucun[ca] qui s'y jette de crainte.
Tout va d'un mesme fil en ce forsenement, [G1v°]
Et meurt moins malheureux qui meurt plus vistement[cb].
  Le noble sang tiré, sans difference aulcune,
Se mesle[cc] avec celluy de la vile commune.
Et par tout respandu, relavant les carreaux
Tous vermeilz[cd] et fumants, se roule dans les eaux
Des fleuves estonnez, où les charoignes nues[ce]
Rompent le cours enflé des undes survenues[cf],
Captives dans leurs bords, taschants les retenir
Pour leur trencher le cours d'un si long souvenir[cg] :
Mais le sang escumeux si haultement undoye,
Que malgré la levée, aval il se faict voye :
Horrible messager portant la verité

283 Participe présent de *conniller* (< *connil* = lapin) : se cacher comme un lapin.

De tant de malheurtez à la posterité[ch284].
L'age ne sert à nul[ci], ny aux femmes utile
N'a esté la beauté de leur sexe debile,
Leur grace, leur doulceur, ni leurs bras innocents,
Ny l'innocence mesme a servy aux enfants :
Dont la condition, et des vieux, deplorable,
En son contraire extreme a eu fortune esgale :
Quand le fer sans mercy et l'impiteuse main
De la courbe vieillesse haste le cours prochain[cj],
Et de l'enfant aussi, lequel se sent ravie
L'ame, avant que sçavoir que c'est que d'estre en vie.
Le sort trompe plusieurs : et du tout à rebours
Change le poinct[ck] fiché de la fin de leurs jours,
Qui tant estrange fut, n'aguere, et miserable,
Que, fors à qui l'a veu, la chose[cl] est incroyable :
Et qui le vit encor à peine a-t-il le cœur[285]
Tesmoigner tels exploicts de la haulte rigueur.
De tant et tant de maulx, arrogante[cm], inhumaine, [G2r°]
Comme d'elle venuz, l'Erinne se promeine
Par la pleine sanglante, et des lieux plus haultains,
S'esgaye aux durs effects de ses meurtrieres[286] mains,
Compaigne de la mort, et de sa forte rage
R'enflamme en cruauté plus d'un felon courage[287].

---

284 *Cf.* Ronsard, « Remonstrance au peuple de France », v. 488-490 : « Les François seullement se pillent et se tuent, / Et la terre en leur sang bagnent de tous costés, / Afin que d'autre main ils ne soyent surmontés » (éd. Laum., t. XI, p. 89) – Ce tableau sanglant rappelle les scènes décrites par les gravures de l'époque signées par Jacques Tortorel et Jean Perrissin ; voir Ph. Benedict, *Graphic History. The* Wars, Massacres and Troubles *of Tortorel and Perrissin*, Genève, Droz, 2007, p. 117, et la planche 3.

285 = l'envie de

286 Synérèse du mot.

287 De ce tableau, il ressort que l'Éryne française rassemble les attributs des trois Érinyes ou Furies : la haine éprouvée par Mégère, la vengeance incarnée par Tisiphone, et le caractère implacable d'Alecto.

[G2v°]

CINQIESME LIVRE DE L'ERYNNE FRANÇOISE[a].

PAR UBERT PHILLIPPE DE VILLIERS CONSEILLER DU ROY ET ESLEU en l'Eslection de Clamecy.

Dessus les riches bords de la royale Seine[288],
Où d'un cours serpentin, lente, elle se promeine,
Au cœur de nostre France, un lieu delicieux
Se void plaisant et beau, s'il en est soubs les cieux :
En un climat heureux, où le bel air attire
Les souefves doulceurs des souspirs de Zephire ;
Despitant la fureur de l'orage et des vents,
Qui n'est en rien subject à l'injure des temps,
Couvert contre l'ardeur aux plus chaulds jours bouïllante,
A la fresche faveur sans cesse verdoyante
D'un temperé costeau, qui parfume l'entour
Par mille et mille odeurs de ce plaisant sejour[b]
En trois parts l'umbrage, gracieux[c], et la quarte
Sus l'humide rivage, où Seine court, s'escarte.
D'un eternel printemps la riante saison[289]
Estend sus le parterre une riche toyson

---

288 Villiers débute son Livre V par un tableau idyllique de la France qu'il avait esquissé au Premier Livre, v. 232-244. Sur l'image de la Seine et de Paris, lieu du renouveau, voir Ronsard, « Avantentrée du roi » (1549), v. 53 *sqq.*, éd. Laum., t. I, p. 19, et J. Du Bellay, « Prosphonematique au Roy treschrestien Henry II », in *Recueil de poesie* (1549), v. 91 *sqq.*, éd. *Œuvres complètes*, dir. O. Millet, Paris, H. Champion et Classiques Garnier, t. II, 2003, p. 92-93.

289 Topique du printemps éternel relevant du mythe de l'Âge d'or (Ovide, *Métamorphoses*, I, 107, « *Ver erat aeternum* ») et offrant le panorama d'un lieu idyllique (*locus amœnus*) ou Paradis (v. 58) : voir Lucrèce, *De Natura rerum*, V, 833 *sqq.*, Virgile, *Bucoliques*, II, 149 *sqq.* Les poètes français du XVIe siècle ont repris à l'unisson les motifs de cette vision radieuse leur servant parfois à louer la France des Valois. *Cf.* Ronsard, « Hymne de France », éd. Laum., t. I, p. 24-35, J. Du Bellay, « Prosphonematique au Roy treschrestien Henry II », et Du Bartas, *La Sepmaine*, III, 533 *sqq.*

D'un bel esmail de fleurs, et l'unde freschelette
De plus d'un plant exquis d'une herbe nouvellette
Refreschit la racine[d] et les extremitez [G3r°]
(S'esgayants aux rameaux[e] des verds lauriers plantez)
La beauté du dedans[f] transparemment refusent
Aux passants qui tout court pour l'œillader[g] s'amusent :
Et sans estre forcez dans ce clos spacieux
Croissent abondamment touts fruicts delicieux[290].
Là l'odorant citron, icy l'orange aigrette
Dessus l'arbre en tout temps sa blanche fleur y jette,
Et en tout temps aussi l'on y peult, sans faillir,
L'orange et le citron en tout temps recueillir[h].
Le grenadier rougit pres de la pasle olive[291],
Et tout cela qui vient de l'estrangere rive,
Devers le clair Levant les singularitez,
Et des globes nouveaux les riches raritez[i],
Que le Ponant cherit et qu'il trouve admirables,
Poussent heureusement en ces clos delectables[j].
De mille umbrages frez les berceaux composez,
Et des haults cabinets les ordres disposez,
De tout le reste encor l'ordonnance parfaicte
Fut drecée à plaisir par nature architecte
Entre cent mille plants, de couldres, d'aubespins,
Cicomorres, palmiers, ormes, aulnes et pins[292] :
Où cent mille oisons aux voix claires et nettes
Rechantent plaisamment leurs doulces amourettes.
Le linot argentin, le tarin gazouillard,
Le serein doulcereux, le chardrier[293] babillard
Sifflants de branche en branche en si plaisant boscage,

---

290 Ce « clos spacieux » rappelle le verger du *Roman de la Rose* de Guillaume de Lorris, v. 471 *sqq.*, véritable « paradis terrestre » découvert par le rêveur (v. 636).

291 Amplification des v. 77-84 de l'« Hymne de France » de Ronsard, où l'on trouve mention de la grenade, du citron et de l'olivier (éd. Laum., t. I, p. 28). Voir aussi Guillaume de Lorris, *Roman de la Rose*, v. 1323-1374, et Du Bartas, *La Sepmaine*, III, 491-500.

292 Paraphrase de Ronsard, « Hymne de France », v. 87-89, p. 28. Voir aussi Du Bartas, *La Sepmaine*, III, 479-490.

293 Nom poitevin du chardonneret.

Avecques la calendre[294] entonnent leur ramage
Aupres du rossignol[295], qui d'un doulx flifletis[296]
Roule en mille façons de son hault fleuretis,
La belle liaison, dont la plaisante note [G3v°]
Que d'un gosier dispost clairement il gringotte
S'accorde aux tons plaisants des musicales eaux,
Qui s'escoulent aval par murmurants ruisseaux :
Comblants plus d'un canal qui proprement arose
D'une et d'une aultre fleur la boutonniere esclose.
Si bien que de ce lieu la singularité
(Digne du sainct sejour de quelque deité)[k]
A qui le pourroit veoir[l] feroit sembler, peult estre,
Moindres les qualitez du paradis terrestre.
Là dedans au milieu d'un lieu si rare et beau,
Parmy le riche esmail d'un verd fleury preau[297],
(Qu'un forsas[298] verdoyant en lassis environne)
De Porphyre et de Jaspe une et une colonne
S'eslevent richement, d'un art audacieux,
Jusqu'au luisant sommet de la voulte des cieux :
Portant des chapiteaux la haulteur erigée
Ces mots : *Lieu escarté de la France affligée*[299] :
Et se void dessus l'une et l'aultre sommité,
De l'arbre consacré à cette deité
Qui Neptune vainquit[300], un tortis qui façonne

---

294 L'alouette.

295 Quatre de ces six oiseaux sont regroupés par Du Bartas dans *La Sepmaine*, V, 615-636. Voir aussi Guillaume de Lorris, *Roman de la Rose*, v. 67-83 et v. 643-660, et T. Folengo, *Baldus*, XIV, 201-237 (description du printemps), où le rossignol fréquente le chardonneret, les pinsons, les linottes, les fauvettes, les alouettes, le perroquet et les pies.

296 Onomatopée : voir *supra* Tiers Livre, v. 355 et la note.

297 Habituellement, ce mot se prononce en une syllabe, mais, ici, c'est la prononciation dissyllabique qui prévaut (voir G. Gougenheim, *Grammaire de la langue française du seizième siècle*, éd. citée, p. 22).

298 = fort (?). Nous n'avons pu trouver l'origine de ce mot.

299 *Cf.* cet écho dans *Les Tragiques* d'Agrippa d'Aubigné, I, 97 : « Je veux peindre la France une mère affligée ». – Les deux colonnes coiffées de chapiteaux, surmontées de couronnes, et enlacées d'une banderole où était inscrits « *Pieta et Justitia* », servaient de symbole et de décor aux armes de Charles IX.

300 Selon la légende, Neptune fut vaincu par Minerve à l'issue de leur dispute pour obtenir la possession d'Athènes. L'olivier est l'arbre consacré à Athéna.

Paslement verdoyant, une et une coronne.
Et qui la veuë encor si bonne peult avoir,
La tierce tout de mesme encores pourra veoir
Sus les astres luisants, ou derniere demeure,
Ayant ses propres rais, qui brillent à toute heure :
Attendant que du Roy le clair chef vironné
Des deux, enfin, au ciel soit d'elle coronné[m][301].
  Joignant sied espleurée une nymphe haultaine[302],
D'un aspect tout royal de beauté souveraine,
Dont la triste façon ternissant la beauté [G4r°]
Ne sçauroit pas, pourtant, troubler sa majesté[n][303] :
Quand[o] fondant toute en pleurs, en souspirs debordée,
Soustient son chef penchant d'une main[p], acoudée,
En thrône d'or seant soubs un daiz asuré,
De mille et mille fleurs richement figuré :
Et de sa dextre main, d'une mignarde adrece
Son manteau à lys d'or nonchalemment redrece
Haultement estoffé, et dont l'air esclatant
Brille à l'entour de plus et plus d'un diamant[q][304].

---

301 Temple royal érigé en l'honneur de Charles IX, comme l'indique la devise de ce roi figurant dans la variante. Villiers se souvient peut-être du Temple que Ronsard envisage de bâtir pour Montmorency et les Châtillon (*Hymnes*, éd. Laum., t. VIII, p. 72 *sqq.*), ou encore pour Charles IX et son frère Henri (« L'Hydre deffaict », v. 168, t. XV, p. 385). – L'image du temple conçu par Villiers garde peut-être le souvenir des monuments érigés pour célébrer l'entrée de Charles IX, à Paris, en 1571. Voir V. E. Graham et W. McA. Johnson, *The Paris Entries of Charles IX and Elisabeth of Austria, 1571*, Toronto et Buffalo, University of Toronto Press, 1974, p. 415, 423, et *passim*.

302 Cette « nymphe » siégeant au temple est la France.

303 Cette représentation de la France provient d'Alain Chartier (*Quadriloge invectif* [1422] « destiné à corriger les mœurs des Français », trad. et éd. F. Bouchet, Paris, H. Champion, 2002, p. 56-57) : « Il me parut alors dans mon sommeil que je voyais dans un pays en friche une dame dont l'allure altière et le maintien seigneurial révélaient la très excellente origine ; mais elle était si triste et éplorée qu'elle semblait bien déchue d'un état encore supérieur à celui qu'indiquait pour l'heure son apparence ». Ce passage était déjà imité par Ronsard dans la « Continuation du Discours des miseres de ce temps », v. 323-326, éd. Laum., t. XI, p. 54. Voir aussi Lucain, *La Pharsale*, I, 185 *sqq.*, harangue de la Patrie, et Cicéron, *Catilinaires*, I, VII, 18, prosopopée et harangue de la patrie à Catilina.

304 *Cf.* A. Chartier, *Quadriloge invectif*, éd. citée, p. 57-58 : « Je ne peux passer sous silence son habillement, notamment son manteau, une majestueuse cape qui lui couvrait le corps et dont l'extraordinaire facture mérite d'être rappelée. Il semblait avoir été tissé et composé de trois sortes d'ouvrages. Premièrement, la bande supérieure, enrichie de pierres très précieuses, était brodée d'ancienne façon des nobles fleurs de lys [...] ». Chez

Tandis[r] de ses beaux yeux les deux humides veines
Versent, en souspirant, de cristal[s] deux fontaines :
Dont les ruisseaux perlez[t], distilez de ses pleurs,
Arosent tout l'entour qui produit mille fleurs,
Lesquelles on diroit de passions[u] atteintes
Au doulx gemissement de si dures compleintes.
Dans son bel estomach l'illustre cœur atteint,
D'une forte douleur, si doulcement se pleint[v],
Par sanglots renaissants[w] et souspire et lamente,
Que des vents orageux[x] la plus dure tormente
Se calme aux doulx accents, et l'air de l'environ
Resanglotte ses pleurs dans son mesme giron.
Les plaines, les costeaux[y] et les forests prochaines
Rendent le triste son aux[z] lamentables peines.
Le[aa] pitoyable Echo des antres et des boys
Respond le plus souvent à si dolentes[ab] voix,
Le marbre s'en[ac] esmeut, et Seine au bord insigne[ad],
De pitié rompt le cours de son unde voisine[ae][305].
Dieu (disoit-elle lors), hé de grace permets[306]
A moy, pauvrette helas, me pleindre desormais.
Octroye- moy, mon Dieu (sans que ta bonté saincte [G4v°]
J'offense), accorde-moy prononcer ma compleinte[af].
Rien que pleurs ne me reste et ne puys esperer
Aultre bien maintenant, que pleindre et souspirer,
Semblable au malheureux, qui rend son malheur moindre[ag]
Quand, tout desconforté, n'a confort qu'à se pleindre :
N'ayant pour atiedir le feu de mes douleurs
Rien que l'arosement du ruisseau de mes pleurs[ah].
Et[ai] comme du canon fault que la charge parte,
Ou que, le feu donné[aj], d'effort creve et esclate :
Mon cœur chargé du dueil auquel il est reduict
Perit, si sa vapeur ne trouve son conduict[ak].
» Certes du malheureux deplorable est l'afaire,

Ronsard, la France porte une « robbe semée de fleurs de lys » (« Continuation du Discours des miseres de ce temps », v. 327-328).

305 Rimes phonétiques. « Insigne » pouvait aussi s'écrire et se prononcer « insine » en moyen français.

306 Début de la prosopopée de la France, qui se termine au v. 242.

» Qui dès le dur berceau n'a senty que misere :
» Mais celluy beaucoup plus le malheur foule et bat,
» Qui tumbe de tres hault en miserable estat :[al]
» Car du malheur coulant la dure acoustumance
» A tout malheureux-né amoindrit la souffrance :
» Mais de l'estat changé le divers traictement,
» Du malheur survenu redouble le torment[am].

Que ne nasqui-je ainsi qu'un dur roch d'Erymanthe
Despitant les assaults du ciel qui le tormente[307],
Qui ne craint la fureur de son fouldre elancé,
Quand de ses foibles feux il se void menacé ?[an]
Ou que ne sui-je ainsi qu'un escueil parmy l'unde
Qui repousse le heurt du flot mutin qui gronde,
Alors qu'une borasque agace fierement
La digue en Gilbatar[308] jusques au fondement ?
Je ne me pleindroy, las[ao], et sans douleur aucune,
Heureuse, me riroy de la faulse[ap] importune,
Fortune, qui de moy se joue maintenant, [H1r°]
Et de la louve encor mesme droict retenant[aq]
L'affliction, qui or' me faict porter envie
Aux insensibles rocs qui n'ont ny sens, ny vie :
Et souhaiter en vain pour mon soulagement
Ce qui est plus contraire à mon contentement[ar].

Je semble proprement la chevrette lancée
D'un chiennil clabaudant, poursuivie et pressée[as],
Quand de touts les costez la pauvrette se sent
Sus elle plus et plus d'une bourrelle dent[at],
Qui ses doulx flancs pinçotte et qui le pur sang tire
De son bel estomach, qui l'oreille deschire,
Qui durement l'abat, qui la demembre[au] et qui
Luy coupe le gosier[av] sans pitié ny mercy[309].

307 L'Érymanthe est une montagne et forêt d'Arcadie. Pour la comparaison, voir Ronsard, *La Franciade*, III, 597-600 : « En se couchant sur le chevet d'Hyante / Luy dist ainsi : D'un chesne d'Erymante / Ou d'un rocher le rempart de la mer, / Oze-tu bien ta poitrine enfermer ? » (éd. Laum., t. XVI, p. 201).

308 = détroit de Gibraltar

309 Même image chez Homère (*Iliade*, X, 485-486 et XIII, 198-200), et surtout chez Virgile (*Énéide*, X, 721-728), où le lion attaque une chèvre ou un jeune cerf. Voir aussi L'Arioste,

Ainsi de cent malheurs la troupe debordée
Decoche dessus moy, m'atterre d'abordée,
Et de cent cruaultez va tenaillant mon cœur,
Laissant mon ame encor oultrée de douleur[aw].
Ah ciel dur, ciel ingrat, qui partial reguardes[310]
Le bon sinistrement, quand tes malheurs tu dardes
Sus son chef innocent, bien-heurant au rebours
Du prophane et meschant le detestable cours[ax].
Hé aveugle inconstant, pourquoy ne verses-tu
De ton inique sort la force et la vertu
Dessus ces vicieux qui nient ta puissance,
Qui deffient tes feux d'une fiere arrogance,
Et sus ceulx-là desquels les traicts malicieux
Vont despitants d'enhault ton sejour glorieux[ay] ?
Si pour mon seul forfaict il te plait que j'endure
Le desastre poignant d'une playe si dure,
Je veuil qu'en vain par moy d'icy sois reclamé, [H1v°]
Je veuil que de ton bras mon chef soit assommé,
Si de touts les costez et si de ma puissance
Tousjours ne t'ay porté devote obeyssance[az],
Et si jamais encor me prit aultre soucy
Que de te reconnoistre et t'obeyr aussi.
Vous, des ans passagers les saisons ordinaires[ba],
Tesmoignez de mon faict en vos glissants repaires[bb],
Et vous heures et jours, et sepmaine et moys,
Racontez devant tous au ciel à cette foys,
Alors qu'il a voulu l'abondance ou disette,
Si son intention n'a esté satisfaicte,
Quand il a trouvé bon la bonté maintenir
D'abondance, ou par faim l'iniquité punir[bc].
Si c'est pour corriger de sa puissante dextre[311]
Quelque traict vicieux qu'il auroit peu connoistre[bd]

Roland furieux, XXXIX, 52, qui décrit un taureau pourchassé qui ne parvient à se défaire des chiens pendus à son oreille.

310 Nouvelle illustration du monde à l'envers qui est causé, cette fois, par l'injustice divine.

311 Début de l'éloge du roi, étendu jusqu'au v. 194, qui a été amplifié dans la version imprimée (v. 185-186, et 191-194) par rapport aux versions manuscrites antérieures.

Dans le cœur de mon Roy (l'honneur premier des roys)
Tandis qu'en main il tient le sceptre des Françoys[be],
J'atteste le ciel mesme et ses vertus j'adjure,
Si des influxions la plus doulce nature
Commanda onq ça bas de plus parfaicte loy
Pour drecer en ce[bf] monde un plus excellent Roy.
Hé que vouldroit ce Roy, tres bon, penser, ou dire,
(Alaicté des vertus) pour offenser ou nuire ?
Le ciel le composant le voulut dispenser
De n'estre jamais veu mal faire ou mal penser[bg].
Si c'est pour chastier la bande pecheresse[312]
Du peuple espaix, ou bien de la claire noblesse :
Cesse à cette heure, ô ciel, mets fin à ta rigueur[bh],
Retire ta fureur de mon sanglant malheur[bi],
Et reçoy desormais, pour satisfaict te rendre, [H2r°]
D'un million de morts la miserable cendre.
Contente-toy du sort et de sa cruaulté.
Hé regarde en pitié ce peu qui est resté[bj] :
Qui peult à mon advis (mais si tu veulx qu'il puisse[bk])
De ta fiere durté amollir la malice.
Ah, qu'ay-je dict, Seigneur, ô mon Dieu, qu'ay-je faict ?
Pardonne à ma douleur qui cause ce forfaict :
Un despiteux desdaing, une tristesse amaire,
M'a[bl] faict trop oublier devant toy, Dieu mon pere :
Meue par la rigueur de si dure saison,
Qui touts mes sens esgare et gehenne ma raison[bm].
Et comme advient souvent à la lice atristée
Trouvant la place vuide, où sa chere[bn] portée
N'aguere a mise jus[313], qui par un frez matin

---

312 Toute cette section (jusqu'au v. 242) développe une oraison (v. 243), à la fois confession et prière que la France, porte-parole du croyant, dans un acte de contrition (v. 233), adresse à Dieu. Dans la prosopopée de la France chez Ronsard (« Continuation du Discours des miseres de ce temps »), c'est elle qui se plaint d'avoir été maltraitée par son peuple, et dans la « Priere à Dieu pour la victoire » (1569, éd. Laum., t. XVII, p. 401 *sqq.*), Ronsard énonce une série de malédictions contre les Huguenots et une prière en faveur du parti royal.

313 = a mis bas (sur cette forme archaïque, voir F. Brunot, *Histoire de la langue française des origines à nos jours*, *op. cit.*, p. 376)

De quelque main pillarde est faicte le butin,
Lors, en fureur, tournant sa doulcette nature,
A chaqu'un faict sentir sa poignante morsure.
Entre qui que ce soit difference ne met :
Mesme son maistre encor vient harper au collet[bo][314].
Ainsi indignement de fureur[bp] toute oultrée
Despitant (las mercy) ta celeste contrée,
Ay bien encor d'icy ausé tant presumer
De m'attaquer à toy, pour[bq] ton nom blasphemer.
Aveugle en mon malheur de veoir tout en ruine,
Par le discord civil qui mon peuple extermine,
De veoir un estranger tout par tout ravager,
De veoir mes haults palaix de sa main sacager,
De veoir l'entier deguast de mes terres fertiles,
De veoir l'embrasement de mes plus belles villes,
De veoir tout renverser d'un si fouldroyant traict, [H2vº]
Que la France rien moins qu'à France ne soustraict[br].
J'ay peché, ô mon Dieu[bs], devant ta bonté haulte,
Et devant toy aussi je confesse ma faulte :
Seure que devant toy l'humble contriction
Rapporte de ta main pleine remission.
Et s'il te reste encor un brin de souvenance
De ce tien bon vouloir qu'as porté à ta[bt] France,
Ne la destruy (Seigneur) mais flechy de ton cœur,
La voyant en pitié, cette dure rigueur :[bu]
Qui tant soyt peu regnant[bv], la rendra bien tost comme
S'il n'y eust jamais aulcune trace[bw] d'homme.
Ainsi plus en françoys France ne parlera,
Et en France jamais Françoys ne te louera.
Par si piteux accents l'oraison raportée[bx],
L'aile du cœur devot jusqu'au ciel a portée[by],
D'où ce tres hault[bz] esmeu, misericordieux,
Void ça bas en pitié la France, il tonne es cieux
A gauche, apres avoir d'une flamme undoyante
Monstré de sa faveur la marque estincellante[315].

314 Voir Aristote, *Histoire des animaux*, 571a, 25-30.
315 Voir *supra* le Quart Livre, v. 113, et la note.

Debonnaire il pardonne et ne veult desormais
Qu'un discord embrouillé trouble une claire paix[ca][316] :
Quand posant[cb] son courroux du hault ciel Empirée[317]
Promets à tant de maulx une fin[cc] desirée.
A peine avoyt encor loing du bel air Françoys[cd]
Reveu l'ample sejour des quartiers polonnoys[ce]
Nostre aultre Hercule Henry (où ses vertuz celestes
Le coronnerent Roy pour pris de ses conquestes[318])
Que le ciel favorable et son heureux destin
Des regnes paternels luy frayent le chemin.
Ils rasserenent l'air, les vents domptent[cf] et brident, [H3r°]
Et loing de touts[cg] dangers l'accompaignent et guident
Pour y regner heureux, et soubs ses sainctes loix
Parfaire l'imparfaict de touts les aultres rois.
Voy-le-cy retourné des nations estranges[319]
Tout plein de majesté, de gloire et de louenges,
Parmy les siens humain, affable et gracieux,
Receu devotement comme un grand don des cieux.
Et tel que le beau jour qui faict quiter la place
A l'horreur de la nuict qu'il maistrise et qu'il chasse,
Bannissoit pas à pas la haine et le discord,
Et l'inhumaine Erynne et la cruelle mort[ch].
Mais comme on void encor la mastine femelle[320]

316 Nouvel exemple d'assonance ou de rime pauvre.

317 L'Empyrée : neuvième ciel, selon les astronomes grecs, ou lieu le plus élevé dans le ciel.

318 Henri de Valois, duc d'Anjou et frère de Charles IX, fut élu roi de Pologne le 4 mai 1573. Après un gala offert aux Tuileries en août, il quitta la Cour en compagnie de son frère, et rejoignit Cracovie en fin d'année (P. Chevallier, *Henri III*, Paris, Fayard, 1985, p. 181-207). Son rôle de lieutenant général du royaume et ses victoires remportées sur les troupes proestantes en 1569 lui valurent de nombreux compliments (*ibid.*, p. 89-138). Héros militaire, il fut célébré après son intronisation comme un Hercule gaulois (voir M.-R. Jung, *Hercule dans la littérature française du XVIe siècle. De l'Hercule courtois à l'Hercule baroque*, Genève, Droz, 1966, p. 168-169, et Y. Bellenger, « Le mécénat de Henri III dans quelques pièces d'éloge dues à divers poètes », in *Henri III mécène des arts, des sciences et des lettres*, dir. I. de Conihout, J.-F. Maillard et G. Poirier, Paris, PUPS, 2006, p. 121-132).

319 Après l'annonce de la mort de Charles (survenue le 30 mai 1574), Henri s'enfuit de Pologne et, après avoir parcouru l'Italie, fit son entrée à Lyon le 6 septembre. Il fut sacré à Reims le 13 février suivant, avant d'arriver à Paris à la fin de ce mois.

320 Reprise de l'image cinégétique développée et interrompue aux v. 211-218.

Qui a mis jus en lieu où ses petits recelle,
Opiniastrement sa demeure y ficher,
Sinon plustost se faire en lopins se hacher[ci] :
Or' d'un costé, pressée, elle fuit, puis retourne,
Or' chassée refuit et pour un peu sejourne :
Puis espiant son poinct et desrobant ses pas,
R'entre par un endroit[cj] qu'on ne se doubte pas.
Si forcée par l'huis, la fuicte on luy faict prendre,
Aussi tost r'accourant par la fenestre r'entre.
Si par quelque destroict on tasche à la haper,
Par un aultre elle sçait comme se destraper[ck].
Ou si par l'escallier on la chasse, la caute[321],
Agile sus un mur pour rentrer elle saulte.
Et deust-on sans cesser à force la courir[322],
Tousjours au giste vient pour y vivre ou mourir.
Ainsi la gloute louve, ainsi l'Erinne lisse[323],
Qui alaicte chez nous toute espece de vice,
Pressée en touts endroicts, encor ne sçauroit-on [H3v°]
Luy faire perdre un pas de sa possession.
Voi-cy encor un coup les armes relevées,
Et plus fort que jamais les provinces grevées
De peuples mutinez, d'une nue de gents,
Qui discourant par tout en armes, mal contents[324],
Sembloyent vouloir choquer, resouluz pour connoistre
Qui sus le champ vaincueur demeureroyt le maistre.
Tout par tout estoyt plein d'une effroyable horreur,
La crainte palissant cedoyt à la fureur :[cl]
Quand Henry, dieu-chery, Henry[cm] celeste race,
Qui du ciel son ayeul[325] retient l'heur et la grace,
Hault en son thrône d'or des vertus entourné[cn],

321 = la rusée (adjectif substantivé)

322 = courir après elle, la poursuivre

323 = lice

324 Allusion au soulèvement du parti des Malcontents, constitué de grands nobles catholiques et protestants, qui s'opposèrent à la politique d'Henri III au cours de la cinquième guerre de religion (1574-1576).

325 Il s'agit de Charlemagne (Charles le Grand), par association patronymique à Charles IX, destinataire de ces vers 299-302 (voir la variante du v. 299 et la devise du v. 302).

Vestu de Pieté et de Justice aorné[326],
Son sceptre craint il leve avec majesté grande,
Et prononçant ces mots, aux armées commande :
Mettez les armes bas : je veuil que mesme loy[co],
Je veuil qu'un seul grand Dieu, je veuil qu'un mesme Roy[cp]
Paisibles vous retienne et vous unisse aussi :
Telle est ma voulonté[cq]*, je veuil qu'on vive ainsi.*
Tel Neptune commande aux grands mers agitées
Soubs l'air des vents batu fierement despitées :
Dont les osts combatants en escumeux bouillons[cr]
Se pressent, furieux, d'horribles tourbillons[cs].
Or' les agiles flots bondissent sus les[ct] nues,
Or', lourds, de l'orque[327] bas rasent[cu] les advenues.
De ce vaste Ocean le tempestueux dos
Troublé, semble cercher son antique chaös[cv][328] :
Si que de l'univers les traves esbranlées
Tremblent au rude choc des undes assemblées,
Quand ce Saturnien[329], terrible et furieux[cw], [H4r°]
De son trident haulsé menace, imperieux[cx],
L'Ocean mutiné et les subgects d'Eole[330] :
Les flots se calment, quoy[331], et l'esquadron qui vole
De ces vents humectez se retire à l'effort,
Vomissants le courroux de leurs poulmons qui sort
Humilié dessoubs puissance si terrible,
Qui rend en un moment l'air et la mer paisible[cy],
Qui se faict redoubter et reverer[cz] aussi,
Et l'univers haultain trembler soubs sa mercy[da][332].

---

326 Cette description convenait à Charles IX (premier destinataire du poème ; voir *supra* le Quart Livre, v. 111) et moins à son successeur, Henri III. Le remaniement de ce passage montre qu'il garde encore la trace de sa rédaction antérieure.

327 Voir *supra* le Second Livre, v. 209, et la note.

328 Les origines du monde lorsque celui-ci n'était encore qu'une masse informe, avant la séparation des éléments (Ovide, *Métamorphoses*, I, 21-31).

329 Neptune est fils de Saturne et de Cybèle.

330 Les vents.

331 = restent cois

332 Tableau de la tempête apaisée par Neptune. Villiers s'inspire de Virgile qui, dans l'*Énéide* (I, 124-147), met en scène Neptune, qui harangue les Océans et Éole, et leur ordonne de ramener le calme.

Aussi de ce grand Roy l'affilé cymeterre[333]
A trenché d'un seul coup l'hideux chef de la guerre,
Et d'un seul coup aussi, les troubles combatuz
Gisants dessoubs ses pieds, gemissent abatuz[db][334] :
Quand de deux camps armez la fureur deboutée
Flechit au premier mot de sa voix redoubtée,
Leur audace a pris coup, leur cœur est amolly,
L'ire bouillante a mis la vengeance en oubly[dc],
Le soldat se retire et paisible, à cette heure,
Pend ses armes au croc où l'araigne labeure[dd][335].
O le bien fortuné, plus frand[336] de touts les roix,
Qui as tout restably dessoubs tes sainctes loix[de].
Roy, ô le plus haultain qui porta[df] jamais sceptre,
A qui le ciel, amy, semble encor mieux promettre.
Roy, delices du monde et l'unicque aornement
De tous les roix qui sont dessoubs le firmament :
Ton esprit sur-humain, ton sens incomparable,
Ton jugement celeste, à nul qu'à soy semblable[dg],
A tout seul esclaircy[dh] et demeslé à poinct
De ces troubles facheux le difficile poinct :
Toute gent estonnée estrangement admire[di] [H4v°]
Les raiz estincellants du chef d'un si grand Sire.
Tes peuples delivrez t'en drecent des autels,

---

333 Détail orientalisant, accessoire du soldat turc et du héros épique, comme on le trouve déjà chez Ronsard décrivant Francus (*La Franciade*, IV, 224, éd. Laum., p. 254).

334 Après avoir vanté Henri d'Anjou en chef de guerre, Villiers le célèbre en maître de la paix, après son avènement sur le trône de France. Villiers poursuit son imitation de l'*Énéide*, I, 148-155, qui évoque la menace des séditions et le rôle joué par un homme providentiel pour y mettre un terme.

335 Cette image de la toile d'araignée, symbolisant le repos, l'oisiveté, la loi ou la paix, Ronsard la reprend souvent, notamment dans la conclusion de l'« Exhortation pour la Paix », v. 183-187 (« Pource, nobles soldas, et vous nobles gendarmes, / Et de bouche et de cueur, detestez moy les armes, / Au croq vos morryons pour jamais soyent liez, / Autour desquelz l'araigne en fillant de ses piedz / Y ourdisse ses retz [...] »), éd. Laum., t. IX, p. 24 ; voir aussi « La Paix », v. 257-262, p. 115-116, le « Chant pastoral » (1559), v. 89-92, p. 201, l'« Elegie à la Royne d'Angleterre » (1565), v. 447-454, t. XIII, p. 59, et le « Discours des miseres de ce temps », v. 223-224 (var. de 1578), t. XI, p. 31. Voir A.-P. Pouey-Mounou, *L'Imaginaire cosmologique de Ronsard*, Genève, Droz, 2002, p. 312-314, et *passim*.

336 = franc (français) et libre, libérateur (= franc < franchise)

Pour y faire fumer tes honneurs immortels.
Le voysin simulé jà[dj] jà commence à craindre,
Ce que tout à son aise[dk] il pensoit bien contraindre,
Et de loing, pâliant, se met à reflater
Nous, qu'il cuidoyt bien veoir en fin s'entrematter[dl],
Puis decocher sus nous[dm] et de toute sa force,
Par nous-mesmes vaincuz, nous[dn] bailler une entorce.
Tout est en seur estat : et l'ordre perverty[do],
Malencontreusement, est en bien converty[dp][337].
Le pilote asseuré retourne à sa boussole[dq]
Pour voguer librement[dr] de l'un à l'aultre pole.
Le corsaire pillard n'oseroit plus ramer
Escumant, impugny, les sillons de la mer.
Le paysan, tapy aux tesnieres, retourne
Dessoubs ses toicts conneuz où sans crainte il sejourne.
Le bourgeoys tout froissé soubs son poignant harnoys[ds]
La porte ne faict plus et ne soufle en ses doigts[dt]
En guarde, ains[du] à repos dans sa chambre, à son aise,
La nuict pres de sa femme il couche à la Françoyse.
Le laboureur es champs sa charrue rejoinct,
Et de coultre et de soc la monte et met en poinct[dv],
Affin qu'au frez matin au champ de l'alouette,
Seur du pycorien, à labourer se mette.
Le marchant qui pleuroit, de sa perte piqué[dw],
Reprend le train quicté de son gaing traffiqué[dx].
Touts estats corrompuz sont remis en leur estre,
Qui doibt servir il sert[dy] et qui doibt est le maistre.
Chaqu'un retourne au rang qu'il tint premierement[dz] : [I1r°]
Et le tout balancé d'un juste reiglement[ea],
Le vice diminue et la vertu s'augmente[338],
Et comme fut jadis la France est fleurissante.
Dans quel temple voulté d'un art laborieux
Peindron-nous, triumphant, ce roy victorieux[eb] ?

---

337 Cette proclamation du rétablissement de l'ordre et de la paix présente ensuite un tableau (v. 361-382) qui est l'antithèse du début de *L'Erynne françoise*, dans lequel Villiers se désolait de l'arrivée de l'Âge de fer (voir *supra*, Premier Livre, v. 261-326, p. 48-51).

338 *Cf. supra* le Premier Livre, v. 255-260.

De quels divins honneurs, de quelle brave gloire
Doreron-nous jamais d'un tel Roy la memoire ?
En quel marbre eslevé, en quel bronze, ou en quel
Porphire, gravera son honneur immortel
L'industrieux burin ? quel palaix, place ou rue[ec]
Recepvra l'aornement de sa haulte statue ?
Ny soubs quel tiltre encor, vengeur de nos malheurs,
Chanteron-nous le los de ses dignes valeurs[ed] ?
  Ny de ce fort Martel les victoires fameuses[339],
Ny de Charles le grand, ces[ee] œuvres glorieuses[340],
Ny de Loys son fils, les debonaires traicts[341],
Ny de l'autre, piteux, touts ces humains attraicts[ef][342],
Ny du grand conquerant cette brave sagesse,
Ny du vaillant[eg] hardy l'indomtable proësse[eh][343],
Ny du devot Loys la claire sainctеté[344],
Ny de cet autre encor la celeste bonté[ei][345],
Ny de ce grand François, restaurateur des lettres[346],
Ny du brave Henry, cet autre honneur des sceptres[347],
Ny des plus renommez les tiltres haultains, non,
Ne peuvent esgaler le vol de son renom[ej][348] :
  Iö doncques, François, Iö que chaqu'un crie[349],

---

339 Charles Martel (v. 688-741), maire du Palais de Neustrie, duc de Bourgogne et des Francs, et aïeul de la dynastie carolingienne. Il mena de nombreuses expéditions contre les Saxons et les Allemands. À la suite d'une campagne militaire en Aquitaine, il repoussa les troupes sarrasines à Poitiers (732). *Cf.* Ronsard, *La Franciade*, IV, 1721-1864, éd. Laum., t. XVI, p. 323-329.

340 Charlemagne (*Carolus Magnus*, 768-814) ; voir *supra* v. 300, et la note.

341 Louis Ier (778-840), dit Louis le Débonnaire ou Louis le Pieux.

342 Louis VII, le Pieux (1120-1180).

343 Louis VIII, le Lion (1187-1226).

344 Louis IX, ou Saint Louis (1214-1270).

345 Louis XII, ou Père du Peuple (1462-1515).

346 François Ier (1494-1547), surnommé ainsi après sa mort. Voir B. Petey-Girard, *Le Sceptre et la plume. Images du prince protecteur des Lettres de la Renaissance au Grand Siècle*, Genève, Droz, 2010, p. 171-262.

347 Henri II (1519-1559), père d'Henri III (1551-1589), sous le règne duquel furent menées de nombreuses guerres territoriales.

348 Ce récapitulatif à valeur laudative, structuré par l'anaphore, résume en désordre le catalogue des rois de France que Ronsard présente au Livre IV de sa *Franciade* (v. 992 *sqq.*).

349 « Ïo » (*cf.* Catulle, hyménée de Manlius et Junie, *Poésies*, 61, v. 124-125 et *passim*) : cri de joie accompagnant les célébrations publiques ; voir Ronsard, « Avantentrée du roi à Paris » (1549), v. 9 et 57, éd. Laum., t. I, p. 17 et 19.

Vive HENRY[ek] tres grand pere de la patrie,
Vive victorieux, et son throne herité
Puisse estre heureusement de sa posterité[el][350],
Vive et que tout plein d'ans heureux le ciel l'appelle, [I1v°]
Pour revivre à jamais une vie immortelle[em].

FIN

Tandem ad astra ferar.

350 Henri III, dernier des Valois, restera sans postérité. C'est la branche des Bourbons, avec Henri IV (1553-1610), qui héritera de la couronne.

PRIVILEGE DU ROY. [I2r°]

HENRY PAR LA GRACE DE DIEU ROY DE France ET DE POLONGNE. Au Prevost de Paris, Bailly de Rouen, senechaulx de Lyon, Grenoble, Tholouse, Bourdeaulx, Poictou, Berry, Dijon, Champaigne, Juges d'Anjou et du Maine, et à tous noz autres Justiciers et Officiers ou leurs Lieutenants salut. Nostre cher et bien aimé Conseiller et Esleu en nostre Election de Clamecy, Maistre Hubert Phillippe de Villiers nous a fait exposer qu'il a prins plaisir et peine de mettre et rediger en vers certain petit livre et traicté qu'il a intitulé l'*Erynne Françoise*, lequel il desireroit pour le mettre en lumiere faire imprimer. Nous suppliant sur ce luy impartir noz Lettres. POURCE EST IL, Inclinans à la supplication de l'exposant que luy avons permis et permettons par ces presentes faire imprimer par JEHAN LE BLANC Imprimeur ou tel autre Imprimeur qu'il advisera, sondit livre de l'Erynne Françoise, et iceluy faire exposer en vente par tout nostre Royaume. Avec deffenses tres expresses à tous aultres Imprimeurs quelconques, imprimer ou faire imprimer iceluy jusques à x ans prochains, à compter du jour qu'il sera achevé d'imprimer, sur peine de confiscation desdits livres, amende arbitraire, et de tous despens, dommages et interests. SI VOUS MANDONS, et à chacun de vous si comme à luy appartiendra, que de nostre present privilege et contenu en iceluy. Vous faictes, souffrez et laissez jouyr et user ledit exposant et Imprimeur par luy prins ou ceulx ayans charge d'eulx plainement et paisiblement. Contraignans et faisans contraindre à ce faire souffrir et obeyr tous ceulx qu'il appartiendra et feront à contraindre par toutes voyes et manieres deuës et raisonnables. Car tel est nostre plaisir. Donné à Paris le quatriesme jour de May, l'an de grace mil cinq cens quatre-vingts cinq. Et de nostre regne le unziesme.

PAR LE CONSEIL.

DES-PORTES[351].

351 Le signataire de ce privilège est probablement Philippe Desportes, dédicataire de *L'Erynne françoise* (voir *supra*, p. 30). À moins qu'il ne s'agisse de son frère, Thibaut Desportes, conseiller, secrétaire, notaire du roi depuis le 3 mai 1584. Voir J. Lavaud, *Un Poète de cour au temps des derniers Valois. Philippe Desportes (1546-1606)*, Paris, Droz, 1936, et, sur ce dernier, p. 2-5 et *passim* ; et J. Boucher, « Philippe Desportes et la chute de Henri III. Un ambitieux déçu », in *Philippe Desportes (1546-1606). Un poète presque parfait entre Renaissance et Classicisme*, éd. J. Balsamo, Paris, Klincksieck, 2000, p. 19-36.

POÉSIES DIVERSES DU MANUSCRIT RAWLINSON POET. 244 (OXFORD)

[23v°]

PARADOXE DES CORNES[1]

Heurtez le Ciel, fendez les nues
De vos braves poinctes cornues,
Cornes, et comblez par mon vers
De vostre gloire l'univers.
Puis que vostre tige fœconde
Enrichit le giardin du monde,
Ne doit-on pas avoir soucy
De chanter vostre honneur aussi ?
Cornes, des humains l'excellence
Mais l'horreur de leur ignorance
Qui ne sçait et ne void combien
Vous apportez d'heur et de bien

1 Ce poème d'octosyllabes à rimes suivies est un hymne-blason consacré à un petit sujet, en l'occurrence les cornes, qui sont le symbole du cocuage. Il relève du genre de l'éloge paradoxal, qui fut à la mode chez les humanistes de la Renaissance, en particulier chez les poètes berniesques, imités en français (voir P. Dandrey, *L'Éloge paradoxal : de Gorgias à Molière*, Paris, PUF, 1997, p. 94-136, et pour les cornes, p. 263-267, et A. H. Tomarken, *The Smile of Truth. The French Satirical Eulogy and Its Antecedents*, Princeton University Press, 1990, chap. 6, ici p. 192-196). Ici, Villiers s'inspire surtout du poème « In Lode delle corna », composé par Anton Francesco Grazzini, dit Lasca (*Le Rime burlesche edite e inedite*, éd. C. Verzone, Florence, G. C. Sansoni, 1882, p. 618-621). Il a été imité, de son côté, par Remy Belleau, lequel s'efforce de consoler un « compere » difforme ou cocu (*Odes d'Anacreon Teien et petites inventions* [rééd. Paris, R. Granjon, 1573, mais dont il existe probablement une émission datée 1571], in *Œuvres poétiques*, éd. citée, t. V, 2003, p. 42-48, et p. 23-25 pour sa genèse éditoriale).

Sus la teste de la personne
A qui vous servez de coronne.
Mais des secretz qu'il n'entend pas
Le sot vulgaire ne faict cas,
Qui fuit son bien et le deteste
Comme une dangereuse peste
Quand tousjours au pire se prend
Et blasme ce que moins entend[2].
Ainsi la vertu toute nue
Tremble parmy nous incognue,
Ainsi raude la verité
Loing de nous sans authorité,
Ainsi sert de fable et risée
La saincte muse mesprisée.
Mais quoy ? que vous soyez l'horreur,
Cornes, de nostre sotte erreur
Qui sans propos blasme et despite [24r°]
La grandeur de vostre merite,
Si veuil-je[3] faire entendre à tous
Qu'il n'est comparable à vous,
Et que vostre valeur extresme
N'a son parangon que soy-mesme,
Cornes de tous siecle[s] l'honneur,
Cornes des humains le bonheur,
L'aornement de Cieux et la grace
De toute cette terre basse.
Car quoy que sa dimention
S'arrondisse en perfection,
Si est-ce qu'en son ample traicte
Sa rondeur seroit imparfaicte,
Si parfaisant son imparfaict,
Vous n'eussiez son vaghe parfaict
De cent mil montaignes bossues[4]
En cent mille beaultez cornues,

2 Argument justifiant la défense inattendue des cornes.
3 = Pourtant je veux
4 *Cf.* R. Belleau, « Les Cornes », v. 148, éd. citée, t. V, p. 47.

Tant plaisent les effectz divers
De nature en tout l'univers.
Aussi cette nature sage
Voulut enrichir son ouvrage
Cornes, de vostre dignité,
Qui seules avez merité
Par vos eccellences requises
D'estre de tous costez assises,
Enrichissant de toutes pars
Le rond de ce grand tout espars.
De nous, cornes, le Ciel s'honore,
Si[5] font les elemens encore [24v°]
L'air inconstant, le feu leger,
La terre lourde, et l'ample mer
Tiennent leurs formes disposées
Sus vostre patron composées,
Et tous leurs plus heureux effectz
Ne sont sinon par vous parfaictz[6].
Jupiter en cornes desserre
Du Ciel son fouldre sus la terre,
Le chef de Phœbus tant conneu
Est de clairs rayons tout cornu,
De sa carriere trois clairs signes
Sont aornez de cornes insignes,
Et sa seur en son cercle rond
De cornes pare son beau front[7].
Est-il nul astre qui esclaire
Parmy le celeste repaire,
Soit qu'au Ciel le clair char conduict
De Phœbe glisse sus la nuict,
Soit encores qu'elle descende

5 = ainsi

6 *Cf.* R. Belleau, « Les Cornes », v. 155-160, éd. citée, t. V, p. 47 : « Bref je croy que la terre basse, / Et tout ce que le ciel embrasse, / N'est qu'une composition, / Qu'une certaine confusion / De cornes mises en nature, / Non les atomes d'Epicure ». Voir aussi chez J. Passerat, « La Corne d'abondance », v. 139-144, *Œuvres poétiques françaises*, éd. citée, p. 182.

7 La lune ; *cf.* R. Belleau, *ibid.*, v. 71-72, p. 44.

Aux enfers où elle commende,
Soit qu'en terre son chef cornu
Luyse de l'Orque revenu,
Qui de cornes ne se coronne
Par les rays luisants qu'il rayonne[8].
Ô qu'heureux et bien guerdonné
Qui est de cornes coronné !
Du feu la subtille matiere
Flamboye en cornue maniere
De l'air les nuages grisars [25r°]
Volent cornus de toutes pars,
Et la mer en tous ses rivages
Flotte par goulpheux cornuages.
La terre basse a bien soucy
Se parer de cornes aussy,
Lors que ceste grand mere plante
Les cornes sus ce qu'elle effante[9],
Et que son ample sein planté
Fleurit de cornes tout anté,
Aussi tout ce qu'elle produict
Et tout cella qui est reduict
Dans ses antrailles tenebreuses
Se forme' en cornes planteureuses[10].
Des arbres les chefz herissez,
Et les prez de fleurs tappissez,
Des plantes les branches exquises,
Du Levant les pierres requises,
Des mines les thesors cachez
Cornuz sont de terre arrachez.
Des eaux les aeternelles sources
Finissent le bout de leurs courses
En cornes puissantes, allors

8 Allusion à la triple dimension de Diane : « [...] Elle est aussi appellée triple, pour les trois souverainetez qu'on lui attribue, estant au ciel la Lune, en terre Diane, et aux enfers Proserpine [...] » (M. de La Porte, *Les Epithetes [1571]*, « Hecate », éd. citée, p. 291).

9 « Effante » : corrigé en « Enfante ».

10 Amplification des v. 161-168 des « Cornes » de R. Belleau, éd. citée, t. V, p. 45.

Que les grands fleuves dans leurs bords
Roullent leurs undes azurées
Dans les escumeuses marées[11].
Encores, cornes, portez-vous
Bestes les plus proches de nous,
Mary de la brebis fœconde, [25v°]
Grace nourriciere du monde,
Et vous (trouppe lascive) chevres
Des boucs cornuz, delices cheres.
Mais toy, Animal indompté
Par nul homme encor surmonté,
Nature faict en toy reluire
Un instinct qui te vient seduire
Quand le veneur industrieux
Va triumphant victorieux
De toy, mais non jà par sa force,
Ains par ceste sucrée amorce
D'une fœminine beaulté
Qui seule dompte ta fierté
Quand toute douce tu viens rendre
Aux doux yeulx qui viennent surprendre
Tes sens par leurs decepvantz arts,
Et qui charment par leurs regards,
Licorne, ta liberté belle,
Serve au giron d'une pucelle[12].
Licorne, hé, Licorne, qu'as-tu
En toy de force et de vertu
Que tu ne tiennes, ô Licorne,
De ton esmerveillable corne ?
Qui se monstre en toute saison
Du venin le mortel poison[13],

11 *Cf.* R. Belleau, *ibid.*, v. 81-85, p. 45.

12 Cet élément de la licorne, animal fabuleux, est rappelé rapidement dans « Les Cornes » de R. Belleau (v. 154, p. 47), et développé dans la « Consolation pour les Cocus », v. 101-110, poème anonyme publié dans les *Muses françoises ralliées* (Paris, Mathieu Guillemot, 1599, p. 274-278), mais qu'on peut attribuer à J. Passerat (voir les *Œuvres poétiques françaises*, éd. citée, p. 542).

13 Voir B. Aneau, *Decades de la description, forme et vertu naturelle des animaulx, tant raisonnables que brutz* (Lyon, Balthazar Arnoullet, 1549), Seconde décade, « La Licorne ».

Soit qu'en bouillantes arenes,
Soit que par ces desertes plaines
De l'Ethiope noir bruslé, [26r°]
Ou du Numide sec haslé,
Dans les lacs, fontaines ou fleuves,
Les haras suivants tu abreuves,
Tu purges de ta corne saincte
Toute eau de tout venin atteinte,
Et morte encor ta corne peult
Repoulser le poison qui veult
D'une mortelle violence
Combatre noz cœurs à oultrance.
Et toy, Rinocerot[14] maillé,
Couvert d'un harnois escaillé,
Rare merveille de la pompe
Du plus brave romain triumphe,
Ny ta naturelle roydeur,
Ny ton grand dos l'esmail deur,
Ny tes finesses, ny tes ruses,
Dont la licorne tu abuses,
Ne te seroit garant trop seur,
N'estoit le cornichon vengeur
Qui aorne ton front d'une audace,
Et d'une force qui menace,
Faisant ton haineux deffaillir
Qu'avant tu n'osois assaillir,
Quand la mal caute miserable
Vient s'enfferrer au tronc coulpable [26v°]
Qui te couvre de la ferveur
De cette simple dont l'erreur,

Cf. J. Passerat, *ibid.*, v. 97-98 : « Bref, ceste corne est si divine / Que tous les poisons domine ».

14 Ou rhinocéros dont l'image avait été popularisée par la gravure d'Albrecht Dürer (1515). Voir aussi C. Gessner, *Historia animalium* (Zurich, Christoph Froschauer, 1551, Livre I, 952-953), B. Aneau, *op. cit.*, « Le Rinocerot, ou Cornas » (qui suit Pline, *H.N.*, VIII, 29), et *La Creation* (X, v. 59-60), faussement attribuée à A. d'Aubigné, in *Œuvres complètes*, éd. E. Réaume et de Caussade, Paris, A. Lemerre, 1873-1892 (et Genève, Slatkine Reprints, 1967), t. III, p. 394.

Lors qu'à la victoire elle aspire,
La guide au lieu où elle expire[15].
Mais toy, ô toy, toy, beste fiere[16],
Dont ceste corne nourriciere
Sus toute aultre a bien merité
Par sa superbe dignité
D'estre et par sa grande excelence
Dicte la corne d'abondence[17].
Illustre Taureau furieux,
Hardy, puissant, audacieux,
Tu vaultz plus en toutes les sortes
Pour les deux cornes que tu portes,
D'où tu prens la force et le cœur
De tous animaulx le vainqueur,
Qu'on ne void valoir tout le reste
De toute genereuse beste,
Tant se presume en elle avoir
Et de vertu et de pouvoir.
Soit que tu laboures la terre,
Soit que ta forte corne atterre
L'insolent Lyon affoulé
De ton pied dompteur tout foulé[18] ;
Ou soit que brave tu paroisses [27r°]
En teste des doguynes lesses,
Leur effort s'enfuit combatu
Devant ta corniere vertu.
Te tayrai-je aussi l'aultre lustre

15 *Cf.* Pline, *H.N.*, VIII, 29, qui évoque, comme le fait Villiers (v. 156), la présence de l'animal lors des jeux à Rome.

16 Le taureau.

17 Allusion à la corne d'abondance. Selon la légende, elle tient son origine de la corne qu'Hercule arracha d'Acheloüs, lors de leur combat que raconte Ovide, *Métamorphoses*, IX, 1-97. Voir R. Belleau, « Les Cornes », v. 54-62, éd. citée, t. V, p. 44 ; J. Du Bellay, « Le Combat d'Hercule et d'Acheloys », *Divers jeux rustiques* (1558), éd. O. Millet, Paris, Classiques Garnier, 2021, t. IV-1 (1557-1558), p. 83-88 ; et J. Passerat, « La Corne d'abondance », *Œuvres poétiques françaises*, éd. citée, p. 176-182.

18 Sur l'image du combat des taureaux et du lion, voir Homère, *Iliade*, XX, 164 *sqq.*, et É. Jodelle, « Discours de Jules Cesar avant le passage du Rubicon », v. 2054 *sqq.*, in *Œuvres complètes*, éd. E. Balmas, Paris, Gallimard, 1968, t. II, p. 338-340.

Des cornes : pied leger, illustre
Cerf, cheres delices des Roys,
Et le seul aornement des boys,
Dont la haulte teste ramée
Est parmy eulx tant estimée
Qu'à la dechifrer proprement
Il ne fault moins de jugement,
D'experience et de clergie
Qu'aux docteurs en theologie
Qui n'ont estudié en vain
A la Sorbonne ou à Louvain.
    Quoy ? Cornes, n'estes-vous l'adresse
Des haults palais de la Noblesse
Dont la faciade ou le devant
Sont enrichis le plus souvent
De vous, cornes, et à vous veoir
L'on se peult bien apperceveoir
A vostre assiette magnificque
Que c'est une maison anticque[19].
    Mesmes quand le Timbre[20] orguilleux
Aornant l'escusson sourcilleux
Sus la porte ou es galeries [27v°]
Couvre les nobles armoiryes,
Est estimé bien peu de tous,
Cornes, s'il n'est aorné de vous.
    Non, cornes, et s'il fault encore
Que tout le dedans s'en honore
Et ne voit-on ny pres, ny loing,
Cabinet, bouge, ou sale, ou coing,
Ou chambre haulte, ou chambre basse,
Cornes, où vous ne trouvez place.
Mesmes avez bien ce credit
De vous loger jusques au lict[21],

19 *Cf.* R. Belleau, « Les Cornes », v. 152-153, éd. citée, t. V, p. 47, et J. Passerat, « La Corne d'abondance », v. 114, *Œuvres poétiques françaises*, éd. citée, p. 181 : « On les plante au portal d'une riche maison ».

20 En héraldique, mot désignant le blason.

21 Les cornes que porte le mari cocu.

Tant estes en toutes manieres
De tout le monde familiaires.
Aussi avez-vous merité
Cornes, de toute antiquité,
Parmy les devotz sacrifices,
De nous rendre les cieulx propices,
Et n'estoit le sang des taureaux,
Des boucs, des belliers, ou chevreaux,
Agreable aux deitez haultes,
Si les sanglantes holocaustes[22]
N'estoient de bestes retenues
Pour si grand mistere cornues[23].
La victime cornue estoit
Et la thiare que portoit,
Durant sa sacrificature, [28r°]
Aaron, estoit cornifigure[24].
Depuis tous sacrificateurs
Ont esté ses imitateurs,
Qui ne parfument les autelz
Sainctement des dieux immortelz,
Qu'ilz n'usent leurs chefz venerables
Aornez de cornes admirables.
Suivants d'une mesme façon
Depuis ceste antique leçon,
De cornes le sainct pere encore
Celebrant son cler chef honore,
Et cornus mesurent leurs pas,
Cardinaulx, Abbez et prelatz,
Sachans qu'à Dieu rien ne peult plaire,
En nul lieu sans cornu mistaire,

---

22 Au XVIe siècle, ce mot portait la marque du féminin, comme ici, ou parfois du masculin.

23 *Cf.* R. Belleau, « Les Cornes », v. 105-113, éd. citée, t. V, p. 46 : « Offroit on les boucs, les aigneaux / Le sang des non tachez thoreaux / Sur gazons faitz d'herbes sorcieres, / S'ilz n'avoient les cornes entieres ? // Le digne loyers des labeurs / Qu'on donne aux tragiques fureurs / Est il d'un plus riche trophée / Que d'un bouc à corne estofée / D'un beau Lierre verdoyant ? ».

24 Lévitique IX, 1-14. « Cornifigure » : mot forgé sur *corne* et *figure* (= en forme de corne ; hapax)

Illustrant par son grand pouvoir
Tout ce qui cornu se peult veoir[25].
Et quelle marque plus expresse
De vostre corniere noblesse
Veult-on pour son pris debatu
Que la figure de vertu,
Qui en globe quinquangulaire[26]
Corne se souloit portraire,
Comme si l'on vouloit prescher
Que rien ne sçauroit tresbuscher
Dont la condition meilleure [28v°]
Sus cornes se fonde et s'asseure.
Ô cornes, vostre dignité
Voisine de la deité,
A je ne sçay quoy d'eccellence
Qui passe nostre intelligence.
Ne pouvant pas sçavoir comment
Dieu voulut que visiblement
Sa gloire ne fust recongneue
En aultre forme que cornue,
Lors que ce grand legislateur
Frere du sacrificateur[27],
Retournant du plus hault des nues,
Rapporta ses temples cornues[28],
Ayant avec Adonaÿ
Consulté dessus Synaÿ[29].
Et les oraculeuses bibles
Ne chantent que cornes terribles
Tellement que les livres sainctz
De cornes sont farcis et pleins[30],

---

25 Allusion au bonnet carré, ou toque à quatre cornes, que portaient les prélats.

26 = qui a cinq angles, ou divisé en cinq lobes

27 Image de Moïse cornu, frère d'Aaron (voir le v. 246).

28 = les tempes munies de cornes

29 Les tables de la Loi scellant l'alliance de Dieu avec Moïse, descendant le mont Sinaï (*Exode* 34). *Cf.* J. Passerat, « Consolation pour les cocus », v. 89-96, in *Œuvres poétiques françaises*, éd. citée, p. 541.

30 Par exemple dans Zacharie 2 (les cornes et les quatre forgerons).

Ne voulant la saincte escripture
S'aider de plus propre figure
Pour exprimer en temps et lieu
Les merveilles de ce grand Dieu.
Hé, Dieu, cornes, combien vous estes
Plus que nulle chose parfaictes !
Vous estes du Ciel l'aornement, [29r°]
Vous honorez chasque element,
Et le clair jour et la nuict noire,
Tout est remply de vostre gloire.
Mesmes les enffers incongneus
Sont pleins de grands diables cornus[31].
Docte trouppe heliconienne,
Claire race Mnemosienne,
Sainctes Muses qui habitez
Les christalines sommitez,
Favorisez à l'entreprise
De moy qui ceste charge ay prise,
Chantant les cornes d'un ton doux[32].
Encor les cornes aymez-nous[33],
Frequentant les temples chenues
De Parnas[34] doublement cornues.
Et vous, cornues deitez,
Qui ça bas la terre habitez,
Errants soubs les ormes et aulnes,
Pan, Satyres, Scilvains, et Faulnes,
Vous encor redoubtables dieux,
Qui cornus presidez es Cieulx[35],
Permettez que la bouche j'ouvre,
Et que par mon vers je descouvre

31 *Cf.* R. Belleau, « Les Cornes », v. 93-100, éd. citée, t. V, p. 45.

32 Invocation traditionnelle aux Muses de l'inspiration, les neuf filles de Mémoire (Mnémosyne) dont le séjour était situé sur « une montaigne de Bœotie pres de Thebes dedié à Apollon et aux Muses, lesquelles en sont appellées Heliconides » (M. de La Porte, *Les Epithetes [1571]*, « Helicon », éd. citée, p. 292).

33 Nouvel exemple d'assonance au lieu d'une rime.

34 = les tempes, ou cimes du mont Parnasse

35 *Cf.* R. Belleau, « Les Cornes », v. 86-92, éd. citée, t. V, p. 45.

Les secretz encor incongneus
Des sacrez misteres cornus.
Cornes, digne est vostre nature,
Mais elle n'est que la figure, [29v°]
Bien qu'au Ciel se puisse esgaler
De celles dont je veux parler.
Mais vous (ô invisibles cors),
Vous croissez dignes sus les bords
D'un jardin plus digne en son estre
Que n'est le Paradis terrestre,
Car la folle femme jadis
Nous bannist de ce paradis,
Et de ce lieu la femme accorte
Librement nous ouvre la porte.
Doncques si le souverain bien
Sans la jouissance n'est rien,
Et que le bien de moindre essence
S'agrandit par la jouissance,
Mieux vault le bien nyé fuir
Et du moindre permis jouir,
Quand l'heur plus grand qu'on nye est moindre
Que le moindre où l'on se peult joindre.
Ny le feu devorant, ny l'eau,
Ny le larron, ny le cousteau,
N'aulcune surprise importune
De la traversiere fortune,
Ny le Ciel jaloux de nostre heur
Ne peult enlever vostre honneur
Dessus les testes coronnées
Pour qui vous estes ordonnées,
Cornes, et n'avons de bonheur [30r°]
Plus que vous pour nous propre et seur;
De pauvres riches vous faictes[36],
Et par vous, ô cornes parfaictes,
Tout nous est loysible et permis.

36 Le développement qui suit illustre la variété de l'abondance liée aux cornes.

Par vous comptons beaucoup d'amis[37],
Comme support et asseurance
De nostre debile inconstance,
Car sans vous, hé que serions-nous ?
Cornes, que ferions-nous sans vous ?
Tel qu'un fourneau sans braise ou flamme,
Ou comme un corps gisant sans ame,
Aussi, cornes, l'aucthorité
De vostre haulte dignité
Justement au poix se ballance
De toute royalle puissance,
Qui veult icy bas de nous tous
Estre recongneue à genoux,
Comme vous qui voulez encore
Qu'en vous plantant l'on vous adore,
Car vous planter il n'est permis
Qu'à genoux l'on ne soit mis,
Plantant voz tiges aeternelles
Avec des ardentes chandelles,
Tesmoignant à la verité
Vostre immortelle dignité.

Car si debout à la rengette,
Ou de costé, ou en levrette, [30v°]
Ou de travers ou aultrement,
L'on vous plante irreveremment,
Celluy là comme un hereticque
Visiblement viendra eticque,
Ou sciatiqu' ou bien boiteux,
Verolé, perclus, ou gouteux,
Faisant par divine vengence
Pour tel forfaict sa penitance,
Vrayement digne pugnition
Pour si lourde transgression.

Quoy ? Cornes, qui ne vous honore,
Déesses, qui ne vous adore,

37 Comme le cocu, chez J. Passerat, « Consolation pour les cocus », v. 29-32, in *Œuvres poétiques françaises*, éd. citée, p. 540.

Non pas seulement les mortels,
Devots encensent voz autels,
Mais aussi les dieux venerables
Par vous, ô cornes agreables,
Encor que leur perfection
Soit exempte de passion,
Des cieulx ont bien volu descendre
Aultresfois pour des vœux vous rendre,
Et tous peslemesle à la fois
Les dieux, les Princes et les Roys
Compaignons des moindres du monde
Cultivans la place feconde,
Qui produict Cornes a planté,
Ont jadis des cornes planté,
Et plantent encor à foison [31r°]
Des cornes en toute saison.
    De vous la Grece a les Alcides,
Des fœux bessons les claires guides,
La beaulté qui flambeau nasquit,
Et celluy qui d'aire vainquit ;
Les Asiens et leurs Thiares
Se louent de voz tiges rares[38] ;
De vous et par vos subtils ars,
Romme s'honnore des Cesars[39].
    Ny cette terre universelle,
Ny du Ciel la gloire immortelle
N'ont rien, ny de beau ny de bon,
Cornes, que de vostre renom
Qui donne lustre à suffisance
A tout ce qui est en essence.
    Ô Dieu puissant, quelle doulceur,
Quel bien, qulle joye, ô quel heur
Les corps et les espritz contente,
Cornes, alors que l'on vous plante.

---

38 Comme la coiffure du grand-prêtre chez les Hébreux, et chez les princes d'Asie mineure.

39 On trouve le motif des cornes d'abondance sur les monnaies frappées à l'effigie des empereurs, parmi lesquels on peut citer Lepide, Domitien, Jules César, et Hadrien.

Esmeuz de quelque deité,
Qui rend vostre esprit agité,
Je ne sçay quelle esparse flamme,
Gaignant le plus sein de nostre ame,
Rechaufe si bien noz espritz
De ce fœu lentement espris,
Qu'en fin succombant soubs la force,
De cette doucereuse amorce, [31v°]
Allors transportez hors de nous,
Pasmez d'un fretillement doux,
Au lent ha ha[40], sanglotte peine,
Et d'une gemissante haleinne
Nous rendons l'ame qui revient,
Si tost qu'elle se ressouvient
Qu'un si plaisant mal la destrousse
Pour trespasser de mort si doulce.
Je meure[41] si je ne quictois
Aux Dieux le Nectar, et aux roys
Soudain le Sceptre et la Coronne.
Pour le plaisir grand qu'on s'y donne,
Douces cornes, en vous p[l]antant,
Car aulmoins mourrois-je contanpt[42].
Mais la grandeur tousjours ameinne
Quan[t] et soy la crainte et la peinne,
En danger un jour de se voir
Mesme à sa grandeur decepvoir.
Vostre puissance tout enserre,
Vous faictes la paix et la guerre,
Vous rendez les plus furieux
Traictables, douc et gracieux,
Armantz d'une terrible audace
A son tour la crainte et bonnace.
Les sceptres nous pouvez changer
Et les coronnes estranger,

40 Nouvel exemple d'onomatopée.
41 = je mourrais
42 = content, satisfait

Et vous pouvez bien encore remectre [32r°]
Sus bont[43] la coronne et le sceptre.
Vous pouvez tout et qui ne veult
Croire combien la vertu peult,
De vous, Cornes, et qui en doubte
Renverse la nature toute,
N'estantz les horribles forfaictz
De tels incredules parfaictz,
Moins dangereux et scismaticques
Que de dampnables Hereticques.
Comment fault-il doubter en rien
Du poinct de vostre plus grand bien,
Par qui d'imparfaictz que nous sommes
Nous nous trouvons tres dignes hommes,
Quand vostre chef vuide d'honneur
Se trouve enrichy d'un tel heur
Qu'autour une riche coronne
De cornes soudain l'environne,
Se trouvant en moings d'un moment
De rien honoré dignement,
Marchant, ô superbe conqueste,
Coronné roy de toute beste.
Mais quoy ? est-ce au pris de son sang
Qu'à l'homme tel honneur se vend ?
Est-ce poinct au pris de sa vie
Que telle gloire est poursuivie ?
Non, non, la femme sçait trop bien [32v°]
Contregarder ce qui est sien ;
Il est vray qu'un si grand affaire
Sans coups ruer ne se peult faire.
Mais la femme qui ne veult pas
Hazarder tout en ses combatz,
Prenant dessus soy cette charge,
Son bon mary elle en descharge,
S'eslongnant quand combatre veult

43 = remettre en bon ordre, rétablir

De son mary tant qu'elle peult,
De peur qu'au fort de la meslée
Sa caboche n'en soit troublée.
Puis d'une heroique vertu,
Ayant bravement combatu,
Liberale aorne de la gloire,
Du pris de sa brave victoire,
Le chef de son mary de bien
Si doucement qu'il n'en sent rien,
L'honorant de cornes en signe
D'une victoire tant insigne[44].
Ô femmes tres dignes d'avoir
Sus tous les hommes tout pouvoir !
Ô nous heureux trois fois et quatre
D'estre coronnez sans combatre !
Ô cornes dont le sainct honneur
Nous va comblant de tout bon heur !
Puissiez-vous en tous temps insignes [33r°]
Fleurir tousjours sainctes et dignes !
Puissions-nous contre tous meschefz
Par vous contregarder noz chefz,
Et puissent encores les femmes,
Sans fin combatans de leurs armes,
Et pour vostre gloire augmenter,
Cornes, tousjours vous replanter.
Ainsi elles tousjours heureuses,
Et vous à jamais glorieuses,
Et nous vivrons cornus tousjours
Jusques à la fin de noz jours[45].

Fin du paradoxe des Cornes.

44 Depuis le v. 481, Villiers amorce le mouvement final du poème, relatif aux cornes que la femme infidèle fait porter à son mari. *Cf.* J. Passerat, « Consolation aux cocus », v. 135-142, in *Œuvres poétiques françaises*, éd. citée, p. 543.

45 Vœu final ou optation, qui est caractéristique du genre de l'hymne, mais qui prend ici une tournure ironique.

ÉNIGME, SIZAIN[46]

Je suis muet et si parle à toute heure,
Juste vivant sans qu'Ame en moy demeure.
Je n'ay nulz pieds mais je marche des dentz,
Et sans bouger je vay comme le temps,
Mais las, je meurs quand le temps par envie
Tranche en rongeant le fillet de ma vie[47].

Finis.

46 Sur l'histoire de ce genre poétique ou devinette en rimes, et sa popularité à la Renaissance, voir F. Lecercle, « Énigme et poésie à Lyon au milieu du seizième siècle », in *Intellectual Life in Renaissance Lyon, Proceedings of the Cambridge Lyon Colloquium (14-16 April 1991)*, éd. Ph. Ford et G. Jondorf, Cambridge French Colloquia, 1993, p. 135-172, et *L'Énigmatique à la Renaissance : formes, significations, esthétiques*, Actes du colloque organisé par l'Association Renaissance, Humanisme, Réforme (Lyon, 7-10 septembre 2005) de Lyon, éd. D. Martin, P. Servet, et A. Tournon, Paris, H. Champion, 2008 (voir en particulier la contribution de B. Roy, « Des devinettes aux énigmes. Les premières séries de *Questions énigmatiques* », p. 155-171). Villiers a pu s'inspirer des énigmes que Charles Fontaine avait publiées dans *S'ensuyvent les Ruisseaux de Fontaine*, Lyon, T. Payen, 1555, p. 217 *sqq.*, où l'on trouve aussi des vers échangés entre les deux poètes. Voir *infra*, p. 162-163.

47 L'objet désigné par cette allusion pourrait être l'instant. – À noter que R. Belleau avait composé « L'Heure », hymne-blason paru dans *Les Meslanges* (1555) de Ronsard, qu'il reprit parmi les *Petites inventions*, à la suite des *Odes d'Anacreon Teien* (1573), éd. citée, t. I, p. 162-165.

[33v°]

ÉGLOGUE.

Narcis : Ubin, Remy, Perrot[48].

UBIN.

Remy, que fais-tu là soubz cet ormeau ?
Je te pry, leve-toy et pren ton chalumeau
Dont jadis tu chantois ta Maistresse enjouée.

REMY.

Ubin, hé mon Amy, ma Muse est enrouée,
Et seulet escarté par ces costaux bossus,
Par ces umbreux valons, par ces entres mossus,
Tandis qu'au chault du jour la cigale aleneuse
Estourdit l'environ de sa voix envieuse,
Je crain, je fuy, je pleure, et je mandy aussi
Le fer, le feu, le mal, et le bras sans mercy,
Qui fiert, qui art, qui mine, et qui meine à oultrance
Noz gens, nos lieux, nos biens, et nostre pauvre France[49].

---

48 Cette pièce fut composée avant 1577, date de la mort de Remy Belleau, que le poète fait parler. Cette églogue à trois voix, simulant une saynète ou un débat dans un cadre rustique, sert ici à énoncer une complainte contre les guerres civiles. Les personnages mis en scène dans ce dialogue pastoral sont vraisemblablement Villiers (= Ubert > Ubin), Remy Belleau (= Remy), et Pierre de Ronsard (= Perrot) dont Villiers saluera la disparition (voir *infra*, p. 201). Villiers avait pu découvrir de nombreuses églogues chez ses contemporains, notamment chez Ronsard (entre autres l'« Eglogue Du Thier », in *Second livre des Meslanges* [1559], et « Le Voiage de Tours », in *Amours*, *Œuvres* [1560], éd. Laum., t. X, respectivement p. 50-65 et p. 214-230), et chez Belleau (*Chant pastoral de la paix* [1559], repris dans *La Bergerie* [1565], éd. citée, t. I, p. 226-236). Villiers choisit pour sujet de son poème un thème favori de la littérature lyrique, allégorique et morale, dont il avait pu trouver l'exemple chez Ronsard (« Le Narciss », in *Le Bocage* [1554], éd. Laum., t. VI, p. 73-82, en alexandrins à rimes suivies). – Sur la fortune du genre, voir la thèse d'Alice Hulubei, *L'Églogue en France au* XVI*e* *siècle. Époque des Valois (1515-1589)*, Paris, Droz, 1938 (qui ne semble pas connaître cette pièce manuscrite de Villiers).

49 Cette première séquence rappelle et résume le début du *Chant pastoral* de R. Belleau (éd. citée, v. 1 *sqq.*, p. 226), où le poète se plaint des effets de la guerre franco-espagnole.

UBIN.

Courage, mon Remy, on void apres l'hiver
Par ordre successif le Printemps arriver.
Toute chose à son temps, et cette herbe fennée
Qui languissante gist fleurira l'aultre année.
Tousjours le fier mal[h]eur ne ravage, et tousjours
Comme nous vouldrions bien, le bien aussi n'a cours.
Tout ce qui est ça bas par un ordre admirable
Subget à changement est tousjours variable,
Et comme les saisons, et les moys, et les ans,
Se change à tout propoz l'estat doubteux des temps[50].

REMY.

Je sçay bien tout cela : et si sçay-je bien encore
Que ce faulcheur aislé[51] qui tout ronge et devore
Digere tout[52] sinon ce qu'il void s'advancer
Pour miserablement nostre vie offencer.
Le bien, l'heur, le plaisir et tout ce qui contente [34r°]
Sont les enffans bastardz du temps qui les enffante.
Maigrement alaictez mais de toute misere,
Cet avare vieillard, ce legitime pere,
Trop soigneux des malheurs, dans son sein les nourrit
Grassement, comme faict la terre qui cherit
Le chardon et l'espine, et la ronce inutille[53],
Et de grains nourriciers seroit tousjours sterille[54]
Si le soc mesnager ne trompoit le dessein
Qui couve cette mere inique dans son sein.
Je sçay cela, mais las ! chetif en toute sorte,
Le docteur dont le sens par trop sçavoir avorte.
Ainsi du verd pommier la feuille trop frequente
Mange son fruict en fleur[55], ainsi la doulce attente
De Ceres se dement trop fœconde, et ainsi

50 Réflexion morale de substrat horatien (Horace, *Odes*, I, 4, v. 1, et surtout IV, 7, ode à Torquatus).
51 Le Temps, personnification de la mort.
52 Motif du *tempus edax rerum* (*cf.* Ovide, *Métamorphoses*, XV, 234).
53 Souvenir de la Genèse 3, 18.
54 Image de la stérilité agricole ; voir Virgile, *Bucoliques*, V, v. 36-39.
55 *Cf.* Pline, *H.N.*, XV, 15, 52.

Bacus trop abondant de rire n'a soucy[56].
Or allez maintenant sans moy, pauvres chevrettes ;
Allez trouppeaux lainiers, mes doulces camusettes,
Plus seures de beaucoup par les umbrages fraiz
De ces montz chevelus soubz les pins et cypres,
Qu'en voz parcs ruminantz seules abandonnées,
Ou parmy les guerets des plainnes sillonnées,
Courües du soldat ou du gougiat sanglant,
Qui couppe sans mercy vostre gosier beslant.
Ne descendez si tost, mes pauvrettes chevrettes,
Ne descendez si tost de là hault où vous estes.
Vous reviendrez bien tard en ce patitz aymé,
Repaistre seurement du broust accoustumé. [34v°]
Et moy, pauvret helas ! et sans mon demerite,
Helas mon cher pays, il fault que je te quicte,
Du tout à la mercy du barbare estranger
Qui vient pour s'enrichir, tout prendre et saccager ;
L'estranger qui tousjours par noz noises civiles
S'engresse du meilleur de noz plus belles villes,
Et plein jusqu'au gosier retourne en ses maisons
Tout chargé du butin de noz riches toysons.

UBIN.

Chante aultrement, Remy : cette saison desire
Aultre accent que celluy que ta muse souspire.
Celluy-là qui s'attriste en la triste saison
Ressemble au forcené ennemy de raison,
Qui attise le feu dans sa maison ardente.
Il fault charmer l'ennuy par une humeur plaisante,
Et d'une gayeté soulager noz espritz
Quand de quelque douleur nous les sentons surpris.
Le bien est d'esperer : l'esperance certaine
Est le ferme pilier de cette vie humaine[57].
L'espoir nous entretient et nous faict esjouyr,

56 Ces images, qui répètent le travail nécessaire à opérer sur la nature, rappellent Virgile, *Géorgiques*, II, 47-60.

57 L'espérance, une des trois vertus théologales.

Et avant que l'avoir nous faict du bien jouyr.
L'espoir ront tout malheur : la doulce Abeille espere
Apres l'Hyver facheux la doulce Primevere[58],
Pour mesnager songneuse et soubz un plus doux Ciel,
Cueillir les doulces fleurs pour faire son doulx Miel.
Le joug au Bœuf de jour n'est pas desagreable,
D'espoir d'avoir la nuict son col franc en l'estable;
Et la simple brebis se devest franchement, [35r°]
Esperant d'avoir tost nouvel accoustrement.
Comme un clou pousse l'aultre, ainsi le bon temps chasse
Son contraire regnant et se mect à sa place[59].
Ne veis-tu pas hyer, et ce matin n'as-tu
Veu le calme venant tout l'orage abbatu ?
Cet orage cruel qui avoit agitées
Par tout si fierement ces forestz despitées,
Que je pensoy en rien voir ces pins fracassez,
Et les chesnes plus haultz sur terre renversez.
Mais les voilà sus pied sans qu'un seul en soit pire[60],
Et des grandz ventz passez ilz ne se font que rire.
Espere doncques mieux, et de noz flageolletz,
Sus les bordz verdoyans de ces clairs ruisselletz,
Entonnon quelque vers d'une chanson plaisante
Pour tromper le chagrin qui ton ame tourmente.

REMY.

Je le veuil, mon Ubin; commence à entonner,
Et tu orras apres ma muse resonner.

UBIN.

Je seroy d'Appollon cet impudent Marsie[61].

58 = le printemps (< *primavera*, en italien)

59 Tournure proverbiale : « un clou chasse l'autre ». *Cf.* Jean Dorat, « Ad P. Ronsardum virum nobilem », v. 18, parue dans les *Odes* de Ronsard (1550), éd. et trad. Geneviève Demerson, *Les Odes latines*, Clermont-Ferrand, Fac. des Lettres et Sciences humaines, 1979, p. 55, et Ronsard, « Elegie à Pierre Du Lac » (1569), v. 18-19, éd. Laum., t. XV, p. 168, et « Elegie », v. 35-36, in *Amours diverses*, *Œuvres* (1578), t. XVII, p. 321.

60 Emploi adjectival : « en pire état ».

61 Marsyas, satyre et musicien prétentieux, fut défié au chant par Apollon. Déclaré vainqueur par les Muses, celui-ci le punit en le faisant écorcher vif (Ovide, *Métamorphoses*, VI, 382-400).

REMY.

Hé commence à chanter, mon Ubin, je te prie.

UBIN.

Va devant, je te suivray, et dans ton ample champ
Le reste glaineray[62] de ton vers aleschant.

REMY.

Ainsi, Ubin, ainsi mon champ demeure en friche,
Et des espicz levez tu faiz la gerbe riche.

UBIN.

Comme l'herbe renaist plus drue es prez fleuriz,
Et jamais l'on ne veit ces clairs ruisseaux tariz,
Quand les trouppeaux nombreux y viennent boire et paistre,
Ainsi, mon cher Remy, en vers trop sçavant maistre,
Quand plus l'on s'aydera de ton stille facond, [35v°]
Plus on le trouvera oppulant et fœcond[63],
Semblant tousjours soy-mesme et pour chose qu'on face,
Ne perdra jamais rien de sa naÿfve grace,
Tel que Phœbus qui luit tousjours plus radieux,
Quoy qu'emprunte de luy tout ce qui luyt es cieux.

REMY.

C'est assez, mon Ubin, laisson là ce langage.

UBIN.

Jouon doncques aux vers pres ce plaisant boscage.
Accordon nos tuyaux et avec un doux son
Chanton Narcis, l'enffant de Loyset et Françon[64],
Françon aux beaux yeux verdz, Françon qui est plus doulce
Et meilleure que les fleurs que l'abeille destrousse

62 = je glanerai

63 Image bucolique traditionnelle associant la fertilité de la nature à la fécondité du génie poétique : voir P. Galand, *Le Reflet des fleurs. Description et métalangage poétique d'Homère à la Renaissance*, *op. cit.*, *passim*.

64 Le prénom Narcisse pourrait-il désigner l'un des trois fils que Louis Ier de Bourbon eut de Françoise d'Orléans-Longueville, sa seconde femme, qu'il avait épousée le 8 novembre 1565 ?

Sus les montz Ybleans[65], ny de leur plus doux miel,
Loyset, gentil Loyset, mignon chery du ciel,
Et qui t'aymoit, Remy, et t'avoit en estime
Pour les doctes labeurs de ta gentille rithme[66].

REMY[67].

Puis que chanter il fault, flageol mon plaisir doux,
Faison retentir l'air d'un vers digne de nous.
Vien icy, Caliope, où devot je t'invocque,
Et à qui fera mieux, Ubin, je te provocque.

UBIN.

Ha je l'ayme de toy puis que c'est à chanter
Pour Narcis ; je vouldrois Pan mesme surmonter,
Pan qui premier joignit les chalumeaux de cire[68],
Chantant dans les roseaux Syringue et son martire[69].

REMY.

Nymphes, Narcis est nay[70] : et gardez, Nymphes, gardez,
Et plus ses yeulx sorciers, Nymphes, ne regardez.
Ô trois et quatre fois la Nymphe bienheureuse,
Qui pour Narcis sera quelque jour langoureuse.

---

65 Les monts Hybléens : chaîne de collines située dans le sud de la Sicile et célèbre pour ses fleurs destinées à produire le meilleur miel ; voir Virgile, *Bucoliques*, I, 54, Horace, *Odes*, II, 6, 14 et Pline, *H.N.*, XI, 32.

66 = vers poétiques (du latin *rhythmus*, cadence). « Rithme » est souvent confondu avec « rime » au XVIe siècle, et s'emploie au féminin comme au masculin.

67 Début du combat poétique, caractéristique de l'églogue (*cf.* Théocrite, V, « Chevrier et berger »). L'échange procède rapidement au moyen de répliques constituées de quatrains d'alexandrins, comme le font Perrot et Bellot dans l'« Eglogue Du Thier » et ceux de la *Bergerie* de Ronsard (éd. Laum., respectivement t. X, v. 105-240, p. 56-64, et t. XIII, p. 76-131). L'exemple en était présenté dans la troisième *Bucolique* de Virgile (distiques des v. 60 *sqq.*) et dans la septième (séquences de quatre vers, v. 21 *sqq.*).

68 Réminiscence de Virgile, *Bucoliques*, II, 32 : « *Pan primus calamos cera coniungere pluris* ».

69 Pan, protecteur des bergers et des troupeaux. Le v. 132 fait référence à la nymphe Syrinx qui, pourchassée par la fureur amoureuse de Pan, se transforma en roseau (Ovide, *Métamorphoses*, I, 689-712). En son souvenir, Pan fabriqua une flûte à laquelle il donna son nom. Voir F. Lavocat, *La Syrinx au bûcher. Pan et les satyres à la Renaissance et à l'âge baroque*, Genève, Droz, 2005.

70 Pour célébrer un nouveau-né au moyen de l'églogue, Villiers pouvait connaître celle que Clément Marot avait composée afin de saluer la naissance du fils de François Ier, François, en 1544 (« Confortez moy, Muses Savoisiennes », in *Œuvres poétiques*, éd. citée, t. II, 1993, p. 700-702).

[36r°]

UBIN.

En vain suit-on Narcis, et pour trop estimer
La fraischeur de son teinct ne veult ça bas aymer.
Cherchez au plus hault ciel la plus belle déesse,
C'est là que veult Narcis choisir une maistresse.

REMY.

Narcis est trop plus doux que les lys blanchissans,
Que les œilletz vermeilz, ny que la fleur des champs.
Narcis est en beauté du tout incomparable,
Et rien que narcis mesme à Narcis n'est semblable.

UBIN.

Narcis aux doulx yeulx verds, Narcis le beau poupon
Croist aussi plaisemment que faict le verd bouton
D'un rosier cultivé au temps qui renouvelle[71]
Par la songneuse main d'une gente pucelle.

REMY.

Pour Dieu, Nymphes, gardez que l'aspic escaillé
N'aille au flanc de Narcis qui semble laict caillé.
Sa bouche est fin courail, liz sa gorge, et les roses
Au bout de ses beaux doigts sont franchement escloses[72].

UBIN.

Fuy ces rivages fraiz, helas, credule enfant,
Ne te mire dans l'eau, ton sort le te deffend[73],
De peur de rencontrer dans les froides fontainnes
Un feu pour embraser tes moelles et tes veines[74].

71 La rose du printemps.

72 Blason pétrarquiste du corps masculin (v. 141-152), qui se poursuit aux v. 169-172. *Cf.* Ronsard, « A Macée », *Odes* (1550), I, 8, début, éd. Laum., t. I, p. 200. L'image du lait caillé provient de Théocrite (*Idylles*, XI, 20) et a été popularisée par les poètes latins (notamment Ovide, *Métamorphoses*, XIII, 796).

73 *Cf.* Ronsard, « Le Narssis » (*Bocage*, 1554), v. 89-90 : « Leve, credule enfant, tes yeus, et ne regarde / En vain, comme tu fais, une idole fuyarde » (éd. Laum., t. VI, p. 78).

74 Première manifestation du mythe tragique de Narcisse.

REMY.

Narcis donne la chasse aux bestes en ces bois.
Les Nymphes apres luy courent en mille endroictz.
Narcis est tout heureux et ne fault[75] rien à prendre,
Mais nulle Nimphe encor n'a sceu Narcis surprendre[76].

UBIN.

L'umbre n'est pas plus douce en esté aux troupeaux,
Ny aux bergers haslez la frescheur des ruisseaux,
Ny le broust aux cheuvreaux, n'aux[77] brebis l'herbe molle,
Qu'est doux l'œil de Narcis aux Nymphes qu'il affolle.

[36v°]

REMY.

Quand Narcis veult sortir tout luy rit par les champs.
Il faict en plein hiver retourner le printemps,
Cueillant en-my les prez les belles paquerettes;
A chasque pas qu'il faict croissent les viollettes.

UBIN.

De l'Aurore a Narcis son beau teinct emprunté,
Du clair soleil des cieulx de ses yeux la clairté,
Et du blond Appollon sa perruque prisée,
Comme d'un blanc agneau la toyson refrisée.

REMY.

Il suffit maintenant, on se doibt contenter,
Car qui vouldroit Narcis, tousjours Narcis chanter,
Ce seroit à jamais : tant de fruictz n'a l'autonne
Ny de neige l'hyver, ny de fleurs tant ne donne
Le printemps, ny l'esté tant d'espics, qu'on pourroit
Y trouver de subject qui chanter le sçauroit.
Mais juge-nous, Perrot[78], qui puises l'eau sacrée

75 Troisième personne de l'indicatif présent du verbe *faillir* (= manquer).
76 *Cf.* Ovide, *Métamorphoses*, III, 353-355.
77 Contraction pour atteindre le compte exact du vers : « ny aux ».
78 Perrot (= Ronsard) intervient pour arbitrer le duel poétique, rôle assuré par Belleau dans l'« Eglogue Du Thier » de Ronsard (v. 241-260, éd. Laum., t. X, p. 64-65).

Abondamment où beut le sainct prebstre d'Ascrée[79].
J'ay un cousteau trenchant, emmanché proprement
De buis jaulne[80], où Georget[81] figura doctement.
Yach tout potelu, coronné d'un verd pampre[82],
Tenant la couppe en main où le moust de septembre[83]
Rit[84] encores bouillant, et puis de toutes partz
Un grand sep tout tortu jettans ses bras espars,
Tout chargé de raisins si proprement s'ordonne,
Qu'en beau compartiment tout le reste environne.
Puis gravant d'un poinçon finement aceré,
J'ay fidelle suyvi ce pourtraict figuré.
Je te mectz en tes mains qu'Ubin ores consigne,
Tel gage qu'il vouldra mais qu'il soit du mien digne.

[37r°]

UBIN.

Remy est pris au mot, j'ay une serpe aussi,
Qui a le manche faict de cormier endurcy,

79 M. de La Porte, *Les Epithetes (1571)* : « Hesiode : [...] *habitant d'Ascrée* [...]. Cet ancien poëte de Cumes, parce qu'il fut nourri en un village de Bœotie nommé Ascre, il est communément appellé Ascrean. Icelui a premier escrit de l'agriculture, et depuis Virgile l'a imité ».

80 Offre d'un gage par chacun des adversaires, selon la coutume de l'églogue. Dans l'« Eglogue Du Thier », Bellin donne à Bellot une flûte façonnée de buis par Fredel (v. 243-244, p. 65). Dans le « Chant pastoral » cité de Ronsard, Perrot met en gage une cage contenant une allouette, et Bellot un pannier d'osier décoré.

81 Nous ignorons qui peut désigner ce diminutif.

82 Représentation traditionnelle de Bacchus (*cf.* M. de La Porte, *Les Epithetes [1571]*, « Bacche ou Bacchus », où l'on trouve les adjectifs « porte-sceptre » et « potelé » ; voir Anne-Pascale Pouey-Mounou et Nathalie Casiglia, « La Porte, la Pléiade et Bacchus. Ce que le traitement électronique d'un article des *Epithetes* nous apprend du travail de La Porte », in *Inqualifiables fureurs. Poétique des invocations inspirées aux* XVIe *et* XVIIe *siècles*, éd. A.-P. Pouey-Mounou, Paris, Classiques Garnier, 2019, p. 247-278.). « Yach » (ou ïach) est un cri d'invocation associé au culte de Bacchus, comme « Evoé » ; voir chez Ronsard, « Dithyrambes à la pompe du bouc de Jodelle » (1553), v. 4, 9-10 et *passim*, et « L'Hinne de Bacus » (1555), v. 83, éd. Laum., respectivement t. V, p. 54 et t. VI, p. 180.

83 Assonance plutôt qu'une rime de pure forme.

84 *Cf.* Ronsard, *Odes* (1550), I, 1, « Au Roi », v. 1-4, éd. Laum., t. I, p. 61 : « Comme un qui prend une coupe, / Seul honneur de son tresor, / Et donne à boire à la troupe / Du vin qui rit dedans l'or ». Le geste inaugural vient de Pindare (*Olympiques*, VII, début), mais l'hypallage (« rit ») est imitée de la traduction latine proposée par Lonicer (Bâle, A. Cratander, 1535, qui traduit le grec par « *ridere* »), reprise par Ronsard, puis par son camarade J.-A. de Baïf dans un poème où celui-ci loue l'objet fétiche de la tasse (*Amours*, 1552, et rééd. *Les Amours*, in *Euvres en rime*, 1572, I, 42, v. 16 [« le vin qui rit dedans toy »] et v. 24 [« Avec l'or et le vin qui rit »], éd. J. Vignes, t. II-1, p. 213, et notes, t. II-2, p. 636).

Que j'eu de Rencurel[85] hier sus la vesprée,
Pour avoir avec luy saulté dessus la prée.
Nul n'eut le jugement si certein et parfaict
Pour juger qui avoit de nous deux le mieulx faict,
Dont tous deux pour gaigner par une esgale perte,
Rencurel, mon chappeau, et moy je pry sa serpe.
Le chappeau qu'il remporte est de jonc si tresfin
Qu'à le voir sus la teste on le diroit de lin.
Il est tissu de fil d'une industrie telle
Qu'en cent mille façons la subtille ficelle,
Discourant sus les bords par diverses couleurs,
Rapporte au naturel les prez semez de fleurs ;
Et puis continuant d'une façon plaisante,
Mille petitz ruisseaux argentins represente,
Provenant du sommet ou des bordz verdoyants
Enseignent le sommet des sources undoyantz,
Qui versent la frescheur de leurs eaux agreables
En bas aux bois, aux champs, et aux prez delectables.
Thoynot[86] le façonna et de luy j'euz en don,
Pour deux chevreaux de laict qu'il receut pour guerdon,
Et la serpe que j'en fut par Rencurel mesme,
Artistement drecée, avec labeur extresme,
Qui lors que chef d'œuvre à drecer s'adonna,
Deux virolles de corne aux deux boutz ordonna,
Et sus celle d'em-bas figura un lierre,
Qui par mille lassis si fermement le serre,
Qu'on le diroit naïf et qu'il doibt embrasser [37v°]
Le manche tout au tour et plus oultre passer ;
Et sus celluy d'enhault d'une experte maistrise,
Il represente au vif une estrange surprise
Qui avint n'a long-temps[87], quand de fortune un bouc

85 Personnage inconnu.

86 Thoynot, diminutif d'Antoine pourrait désigner Jean-Antoine de Baïf, comme dans le « Chant pastoral » de Ronsard : au v. 190, « Thony », deviendra « Thoinet » à partir de 1560, comme dans « Le Voiage de Tours », v. 23, éd. Laum., t. X, p. 214 (et v. 202, « Thoinon », p. 86). Thoinet est aussi mis en scène par R. Belleau dans le « Chant pastoral sur la mort de Joachim Du Bellay Angevin » (1560), in *Œuvres poétiques*, éd. citée, t. I, 1995, p. 240-250.

87 = il n'y a pas longtemps

Cuidant estre surpris emprisonna le loup.
Or tien, divin Pierrot, voilà mon gage ; donne
Sans esgard de personne au vainqueur la coronne.

[PERROT.]

Enffans, ce n'est à moy[88] ; aussi ne veulx-je pas
Par un arrest donné deffinir voz debatz,
Mais si voulez d'accord de deux bledz faire gerbe,
Qu'Ubin ayt le couteau, Remy prenne la serpe[89].

Fin de l'eglogue.

SONNET[90].

Nul n'ayme comme moy, à moy seul je ressemble.
Je me ry des amantz qui vivent langoureux,
Et comme eulx toutefois je suis bien amoureux,
4 Mais aymant nous n'avons rien de commun ensemble.
J'ayme d'un cœur hardy ; en aymant le leur tremble ;
Je voy en mon desir ferme et constant, et eulx
Meurent vaincuz du leur, et mon sort bien-heureulx,
8 Tout bien sus moy, sus eux le leur tout mal assemble.
Si aultre est mon amour, aussi aultre est l'obgect
Qui m'escarte bien loing du vulgaire subget,
11 Car la vertu qui luit es yeulx de ma maistresse
Rend mon cœur bien heureux vivant soubz sa mercy,
Non-pareil en amour, comme on le void aussi,
14 Ainsi que le Phœnix unique en son espece[91].

88 = ce n'est à moi de décider

89 Ainsi s'achève un concours sans vainqueur, où l'arbitre offre à chacun le gage de son adversaire ; voir la conclusion du « Chant pastoral » de Ronsard, où Michau (= Michel de L'Hospital) délibère et finit par mettre d'accord les opposants (v. 465-476, p. 99-100).

90 Sonnet d'alexandrins de type marotique (tercets : CCD/EED) et respectant l'alternance des genres de rimes.

91 Le Phénix, qui revit de ses flammes, est le symbole de la permanence du désir dévorant. *Cf.* Ronsard, « Discours au duc de Savoye » (1559), v. 311-312 : « Comme un Phenix

[38r°]

ODE[92].

1.

Cette viste messagere[93],
Qui va plus prompte et legere
Que le vent ne peult aller
Parmy le vaghe de l'air,
De l'une jusqu'à l'aultre Ourse,
Par sa langagere course,
Va semant de toutes partz
Le son de sa voix espars.

2.

De cent langues variables
Dict les choses veritables,
Et puis d'un mensonger ton
Refredonne sa chanson ;
Or d'Asie elle racompte,
Puis d'Europe faict son conte,

---

que l'amour ne tourmente / Vit seul à luy, de luy seul se contente » (éd. Laum., t. IX, p. 170). Pline, *H.N.*, X, 2, 3, rapporte qu'« il n'y en aurait qu'un seul dans le monde entier ».

92 Ode régulière composée de vingt-neuf huitains d'heptasyllabes à rimes suivies et respectant l'alternance des genres (masculines-féminines). – Ce poème semble évoquer le projet d'union entre Henri de Bourbon, fils de Louis de Condé, et Marie de Clèves, puis l'opposition à cette idylle soufflée par Charles IX (voir strophes 5 et 6). Marie de Clèves (1553-1574), fille de François de Clèves et de Marguerite de Bourbon, était fiancée à Henri de Bourbon lorsqu'Henri d'Anjou s'éprit d'elle, au grand regret de sa mère, Catherine de Médicis, qui envisageait d'unir son fils avec une princesse étrangère (I. Cloulas, *Catherine de Médicis*, Paris, Fayard, 1979, p. 306-307). Marie épousa Condé en 1572, mais elle s'éteignit deux ans plus tard, au désarroi de son « amant », qui apprit la nouvelle de sa disparition alors qu'il revenait de Pologne (voir F. Rouget, « "Le Tombeau poétique de Fleurie, pour Niré" : la célébration poétique de la mort de Marie de Clèves (1574) », *Revue d'Histoire Littéraire de la France*, 2021, n° 4, p. 773-792). Le contenu de cette ode peut en dater la composition avant 1572.

93 Il s'agit de la Renommée ; voir M. de La Porte, *Les Epithetes (1571)*, éd. citée, p. 495, qui recueille notamment les adjectifs « viste », « prompte, legere », et « babillarde ».

Et ne peult-on ça bas rien
Sçavoir que par son moyen[94].

3.

Elle avoit dict les nouvelles
Que les chiormes infidelles
Rangeoient es bords d'Acheron[95]
L'Adriaticque aviron,
Et puis elle s'en vint bruire
Que le fidelle navire
Trainoit apres soy captif
Le gennissaire[96] chetif.

4.

Elle alloit comptant encore
De l'Espagnol et du More,
Du Thedesque[97] et de l'Anglois,
Des Potentatz et des Roys,
Puis chantoit de la Navarre,
Des lys d'or et de la Barre[98],
Qu'on attend captifs icy
Soubz l'amoureuse mercy[99].

5.

Si[100] confuse Renommée
Parmy les humains semée
Trainoit un bruit quand et soy,

94 Portrait inspiré de celui de la Fama chez Virgile (*Énéide*, IV, 173-190), qui colporte des vérités, mais surtout des rumeurs, mensonges et calomnies. Voir aussi Ronsard, *Panegyrique de la Renommée* (1579), v. 15-17, qui dépeint « sur le hault des citez une Femme debout, / Qui voit tout qui oyt tout et qui declare tout. / Elle a cent yeux au front cent oreilles en teste » (éd. Laum., t. XVIII, p. 2). À la Renaissance, ce personnage est souvent représenté avec cent langues (v. 9) ou bouches ; voir F. Joukovsky, *La Gloire dans la poésie française et néolatine du* XVI*e* *siècle (des Rhétoriqueurs à Agrippa d'Aubigné)*, Genève, Droz, 1969, p. 498 *sqq.*

95 L'Achéron : rivière empruntée par Charon pour conduire les morts vers les Enfers.

96 = janissaire, soldat ottoman.

97 Voir *supra* le Tiers Livre de *L'Erynne françoise*, v. 117 et la note.

98 La dynastie des Valois et la famille de Lorraine (et son alliance au duché de Bar).

99 Allusion à la menace des soldats étrangers, vaincus, puis contraints à la paix.

100 = Ainsi

Auquel on adjouste foy,
Que nostre Gaulois monarque
Des Roys la celeste marque
L'hymen n'avoit trouvé bon
De Claives et de Bourbon[101].

6.

Que sa voix imperieuse
A cette couple amoureuse
Par estroict commendement
Deffendoit l'abouchement.
Ce bruit court de bouche à bouche
Par tout, et l'oreille touche,
Et les sens peu esjouys
Du noble filz de Loÿs[102].

7.

Comme un taureau jeune et brave
Sa genisse en son cœur grave,
Qui paist es loingteins patitz
Ses verdoyants appetitz,
Mugit et se mect en voye,
Affin qu'il l'oye et la voye,
Puis au fort de son plaisir
Se sent du boucher saisir[103],

8.

Ainsi la douleur qui pince
Le cœur de ce gentil prince
A ce bruit trop incertein
Rabat son espoir haultein,
Comme à la cruelle rage
De quelqu'enflammé orage
Secher l'arbre on apperçoit
Qui nagueres verdissoit.

101 Voir la note du v. 1.
102 Louis Ier de Bourbon, prince de Condé (1530-1569), père d'Henri.
103 Comparaison familière et burlesque inspirée de L'Arioste, *Roland furieux*, XXVII, 111.

[38v°]

9.

Deça delà sa pensée
Dedans son ame offensée
Va errant vaine et ne peult
Resouldre ce qu'elle veult,
Comme la flotte agitée
Sus la houle depitée
Qui nul salut esperer
Ne peult qu'à desesperer.

10.

Icy l'amour se presente
Qui le point et le tourmente,
Et là la severe loy
Du Roy le mect hors de soy.
S'il suit l'un l'autre il offense,
Et nul d'eux ne le dispence ;
Ainsi faire il ne peult pas
Qu'il ne coure à son trespas.

11.

Lors faisant joug soubz la force
Du mal qui le presse et force,
Vaincu par la passion
D'une entiere affection,
Pour eviter le martire
Qui son cœur ronge et deschire,
Plein d'un langoureux soucy
Commence à se pleindre ainsy :

12.

Antres, forestz et fonteines
Rochers, et prées et pleines[104],
Qui plaindre oyez quelques fois

104 = plaines. Cette strophe fait écho à l'ode « De l'election de son sepulcre » de Ronsard (*Odes*, 1550, IV, 5, début, éd. Laum., t. II, p. 97, et IV, 13, strophe 2 [1555], t. VII, p. 98).

D'Amour les dolentes voix,
Pour Dieu m'oyant encor plaindre,
Jugez si mon mal est moindre
Que le plus aspre courroux
Qui gemit oncq parmy vous.

13.

Mon esclave obbeissance
Faict joug dessoubz la puissance
De deux grands Roys, dont les feux
Et les traictz de l'un des deux
Domptent la nature toute,
La terre l'aultre redoubte,
Qui par ses braves effortz
Va triumphant des plus fortz[105].

14.

Où fuyray-je doncq la flamme
Du Dieu qui gehenne mon ame ?
Si je dessen aux Enffers,
Je trouveray là ses fers.
Si je me tappy en terre,
Ce cruel m'y fera guerre,
Et si je m'enfuy au Ciel,
Là me paistra[106] de son fiel.

15.

Et si d'ailleurs je m'oublye
En ce debvoir qui me lye,
Et qui oblige ma foy
A mon Seigneur et mon Roy,

105 Les deux rois auxquels pense Villiers sont peut-être : 1. Jupiter, qui commande les cieux, et Charles IX, qui règne sur terre (voir les vers que Ronsard a composés « Pour les mascarades de Bar le Duc », publiés dans les *Elegies, mascarades et Bergerie* [1565], éd. Laum., t. XIII, p. 222 *sqq.*) ; 2. Jupiter, et Amour qui enflamme le cœur des hommes et des divinités ; 3. les deux Amours jumeaux, mondain et céleste (*cf.* Ovide, *Fastes*, 4, 1, Cupidon et Iocus), tels que Ronsard les représente en 1569 dans deux cartels pour et contre l'amour mondain (éd. Laum., t. XV, p. 110-120).

106 = nourrira (3e personne du singulier du futur du verbe *paistre*).

La coulpe, sa morte image,
Gravant dessus mon visage,
Quoy que serve au repentir,
Ne me pourra garentir.

16.

Apren-moy doncques de grace,
Amour, qu'il fault que je face.
Tu ne doibz refuser rien
A moy qui ayme et suis tien.
Dieu, tu peux en tout affaire.
Qu'est-ce qu'un dieu ne peult faire ?
Vien doncques me secourir,
Amour, ou me fais mourir.

[39r°]

17.

Tu domptes des ours la rage,
Et des lyons le courage,
L'opiniastre fierté
Soubz toy fleschit sa fierté,
Les dieux d'en hault te redoubtent,
Les humains tes loix escoutent,
La terre te rend des vœux,
Et les eaux craignent tes fœux.

18.

Je sçay que la faulte est grande
A qui sert soubz qui commende,
Et que la transgretion
Merite pugnition.
Mais ainsi ne le doibt prendre
Qui[107] d'aymer ause entreprendre :
Toute erreur en amour est
Nulle qui de l'amour naist.

107 = celui qui

19.

Aultrement le sainct repaire
Des Dieux seroit adultere,
Se joignantz leurs deitez
A nos terrestres beaultez.
Aussi ses deitez haultes
Se vont riantz de noz faultes
Et des parjures sermentz
Qu'en aymant font les amantz.

20.

Et puis ma maistresse est telle
Qu'elle tient de l'immortelle,
Qui me cause un plus grand heur,
M'esclavant de sa valeur,
Que tous les humains ensemble
Ne me sçauroient, ce me semble,
Tant aprester de tourment
Qu'elle de contentement.

21.

Comme la nef vaghabonde
Dessus la plus mutine unde
Çà et là flotte souvent,
Serve d'un et d'aultre vent
Qui autour ses flancs se joue,
La virant de poupe en proue,
En fin le plus fort sus l'eau
Pousse à son gré le vaisseau[108] :

22.

Ce Prince, ainsi qu'il conteste[109]
En divers discours, s'arreste
A la fin au plus puissant

108 Image topique de la tempête amoureuse, symbolisant le tourment moral causé par le dilemme qu'éprouve l'amant, entre le choix du cœur et l'amour de raison.

109 = débat

De son espoir languissant :
Puisqu'Amour se faict paraoistre
Sus tous le seigneur et maistre,
Mieux vault, dict-il, qu'à ce dieu
Dans mon cœur je donne lieu.

23.

Si je faultz[110], j'ay à mes faultes
Joinctes les deitez haultes,
Pechantz dessoubz mesme loy ;
Mesmes le cœur de mon Roy
A senty les estincelles
De ses flammes immortelles,
Et a bien faict joug encor
Dessoubz cette flesche d'or.

24.

Et toy, ma maistresse chere,
Mon œil, ma saincte lumiere,
Croy que la rigueur des temps,
Croy que la fureur des ventz,
Croy que l'hydeuse mort sombre,
Ny l'horreur d'une pasle umbre,
Ne feront par leur effroy
Que je ne me rende à toy.

[39v°]

25.

De nuict, flamme radieuse,
Tu guides ma nef paoureuse,
Et de jour mon clair soleil
Tu rayonnes dedans l'œil.
De mon cœur ta vive flamme
Qui donne vie à mon ame
Qui m'inspire et qui me rend
D'un seul penser tout content.

110 = manque à mon devoir

26.

Ainsi disant il se jette
Hors de l'oysive couchette.
Phœbus, dict-il, en berger,
Et Mercure en messager,
Jupin des dieux le plus digne,
Or en beuf, et or en cigne,
Neptune dieu de la mer
Se transforma pour aymer[111].

27.

Et moy qui ne sçauroy vivre
De si plaisant joug delivre,
Moy qui suis race des dieux
Et qui pretan part[112] aux cieux
En courrier et de vistesse,
Je veuil revoir ma maistresse;
Puis que je voy soubz ta loy,
Amour, favorise-moy.

28.

Amour luy presta ses ailles
Pour voler, et de chandelles
Servir sa flamme, et par l'air,
Faisant ce prince voller,
Bride les ventz et arreste
La fureur de leur tempeste,
Si bien que par son pouvoir
Luy feist sa maistresse.

111 Allusions aux formes que prirent les dieux pour séduire : notamment Apollon (Phœbus), déguisé en berger, pour séduire Issé ; Mercure qui voulut aimer Hersé ; Jupiter (Jupin) qui se métamorphosa en bœuf et en cygne pour ravir Europe et Léda, et Neptune changé en taureau. Tout cela est résumé d'un passage connu d'Ovide, *Métamorphoses*, VI, 103-128, et II, 708-832 (histoire d'Aglauros, sœur d'Hersé).

112 = revendique faire partie des

29.

Vivez, vivez, couple heureuse
Or vivez, couple amoureuse,
Couple amoureuse vivez,
Et voz amours poursuivez.
Si bien qu'amour voz cœurs serre
Plus fort que n'estreinct lierre,
Ou bien d'un nœud plus parfaict
Que le scep l'ormeau ne faict[113].

FINIS.

[40r°]

STANCES[114].

Fuyez bien loing de moy fascherye et douleur,
Qui langoureusement aviez saisy mon cœur ;
Puis que le cœur du myen m'a bien faict cette grace

---

113 Optation finale traditionnelle du genre de l'épithalame ; voir Ronsard, « Epithalame d'Antoine de Bourbon et Janne de Navarre » (1549), que Villiers suit sans doute ici (v. 111-118, éd. Laum., t. I, p. 15-16). Cette image topique, végétale, de la passion, a été popularisée par les poètes latins et néo-latins : voir Catulle, *Poésies*, 61, épithalame de Manlius et Junie, str. 7 et 22 ; Ovide, *Héroïdes*, IV, 47-48 ; Horace, *Épodes*, XV, 5-6 ; J. Sannazar, *Arcadia*, et J. Second, *Baisers*, II et XIII. Voir aussi Ronsard, « Chanson » (*incipit* : « Plus estroit que la Vigne à l'Ormeau se marie », *Sonets pour Helene* [1578], I, éd. Laum., t. XVII, p. 235) et la dernière ode de *La Bergerie* de R. Belleau (XXXIV, *Œuvres poétiques*, éd. citée, t. II, 2001, p. 121-124) : « Comme la vigne tendre / Bourgeonnant vient étandre / En menus entrelas / Ses petis bras / Et de façon gentille / Mollete s'entortille / A l'entour des ormeaux / A petis neux glissante / Sur le ventre rampante / Des prochains arbrisseaux // Et comme le lierre / En coulevrant se serre / De maint & maint retour / Tout alentour / Du tyge & et du branchage / De quelque bois sauvage / Epandant son raisin / Dessus la chevelure / Et la verte ramure / Du chéne son voisin » (v. 1-20).

114 Cette pièce est constituée d'alexandrins suivis, sans groupement particulier des vers, contrairement à ce que pourrait suggérer le titre (stances < *stanza*). Sur ce genre poétique, imité de la *stanza* italienne, voir G. Agamben, *Stanze. Parole et fantasme dans la culture occidentale*, Paris, Payot, 1994, et G. Poirier, « Interstices à l'imaginaire maniériste : les stances de Philippe Desportes », in *Philippe Desportes (1546-1606). Un poète presque parfait entre Renaissance et Classicisme*, éd. J. Balsamo, Paris, Klincksieck, 2000, p. 341-354.

Se souvenir de moy, il fault quicter la place.
Ha, je vous sens partir, promptes à deloger;
Vous ne reviendrez plus mon estommach ronger,
Devant mon cœur fuyra vostre rage obstinée,
Comme les fiers oyseaulx des tables de Phinée[115].
Comme devant le jour se recelle et s'enfuyt
Le voille tenebreux de l'effroyable nuict,
Et comme il fault encor que dispare et s'enffuye
La nueuse moiteur au sec vent de Cecie[116],
Ainsi le clair rayon du soleil de mon cœur
Sus mes fascheux ennuys est demeuré vainqueur,
Et son doux souvenir qui fraischement respire,
Seichant l'œil, faict aussi que mon cœur ne souspire.
J'estoy comme la fleur qui seiche et sans humeur,
Quand le soleil s'enfuit se fenne sans couleur,
Mais quand de retourner il luy reprend envye,
A son ray chaleureux la fleur reprend sa vie,
Ainsi en ton absence, ô mon cœur, je ne puy
Me paistre d'aultre metz que d'un fascheux ennuy,
Mais si tost que je puy avoir de toy nouvelle,
Mon plaisir apparoit et mon ennuy se celle.
Celluy dont nous sentons l'infinie mercy
A tousjours tout à poinct de ses cheriz soucy,
Et ne permect jamais ce tres bon et doux pere[117]
Ses enffans longuement accablez de misere.
Il va sondant leurs cœurs et les esprouve encor, [40v°]
Comme au feu l'artisan va esprouvant son or[118].

---

115 Phinée, roi de Thrace, fut condamné à la cécité pour avoir commis un sacrilège : soit qu'il ait crevé les yeux de ses fils, soit qu'il ait révélé les secrets des dieux. Les Harpies l'affamaient en lui retirant la nourriture de ses lèvres, ou en la souillant; *cf.* Hésiode, *Théogonie*, v. 267, Homère, *Odyssée*, XX, 61-78, Apollonios de Rhodes, *Argonautiques*, II, 234 *sqq.*, et Virgile, *Énéide*, III, 212 et VII, 116 *sqq.*

116 Nouvel exemple d'assonance au lieu de la rime. – « Cecie » ou Caecia, vent du nord-est : « *Hellespontius*, vient aussi de l'Orient du Solstice d'esté, et est nommé des Grecs *Caecias*, mot approchant de *Cacia*, qui signifie malignité, à cause de son effect : car il attire les nuées et pluyes intemperées » (S. Goulart, *Indice à La Sepmaine de Du Bartas*, « Vents », éd. citée, p. 405).

117 Dieu.

118 Image proverbiale : L'Écclésiastique II, 5, et Ire Épître de Pierre I, 6-7 ; Ovide, *Tristes*, I, 5, v. 25-26; Érasme, *Adages*, « *Igni aurum probatur* ».

Or d'ennuys il les charge et d'orage et tourmente,
Et puis quand il luy plait les soulage et contente.
   Vivons doncques, mon cœur, esperant toutes deux
De voir en peu de temps luire un jour plus heureux,
Où nostre clair soleil de ses raiz ordinaires
L'orage calmera de nos dures miseres,
Rasserenant l'entour d'un printemps gratieux.
Allors nous chanterons d'un chant voisin des cieux
Sa force, sa vertu, et sa grandeur encore,
Et son hault nom qu'il fault que tout le monde adore.
Tandis comme partant d'avecques toy d'un lieu,
Je ne veuil clorre icy mes stances d'un adieu,
Mon cœur, je ne pars poinct; peult-on à sa partye
Partir du tout restant en sa douce partye?
Celluy là peult partir dont la feinte amytié
S'en va pipeusement decepvant sa moytié.
Doncques je ne pars poinct, puisqu'en toy à toute heure
Mon cœur aupres du tien a choisy sa demeure[119].

FINIS CORONAT OPUS[120].

Villiers passant parcy[121] resouspiroit sans cesse
L'ingrate cruaulté de sa fiere maistresse,
Et toutesfois Villiers se plaist mieulx en ce poinct
Que d'estre sans maistresse et ne souspirer poinct.

FINIS.

---

119 Les v. 43-48 offrent un jeu de variations lexicales sur le mot partir (= quitter, et répartir), à l'exemple du polyptote, procédé chéri des Rhétoriqueurs.

120 Proverbe : « La fin couronne l'œuvre ». Voir *supra* le Tiers Livre de *L'Erynne françoise*, v. 326 et la note.

121 = par icy

[41r°]

[POÈME SANS TITRE][122]

Je ne puis croire, Amour, ce que l'on dict de toy :
Que tu sois un grand dieu, que ta puissante loy
Commande absolument à la nature toute[123] ;
Ou bien si tu es dieu, ce n'est que vanité
De tes loix, et de toy, et de ta deité,
Et de son umbre a peur qui[124] ta force redoubte.

N'aguere jusqu'au ciel je te dreçoy mes vœux,
Je craignoy ta fureur, je redoubtoy tes feux,
Mais voyant que tu n'as puissance en quelque sorte,
Je te despite, Amour, peu m'est[125] de ta fureur,
Je me ry de ton arc, tes traictz ne me font peur,
Et ne te crains non plus qu'une personne morte.

Si tu estois un dieu, tu serois tout parfaict,
Car en perfection revient ce qu'un dieu faict ;
Tu ne serois leger, inconstant et volage ;
Un dieu n'est poinct cruel, un dieu n'est mensonger
Un dieu ne vient ça bas noz estomacs ronger,
Ny se paist comme toy d'amertume et de rage[126].

Tu es un vagabond, un affronteur rusé,
Qui plus et plus d'un cœur as souvent abusé ;
Tu es un assassin, un decepveur perfide,
Tu es un deloyal, un pipeur affecté ;

122 Poème prêté à une voix féminine (*cf.* v. 48 et 67), consistant en reproches et en malédictions contre Amour, et constitué de quatorze sizains d'alexandrins (mmfm^{2}m^{2}f).

123 *Cf.* Ronsard, « Je suis Amour le grand maistre des Dieux », « Pour le trophée d'Amour à la Comedie » (1565), éd. Laum., t. XIII, p. 218 *sqq.*

124 = celui qui

125 = je crains peu

126 *Cf.* Ronsard, sonnet « Amour, je pren congé de ta menteuse escole », *Amours diverses*, in *Œuvres* (1578), LIV, v. 1-8, éd. Laum., t. XVII, p. 333.

Ennemy de repos tu as tousjours esté,
Et de tous cœurs loyaux le cruel homicide[127].

[41v°]

Or es-tu dieu ou non, puissant ou sans vertu,
Si tu es dieu du ciel, que n'y demeures-tu ?
Sinon, comment auses-tu sus les dieux entreprendre ?
Ha, je sçay qui tu es, tu es un boutefeu
Qui loges sans heurter, et gaignant peu à peu,
Ne sors de ton logis qu'il ne soit[128] mis en cendre.

Ce sont de tes beaux traictz mais tu faillis[129], Amour,
En decochant sus moy pour y faire sesjour ;
A si mechant que toy, je ne quicte la place,
Plus dure suis qu'un roch contre tout ton effort ;
Si tu viens m'assaillir, mon cœur me sert d'un fort,
Si tes traictz sont de feu, ma poictrine est de glace[130].

Je ne veuil pas nier qu'un pudicque plaisir
Ne soit pieçà venu mon estomach saisir,
Mais qui est celle-là qui parfois ne desire ?
Toute dame peult bien sans rougir desirer,
Louable est le desir qui ne faict souspirer,
Car tout honneste cœur desirant ne souspire[131].

Amour, si tu estois loyal, je diroy bien
Que vivre soubz ta loy me seroit un grand bien.
Mais trouvant le rebours, que veux-tu que je die ?

---

127 Ces adjectifs déceptifs (« inconstant, volage, mensonger, vagabond, etc. »), attribués à l'Amour, sont fort communs ; voir M. de La Porte, *Les Epithetes (1571)*, « Amour », éd. citée, p. 78.

128 = Qu'une fois que le cœur a été

129 = as échoué

130 Images pétrarquiennes et popularisées dans la poésie de la Renaissance.

131 Nouvel exemple de polyptote sur le registre du désir, qui s'accompagne d'une permanence sonore à la rime dans toute la strophe ; voir Ronsard, qui choisit la dérivation sur le couple désirer/martyrer, dans une ode de la *Nouvelle continuation des Amours* (1556), v. 37-42, éd. Laum., t. VII, p. 283. Sur cette figure, voir aussi l'étude d'Ullrich Langer, « De la métamorphose : le polyptote comme figure du plaisir (Pétrarque, Scève, Ronsard) », in *Esprit généreux, esprit pantagruélicque. Essays by His Students in Honor of François Rigolot*, éd. R. Leushuis et Z. Zalloua, Genève, Droz, 2008, p. 39-55.

J'ayme loyalement, on a feint de m'aymer,
Ce n'est doncques à tort que je te doibz blasmer,
M'ayant en me fiant si laschement trahye.

[42r°]

Non, non, ce n'est Amour qui mon cœur a dompté,
C'est (qui le veult sçavoir) ma franche volunté,
Qui sus un hault subgect s'est fermement assise ;
Et si digne est l'obgect de mon affection,
Que je sen allegeance en mon affliction,
Et parmy les liens se trouve ma franchise.

Mais c'est bien cest Amour qui [...][132] et trompeur
De mon doux ennemy empoisonna le cœur ;
Si aultre il eust esté, l'amytié fust parfaicte.
Noz deux espritz unis par un estroict lien
Ensemble eussent jouy de ce souverain bien,
Et pres de sa victoire il n'eust faict sa retraicte.

Or le Ciel ennemy conjurant dessus moy,
Et de mon fier destin l'irrevocable loy,
S'opposantz à mes vœux, se bendent à l'encontre.
Ainsi sont des humains vaines les actions,
Ainsi sont nos dess[e]ins pleins d'imperfections,
Et bien tard ce qu'on veult à propoz se rencontre.

De celles je ne suis qui forment leur amour
Selon ceulx qui leur font un bon ou mauvais tour :
Qui veult aymer ainsi, il ayme à la volée.
Comme la palme suis, qui reste au fardeau
Quand plus poisant il est, ou comme la vive eau,
Qui plus claire devient apres qu'elle est troublée.

[42v°]

Plus ferme qu'un escueil des undes combatu
Je suis, et plus qu'un roch dessus le mont batu
Des ventz impetueux, du fouldre et de l'orage.

---

132 Espace laissé vierge dans le manuscrit d'Oxford, le copiste n'ayant pas su déchiffrer le mot (bisyllabe) qu'il avait sous les yeux.

Ny l'infidelité ne peult faulcer ma foy,
Ny la legereté, la constance de moy,
Ny le temps ne sçauroit alterer mon courage[133].

Puisque de son costé sont amortiz les feux,
Je les veuil ralumer dans mon sein pour touts deux,
Et lors mon cœur punÿ d'une auldace peu caulte,
Plein d'un double braisier rechaufé doublement,
M'acquictera du droict que doy fidellement,
Et d'une feincte amour reparera la faulte.

FINIS

SONNET.

Où est cette beaulté en vain idolastrée ?
Où sont ces deux beaux yeulx où se logeoit Amour ?
Où est ce ris mignard, des graces le sejour ?
4 Où est ce port gentil, l'honneur d'une contrée ?
Où est cette faveur que j'avoy rencontrée ?
Où est le doux plaisir que m'apporta le jour ?
Que le ciel ordonna que j'aymasse à mon tour,
8 Et que ton cœur leger au mien permit l'entrée ?
Touts les plaisirs de toy ne sont qu'aultant d'erreurs,
Puisqu'aultant de regards tu as aultant de cœurs,
11 Le mien[134] s'en dispence ; Amour aussi l'ordonne
De prendre ailleurs party et de te quicter là.
Mais qui pourroit aymer celle qui pour cela,
14 Son lubricque estomach à chaqu'un habandonne.

FINIS.

133 Images traditionnelles de la constance et de la vertu.
134 Diérèse.

[43r°]

[POÈME SANS TITRE][135]

Je te fu serviteur quand ma simple ignorance
Voiloit l'œil innocent de mon adolescence.
Lors mes volages yeux mal experimentez
Eurent sans y penser des tiens vaincueurs domptez.
Tu portois sus ton front toutes les graces peinctes,
Les beaultez reluysoient sus ton visage empreintes,
Les clairs flambeaux d'Amour brilloient dedans tes yeulx,
Le ris mignardelet, le parler gracieux,
Se jouyoit à l'envy dans ta bouche emperlée,
Dont les bords coralins (ta levre emmiellée)
S'entrouvrantz respiroient plus d'odeurs alentour
Que n'en pourroit fournir le poinct luisant du jour[136].
Ton sein de laict caillé pourtoit deux pommellettes,
Plus blanche que la neige, et là les amourettes
Volletoient doulcement, cependant que l'archer
Sans yeulx[137] prenoit plaisir d'aupres à descocher
Mille traictz, et le jeu mignardement folastre
S'esbatoit à l'entour de ta gorge d'albastre,
Ou sus tes blonds cheveux, qui libres bien souvent,
Erroient mignonnement à l'apetit du vent.
Ton geste, ton aller tels que d'une déesse

135 Poème d'alexandrins suivis ne respectant pas parfaitement l'alternance régulière des genres de rimes (v. 31-32 et v. 33-34). Il est tout entier formé d'un monologue d'adieu à la femme aimée puis haïe, ou d'une élégie inspirée par un épisode du *Roland furieux* de L'Arioste qui raconte le séjour de Roger sur l'île de la magicienne Alcine, puis sa libération (VII-VIII). À l'émerveillement de la passion illusoire succède ainsi un retour à la réalité, qui conduit l'amant à se repentir de ses erreurs, et à tracer le portrait d'une dame enlaidie, topique de la satire de la courtisane.

136 Blason hyperbolique des beautés féminines tel qu'on le trouve dans le portrait d'Alcine chez L'Arioste, *Roland furieux*, VII, 10-15. Sur ce canon hérité de la lyrique pétrarquienne, voir H. Weber, *La Création poétique au XVIe siècle en France de Maurice Scève à Agrippa d'Aubigné*, Paris, Nizet, 1955, chap. V, 4, p. 262-291.

137 Amour, qu'on représente les yeux bandés, selon la tradition : G. de Tervarent, *Attributs et symboles dans l'art profane*, *op. cit.*, p. 35 *sqq.*

De mille serviteurs te rendoient la maistresse,
Et avois tout cela que femme peult avoir,
De grace et de beaulté pour les cœurs decepvoir.
Mais las ! je n'avois lors l'esprit ny la science
De mectre entre le faux et le vray difference,
Et ballançoy au poix de ta vaine beaulté
Le mensonger espoir de ta fidelité.
  Comme l'enffant d'un an court apres la chandelle
Pour sa vive lueur, qu'il trouve claire et belle,
Et trepigne et saultelle, et d'un ardent desir
En jargon e[n]ffantin dict qu'il y prend plaisir,
Il l'approche, il la touche, il la prend mais soudain [43v°]
Se sentant eschaudé va retirant sa main,
Puis d'un cry repentant et sa main retirée
Fuit la chandelle aultant qu'il l'avoit desirée.
  Cela vient par le soing de la nourrice caulte
Qui le faict ressentir d'une legere faulte,
Affin qu'au cours doubteux de ses ans passagers,
Il evite le sort d'aultres plus grandz dangers,
Ou jouant escarté hors de sa main fidelle,
Qu'il fuye le grand feu comme il faict la chandelle.
  Or ainsi la raison nourrice de mes sens,
L'œil de mes actions, la guide de mes ans,
Endura quelque temps l'erreur de mon jeune aage,
Pour en plus grand danger me rendre cault et sage.
J'estoy prest à toucher quand elle prit pytié
Du tout à poinct nommé de ma saincte amityé,
Et ne voullant souffrir que mon ame innocente
Dans une indigne flamme errast plus languissante,
Me descilla les yeux, me faisant peu à peu
Dans mon sein refroidy amortir ce grand feu,
Qui m'eust rendu bien tost sans le pouvoir comprendre,
De grand et vif brasier, de brasier morte cendre[138].

---

138 Cette comparaison familière de l'apprentissage du feu d'amour vient d'Ovide, *Métamorphoses*, XIII, 867 *sqq.* ; voir Ronsard, « Le Cyclope amoureux », in *Œuvres* (1560), éd. Laum., t. X, p. 281, v. 94-96, et sur l'importance de ce motif, voir M. Dassonville, *Ronsard : étude historique et littéraire*, t. V (« Un brasier sous la cendre » [1565-1575]), Genève, Droz, 1990.

Alors du tout à moy, libre de passion[139],
Je secouay le joug de cette affection,
Et de mes troubles yeux cette taye abatue,
Plus claire que jamais, je recouvray la veue.
Un vray Roger j'estoy, captif dessoubz la loy
D'Alcyne ; c'estoit toy qui triumphes de moy,
Tes feintes sont ses sortz, et ma raison Melice[140],
Et l'anneau enchanté qui me faict voir ton vice,
Sont ses dignes effectz qui besongnent en moy,
Et font que telle encor que tu es je te voy.
Dieu, qu'est-ce-que je voy, quelle m[e]thamorfose ? [44r°]
Fuy t'en, vielle, de moy ; regarder je ne t'ose.
Retire-toy d'icy, vil masque tout usé,
Qui m'as pour quelque temps par tes fards abusé.
Ce n'est illusion, ce n'est fantosme sombre[141].
Pour le corps, je ne pren l'apparence ny l'umbre.
Ta caballe est cognue et tes moyens plus seurs
Contreminez s'en vont en fumée et vapeurs.
J'ay la veue d'un linx qui perce les murailles
Et descouvre le fond de tes propres entrailles.
Je voy ton teinct blaffard jadis mon passetemps,
Je conte sus ton front la suitte de tes ans
Par les seillons nombreus[142] qu'on diroit faictz à poste,
Du vieil temps de Brusquet[143] pour destonner sa poste.

139 Diérèse.

140 « Melice » = Mélisse déguisée en Atlante, qui remit à Roger, ensorcelé par Alcine, l'anneau enchanté donné par Bradamante lui permettant de se libérer (VII, 65).

141 Début du contre-blason de la dame, dépeinte en sorcière, à l'image d'Alcine (VII, 73) ; voir J. Du Bellay, « L'Anterotique de la vieille et de la jeune amie » (à la suite de *L'Olive*, Paris, A. L'Angelier, 1549 ; in *Œuvres complètes*, éd. O. Millet, t. II, p. 39-44), et « Contre une vieille » et « La courtisane repentie » (*Divers jeux rustiques*, Paris, F. Morel, 1558 ; éd. citée, t. IV-1, 2021, p. 150-153 et p. 156-159). Sur ce sujet, voir J. Bailbé, « Le thème de la vieille femme dans la poésie satirique du seizième et du début du dix-septième siècle », *Bibliothèque d'Humanisme et Renaissance*, XXVI (1), 1964, p. 98-119 (ici p. 102 *sqq.*, « Portrait physique »).

142 = les rides

143 Est-ce une allusion à Brusquet, fou du roi, et successeur d'un autre nommé Triboulet ? Sur ce personnage, voir A. Stegmann, « Sur quelques aspects des fous en titre d'office dans la France du XVIe siècle », in *Folie et déraison à la Renaissance*, éd. S. Anglo, Bruxelles, Éd. de l'Université, 1976, p. 53-68, et G. Berthon, « "Triboulet a freres et sœurs" : fous

Je voy la grise horreur de ton crin tout meslé,
Je voy l'hydeux obget de ton chef tout greslé,
Je dy sus le patron de ton estroit visage,
S'estendant en longueur ta honte et ton domage,
Je voy cet enbonpoinct en maigreur tout fondu,
Et ton cuir, chair d'oyson jaulnastre et morfondu,
Je voy l'œil renfoncé qui pleure de martire
De ce qu'en l'escaillant il faict la jaulne cire,
Je voy ta levre bleue et ta bouche au dedans,
Honteuse de n'avoir plus que deux ou troys dens,
Et qui respire encor une aleine si forte
Qu'on la diroit venir d'une charongne morte.
Ta joue est ventilleuse[144] et ton clair teinct passé,
Morne, pasle et terny, semble d'un trespassé,
Ton col sec, have et long, ne soustient qu'à grand peinne
Ton chef attenué de reuthme et de migrainne.
Tes bras sont escharnez, et tes doigts recourbez
Semblent avoir estez au gibet desrobez
D'un cadavre pendant[145] pour aller à l'emblée,
Pour charmes murmurez troubler une assemblée.
Ta poictrine est à jour et semble proprement [44v°]
Le ratelier denteux du rustic instrument
Propre à faulcher l'avoyne[146], et tes longues tetasses
Pendent sus tes gemnoux la longueur de deux brasses.
Où estiez-vous, mes yeux, quand j'estoy serviteur,
Si fort passionné d'une si grand laideur ?
Adieu, Alcine, adieu, adieu, feintes et ruses,
Adieu, fards et parfums, dont souvent tu abuses.
Les cerveaux enchantez, adieu allechementz,
Adieu les sons divers des plus doux instrumentz,

de cour et littérature au tournant des XVe et XVIe siècles », *Babel*, n° 25 (*Images de la folie au tournant du Moyen Âge et de la Renaissance*), 2021, p. 97-120 (accessible en ligne https://doi.org/10.4000/babel.2009 ; consulté le 20/11/2021). De ce personnage ont été conservés quelques essais poétiques composés entre 1557 et 1564 (BnF, Ms. Cinq cents de Colbert, 488, f. 363-377).

144 Corrigé de « *n*entilleuse ».

145 = pendu

146 = en dents de scie

Adieu Amour, adieu, adieu ris, adieu dances,
Adieu pensers doubteux et vaines esperances,
Adieu secretz, moyens pour piper descouvers,
Adieu, puis que suis libre, et qu'ay les yeulx ouverts.
Sellez-moy Rabican dont la disposte adresse
Surpasse de bien loing tous les ventz de vistesse[147].
Je veuil sus luy rauder la terre tout par tout,
Pour publier à tous de l'un à l'aultre bout
Les ensorcellementz et les charmes d'Alcine,
Mais les subtillitez d'Isabelle Meocine [?][148].
Isabeau la lubricque, Isabeau qui pourrois
Inventer au besoing et mille et mille fois
Plus d'attrayantz moyens pour te rendre assouvye
Qu'Alcine n'en cogneut durant toute sa vie,
Parce qu'elle n'aymoit que pour son seul plaisir,
Mais l'on ne peult scinder [?] ton avare desir,
Car ton aigrie paillarde à tous serve et commune,
Parmy la volupté ne quiert que la pecune.
Ô vous qui demenez l'Amour pres d'Isabeau,
Et qui paissez voz cœurs des yeulx de Belluceau,
Croyez-moy, qui ay faict en ceste mer nauffrage,
Et sages devenez à mon propre dommage.
Vous pensez l'avoir prise, et tous elle vous [ment,][149]
D'aultres ont eu sa fleur, le son elle vous vent
[..][150]

147 C'est le nom du cheval monté par Roger (*Roland furieux*, VII, 77-78, et VIII, 3).
148 Mot à moitié effacé dans le manuscrit.
149 Mot qui est manquant dans le manuscrit.
150 Dans le manuscrit d'Oxford, la rédaction s'interrompt ici.

AUTRES POÉSIES IMPRIMÉES

1. Dans le *Bref discours du siege de Metz en Lorraine [...]*, Lyon, Philibert Rollet et Thibaud Payan, 1553 :

À Monsieur Jean Du Perat[1].

Des premiers fruictz en mon jardin cueilliz
Premierement vous en veulx present faire,
Mais je crains fort que trop tost recueilliz
À vostre goust ne puissent satisfaire :
Tesmoings seront pourtant qu'à vous complaire
De mon pouvoir me vouldroie ordonner,
Ne sachant rien qui me puisse desplaire,
Sinon que j'ay trop peu pour vous donner[2].

1 Il ne peut s'agir de Jean Du Peyrat (1523-15 janvier 1550), lieutenant général en la sénéchaussée de Lyon, et célébré par les gens de lettres, mais peut-être de son fils, Jean II, capitaine d'une compagnie de chevau-légers, et mort en 1562 au siège de Beaurepaire.

2 Ce huitain figure en tête de la traduction par Villiers du *Breve discorso di lo assedio di Metz in Loreno* (Lyon, Philippe Rollet, 1553), contenant une relation, consignée par un soldat, du siège de Metz par les troupes de Charles-Quint (octobre 1552-janvier 1553), lesquelles durent battre en retraite face à l'armée conduite par François de Guise.

2. Dans *S'ensuyvent les Ruisseaux de Fontaine [...]* de Charles Fontaine, Lyon, Thibaut Payen, 1555 (p. 330-331[3]) :

Odelette

Mais d'où sourd cette Fontaine
Qui parmy la franche plaine
Verse un dous-coulant ruisseau,
Dont distille la docte eau ?

Et qui par ses ondes role
Plus de tresors que Pactole,
Ny que les flots rous lechans
Les bors des Indiques champs ?

Icy l'ample ciel prodigue
Repand la grace qui brigue
L'heureus honneur ancien
Du saint font Castalien :

Et Nature ailleurs avare,
Largement de vertu rare
Cette onde de tout son mieux
Egale au Nectar des Dieux.

Ja la chaste et docte troupe
Fuit le mont à double croupe,
Pour icy semer les fleurs
De ses celestes douceurs :

Embellissant la campaigne
Que cette Fontaine baigne

3 En échange, Charles Fontaine adresse une épigramme à Villiers (p. 334 : « Et les Muses, et la Musique ») dans laquelle il vante les talents de poète et de musicien de celui-ci. Sur l'œuvre de Charles Fontaine, voir R. L. Hawkins, *Maistre Charles Fontaine Parisien*, Cambridge, Harvard Univ. Press, 1916 (rééd. New York, Kraus, 1966), M. Molins, *Charles Fontaine traducteur. Le poète et ses mécènes à la Renaissance*, Genève, Droz, 2011, et les actes du colloque *Charles Fontaine, un humaniste parisien à Lyon*, éd. É. Rajchenbach et G. De Sauza, Genève, Droz, 2014.

(Par son sacré-cours certain)
Du Parnasien butin.

Si plus, non mieus.

3. Dans l'*Interpretation Greque, Latine, Tuscane et Françoise, du Monstre, ou Enigme d'Italie*, de Gabriele Symeoni, Lyon, Antoyne Voulant, 1555 (f. a2r) :

Hubert Philippe de Villiers à l'Italie eplorée.

Sonnet.

Leve le chef courbé, plus ne faut admirer
L'etrange nouveauté de tant horrible Monstre,
Ton Simeon le void, le decouvre, et le montre
À ce grand de Valoys pour le faire expirer,
Dont genereus se void au triumphe aspirer,
Et ja guidé des Dieux, s'est jeté à l'encontre,
Et te favorisant de plus heureux rencontre,
Victorieux fera cette hideur retirer.
Cesse donques de plus le ciel importuner :
Qui par l'heur de ces deux t'a voulu fortuner.
Puis à l'un de tes mains ceins la tample sacrée
D'un laurier tortissé, à l'autre dreceras
Un trophée eminent, sus lequel graveras
À perpetuité sa gloire consacrée.

4. Dans les *Cinquante jeus divers d'honneste entretien [...]* d'Innocento Ringhieri, Lyon, Charles Pesnot, 1555 (p. 4) :

A la noble jeunesse françoyse.

SONNET.

Jadis la Gréce en sa jeunesse heureuse
Dessus les bors Piseans s'abatoyt,

Où le lierre, à qui mieus combatoyt,
Pour pris aornoyt la perruque poudreuse.
Puis le Romain de main plus dangereuse,
L'apre Duel tragique debatoyt,
Ou bien la fere écumante abatoyt :
Baignant en sang la place, a-lors, hydeuse.
Mais maintenant ta France te presente
Jeus, pour te rendre heureusement contente,
Voire et trop plus que tous les pris humains
Ne sont ceus là qui leur gloire en eus mettent :
Car des haus cieus les plus haus Dieus promettent
Au mieus-faisant, un present de leurs mains.

5. Dans les *Lettres amoureuses* de Girolamo Parabosco, Lyon, Charles Pesnot, 1556[4] :

Sonnet

Voyés icy les aigreurs doucereuses
Dont Amour paît un cœur passionné,
Voyés icy comme afectionné
Au beau, se plait en pénes langoureuses.
Voyés les ris en larmes douloureuses,
Voyés un fiel en miel mixtionné,
Voyés un heur, en desastre ordonné,
Icy dedans ces Lettres Amoureuses.
Mais par cela n'en retirés vos yeus :
Car en lisant y pourrés trouver mieus,

4 L'édition italienne de cet ouvrage avait paru à Venise en 1545, puis celui-ci fut augmenté en 1548, et réédité régulièrement. Selon Antoine Du Verdier (*La Bibliotheque*, Lyon, Barthélemy Honorat, 1585), l'ouvrage fut traduit en français par Villiers et publié à Lyon, chez Charles Pesnot, en 1555. Cette édition n'a pas été retrouvée, mais il existe une émission à la date de 1556 qui pourrait ne faire qu'une avec la précédente. Une édition parue à Anvers, chez Jean Richard, en 1556, n'a pas été retrouvée ; voir I. His, « Autour de l'*Aer funebre sur la mort lamentable de tres-vertueux, tres-illustre & tres-invincible Prince Loys de Bourbon, Prince de Condé* d'Ubert Philippe de Villiers », in *Louis Ier de Condé, Prince du sang et huguenot (1530-1569)*, Actes du colloque de Chantilly (2019), dir. Hugues Daussy, à paraître, n. 16.

Avec le bien d'un de ces avantages :
    De suivre Amour, s'y trouvés[5] du plaisir,
Ou le fuyr, s'y voyés desplaisir :
Au peril d'autre aprenans d'estre sage.

6. Dans U. Ph. de Villiers, *Le Limas au seigneur de Blanchefort*, Paris, Nicolas du Chemin[6], 1564[7] :

    Blanchefort[8], dont la docte voix
Ne chante que les saintes loix
Des hommes et des dieux ensemble,
Tant qu'à t'ouyr parler il semble
Un dieu frequentant ces bas lieux,
Ou quelque homme avolé des cieux
(Lors que ton organe prophete
Les secrets des Dieux interprete) ;
Léve un peu ton esprit adroict
A souldre l'un et l'autre droict,
Affin qu'une plaisant' relasche
Charme le grave qui te fasche,
Alors qu'un trop ardent soucy
Te rompt le corps et l'ame aussi.
» Cette doulceur, qui nous enchante,
» Des lettres n'est tousjours plaisante.

---

5 = si vous y trouvez (et v. 13 = si vous y voyez)

6 Cet imprimeur parisien (vers 1515-1576) s'était spécialisé dans l'édition des recueils musicaux. Voir Audrey Boucaut, « L'imprimeur et son conseiller musical. Les stratégies éditoriales de Nicolas Du Chemin (1549-1555) », *Revue de Musicologie*, t. 91, n° 1, janvier 2005, p. 5-26.

7 Ce poème d'allure burlesque, étendu sur plus de cinq cents vers, est une amplification assez libre, ou une réécriture du blason de « L'Escargot » que Remy Belleau avait composé en 150 octosyllabes, et que Ronsard avait accueilli d'abord dans la *Continuation des Amours* (éd. Laum., t. VII, p. 216-220). Il sera repris, avec quelques retouches, dans les *Odes d'Anacreon Teien*, suivies des *Petites inventions*, à partir de 1573 ; voir l'éd. de G. Demerson, t. I, p. 172-176, et les notes de M. F. Verdier (p. 340-341). Ce dernier relève à juste titre l'imitation que Villiers fait des v. 101-142 de son modèle, afin d'amplifier les éléments de la scène de bataille.

8 Serait-ce un chanteur ou un musicien auquel s'adresserait ici Villiers ? Nous n'avons retrouvé sous ce nom qu'un Charles de Blanchefort, mort en 1515, qui avait officié à Senlis, et à la Sainte-Chapelle, à Paris. Peut-être étaient-ils apparentés.

Il fault tirer l'utilité
D'une belle varieté[9].
Voy donq, si tu veux un peu rire,
Cecy que je te vien d'escrire.
Du temps que le Dieu vigneron[10]
Arma le rouge biberon,
(Quand par cent mil vineuses testes
S'aorna des indiques conquestes[11])
Siléne, ce vieillard prisé[12],
De ce chauld dieu authorisé[13],
Equipoit d'escu et de lance
Touts les biberons de la France,
Lesquelz, rebuvantz à touts pas,
Dans les hanaps ne boivoyent pas,
Dans la coupe, ny dans le verre,
Ny dans aulcun vase de terre :
Car encor la mode n'avoit
Donné vaisseau à qui boivoit ;
Mais ces vieux biberons gendarmes,
Appuyez dessus leurs guisarmes,
Plus alterez que forgerons,
Reboyvoyent comme moucherons,
Couchez à plat dessus le ventre ;
Ou pressantz la liqueur du pampre
Dans leurs gras morions boivoyent,
Ou dans leurs mains tant qu'ilz pouvoyent.
Dont cet illustre capitaine,
Fasché d'une si grande peine,

9 Diérèse.

10 Bacchus.

11 La légende de Bacchus conquérant des Indes est racontée par Lucien, *Dionysos*. Voir aussi plus loin, les v. 155-164. L'année même de la publication du *Limas* paraissait le *Cinquième Livre* attribué à Rabelais, dans lequel est racontée « la bataille que Bacchus gagna contre les Indians » (chap. XXXVIII-XXXIX).

12 M. de La Porte, *Les Epithetes (1571)*, éd. citée, p. 532 : « *Vieillard, beuveur, arcadien, chancelant, rouge, ivrongne, escumeus, bacchide, mal-monté*. Les fables des poëtes nous apprennent que Silene a esté nourricier et pedagogue de Bacchus, et qu'icelui estoit tousjours monté sur un Asne ».

13 Inspiré sous l'effet de l'ivresse.

Ruinoit les moyens comment
Ilz boiroyent plus commodement.
Et pour mieux en avoir memoire,
Ruminoit tousjours apres boire,
Reboyvoyent encor un bon coup,
Et puis ruminoit tout à coup ;
Boit encor comme une sangsue,
Rumine encor tant qu'il en sue.
Enfin tant beut et rumina
Que son bon-heur l'achemina
Sus les bords herbuz d'un beau fleuve,
Où son camp biberon abreuve.
  Lors ces esquadrons altérez
Par cent Iö reiterez[14],
Essourdoyent l'air et les montaignes ;
Iö resonnoyent les campaignes ;
Iö, Iö, et à ce son
Iönne d'Iö print son nom[15] ;
Qui d'une serpentine course,
Depuis son argentine sourse,
(Couverte de fouteaux barbuz
Et bornée de prez herbuz)
Refreschit ses courbes rivages
Au beau sejour des doulx umbrages,
De mille costeaux verdoyantz,
Aupres de ses bords undoyantz :
Puis d'un pas lent ses eaux ell' tombe
Par une belle et riche combe
Au pied d'un mont, où le soleil
Cuit le raisin blanc et vermeil,
Qu'il nomma Montbuvoys à l'heure,
Pour sa biberonne demeure,
Mais le vulgaire Nyvernoys[16]

---

14 Sur ce cri de joie, voir *supra* le Livre Cinqiesme de *L'Erynne françoise*, v. 405 et la note.

15 Étymologie fantaisiste de la rivière de l'Yonne, dont l'origine est celtique (*Icauna*). Ïon est le nom d'un héros qui donna son nom au peuple ionien, en Attique.

16 La Nièvre, en Bourgogne, traversée par l'Yonne.

Dict Montbrevo pour Montbuvoys[17].
Là sus les longs bras d'un vieil orme,
Il veid un animal énorme,
Qui au bout d'un rameau branchu
Eust faict peur de son chef fourchu,
Par sa superbe contenance,
Aux plus habilles en vaillance.
Ce Monstre avoit le corps hideux,
Le semblant fier et dépiteux ;
Il portoit encor un tel mufle
Que le porte un sauvage bufle,
Quatre cornes dessus le front
Fortes pour esbransler un mont,
L'encoleure grosse et puissante,
Une poitrine reluisante,
Qui pendoit (ô estrange cas)
Deux ou troys toises contre bas ;
Puis dessus sa robuste eschine,
Alors qu'il s'esbranle ou chemine,
Ce Monstre redoubtable et fort
Porte sa retraicte et son fort,
Dans lequel souvent se retire
Quand quelque ennemy luy veult nuire,
Ou bien quand la rigueur du tans
Le contraint de r'entrer dedans[18].
Soubdain Siléne à ce rencontre[19]
De tant espouventable monstre,
Sentit une froide frayeur
Qui luy vint glacer tout le cœur ;
Il s'arreste et son pas destourne
Vers les siens où il s'en retourne :
Comme le bergerot mal caut,
Lequel tout estonné tressaut

17 Géographie façonnée par l'imagination du poète.

18 *Cf.* R. Belleau, « L'Escargot », v. 79-84 (éd. citée, t. I, p. 174), qui souligne la nature poltronne de l'animal.

19 Mot qui peut être du genre masculin en moyen français.

Quand soubs les herbes il descœuvre
L'aspic, ou la froide coleuvre[20].
  Arme, arme, ce viellard cria
Tant qu'il put ; et à ce cry a
Reveillé ces troupes guerriéres,
Qui soubs les tables grenouilliéres
Gisoyent encor au frez matin,
Chargées de somme et de vin.
  Le camp fremit, chascun commande
Confusément en chaque bande,
Et touts peslemesle estourdis,
Comme des fremillantz fourmis[21],
S'entr'encontroyent en la maniére
Que les fourmis en leur fourmiére,
Quand on y jecte quelque fois
Une pierre, ou un tronc de bois[22].
  Les tabours sonnent, et la terre
Mugit au son de leur tonnerre,
Le ciel respondoit au clair son
De la belliqueuse chanson,
Quand la fanfare redoublée,
Animant la troupe troublée
Exprimoit un fouldre estonnant
Dans l'airin courbe resonnant.
  Mais quand ces bandes estourdies
Furent un peu desengourdies,
Et que l'asseurance eut rendu
A chaqu'un d'eulx le cœur perdu :
Alors touts se mettoyent en peine
De remarquer leur capitaine,
Le Capitaine commandoit
Au soldat qui mieux l'entendoit,
Et qui soigneusement prend garde
De se rendre en son corps de garde,

20 Comparaison imitée de Virgile, *Énéide*, II, 378-382.
21 Voir *supra* le Tiers Livre de *L'Erynne françoise*, v. 22, et la note.
22 Voir Pline, *H.N.*, XI, 36.

Qui soubz son enseigne revient,
Qui par ordre en son rang se tient,
Qui de loing se met à l'escoute,
Et qui encor paoureux se boute,
Connillant soubs terre à l'escart,
Bien loing de voye en quelque part.
 Lors se faisant sus touts paroistre
Silene, avecques sa main dextre
Bien hault sus eslevée en l'air,
Taisantz touts, se print à parler :
 Compaignons de force esprouvée,
Saincte bande à Baccus vouée
(Qui debvez un jour triumphantz
Presser le dos des Elephantz
Parcourantz les Indes paoureuses
De vos armes victorieuses,
Et qui debvez un jour encor
Despouiller l'Indois de son or,
Lors que de vos mains donteresses
Irez forçantz ses forteresses) :
Je ne sçay quel Dieux envieux
Sus nostre bras labourieux,
Taschant à retarder la gloire
Qu'esperons de nostre victoire,
A faict naistre icy tout aupres
Un monstre horrible, tout expres
Parmy ces pampres verds, ce semble,
Pour nous devorer touts ensemble :
Mais marchons, marchons courageux
Vers ce felon trop oultrageux,
Purgeantz cette vineuse terre
De ce glouton qui luy faict guerre.
 Il avoyt dict : quand de leurs voix
Et du cliquetis de harnois
Les bandes donnoyent à cognoistre
L'ardeur de leur cœur à leur maistre,
Aymantz trop mieux vaincre, ou mourir

Que villainement s'encourir.
La trompe sonne et le camp marche
D'une furieuse démarche
Jusqu'au pres du lieu où estoit
Ce monstre que l'on redoubtoit.
Il faict alte : lors sa bataille
Range d'un art esmerveillable,
Dreçant un bataillon carré[23]
Avec un ordre bien serré,
Icy l'arquebusier il pose,
Delà le picquier il dispose,
Et sus les flancs, un peu au loing,
Il laisse aux pistolliers le soing
De se tenir és advenües :
En front sont les bandes perdües,
Et en queüe il met tout expres
Le bagage, qui suit de pres
Pour amuser quand il chemine,
L'ennemy pillard qui butine[24].
Mais Muses (sœurs du delien,
Filles du grand Saturnien,
Amyes de ce dieu insigne
Qui se coronne de la vigne)[25]
Sainctes Muses, mon cher soucy,
Aidez-moy à ce coup icy ;
Inspirez-moy de vostre grace
Pour chanter l'heroïque audace
Du bon maistre au vineux garçon,
Qui vainquit le fier limaçon.
Ce monstre lourd, d'estrange forme,
Estoit un limaçon difforme[26],

23 Comme la troupe des grues décrite par Homère (*Iliade*, III, début), et dont l'image est souvent reprise par Ronsard, notamment dans *La Franciade*, I, 890-892, et IV, 1767-1772, et dans le « Discours ou dialogue entre les Muses deslogées, et Ronsard » (1584), début (éd. Laum., respectivement au t. XVI, p. 73 et 325, et au t. XVIII, p. 88).

24 Image qui évoque plutôt les abeilles que l'escargot.

25 Les Muses sont les compagnes d'Apollon, filles de Saturne, et de Bacchus.

26 Ce portrait effrayant de l'escargot bellique se différencie du « guerrier de jardins », tel que le présente Ronsard dans la « Responce aux injures », éd. Laum., t. XI, p. 147, v. 577-586.

Qui branché dessus un grand sep,
Soutenu d'un vieil orme sec,
Brise, derompt, ronge et devore
Le bourgeon verdelet encore,
Tandis que le camp arresté
L'assiege de l'autre costé.
Il bouge, et glissant il s'advance,
Felon, soubs sa visqueuse pance,
Frayant un sentier tortueux ;
Puis drece son chef monstrueux,
Qui d'une mine trop felonne
Porte l'horreur qui tout estonne ;
Quand d'un semblant terrible et fier
Semble qu'il vueille deffier,
Non une armée furibonde,
Mais bien tout le reste du monde.
Comme on void es libiques chans
Les païsantz armez marchans
Contre le lyon à grande haste
Qui tout le plat païs degaste,
Lors qu'ilz ont un coup à fronté[27]
Ce brave animal indonté,
Quand dessus eulx l'œil fier il jecte,
Quand sa dent cruelle il craquette,
Quand de sa pate menaçant
Il va sus le sable traçant
Le sein de son courroux terrible,
Rugissant d'une voix horrible ;
Alors ces timides veneurs,
Assailliz de dix mille peurs,
Demeurent transsix sus le sable,
Surpris d'une horreur effroyable,
Comme si un mur retenoit
L'audace qui les promenoit.
Ainsi, ces bandes trop craintives
Tremblantz et plus mortes que vives

27 = lorsqu'ils font face à

Au seul rencontre, au seul regard
De cet animal trop bragard,
Vouloyent ja prendre la garite
Par une deshonneste fuite,
Quand Siléne l'entreprenant
Alloit ainsi les reprenant[28] :
   Quelle peur, quelle couardise
Dans vos cœurs de glace s'est mise ?
Où est la hardiesse ? où est
Ce bras à ferir tousjours prest ?
Où est cette venteuse audace
Qu'on souloit veoir en vostre face ?
Dequoy vous sert l'acier fourby,
Ou le fer du glaive poly ?
Reservez-vous point vos vaillances
A quand vous farcirez vos pances
Parmy les tables et treteaux
Fermez dans villes ou chasteaux ?
» Non, non, ce n'est parmy les tables
» Qu'il se fault monstrer effroyables,
» C'est affaire à un bon guerrier
» De marcher tousjours le premier
» A touts dangers, et à la table
» De se monstrer doulx et traictable[29].
   Ainsi dict Siléne, en bravant,
Quand il se faict veoir le devant.
Deplaçant d'une brave sorte,
Une zagaye[30] en main il porte,
Sus ses flancs ceint un coultelas,
Et met un pavoys en son bras,
Puis, devot, les dieux il invoque
Avant que ce monstre il provoque :
   Dieux, qui le clair ciel habitez,

28 Depuis le v. 229, cette longue comparaison des paysans à ceux de Lybie est paraphrasée librement de Lucain, *La Pharsale*, I, v. 205-210.

29 Les v. 267-272 sont reproduits par Gilles Corrozet dans *Le Parnasse des poetes François modernes [...]*, Paris, Galiot Corrozet, 1571, f. 84r.

30 = sagaie

Si onq vous fustes irritez
Par quelque mienne faulte grande,
Maintenant, contrit, je demande
De vostre celeste bonté
Qu'en pitié je soy escouté.
   Et toy Dieu (race de Semele[31])
Favorise-moy qui t'appelle ;
Toy, qui de ta saincte liqueur
Mesmes aux couards donnes cœur,
Quand tu faicts soubs ta forte guide
Qu'un fantacin vault un Alcide[32].
   Ce dit-il ; alors, courageux,
S'addresse à ce monstre oultrageux,
Qui d'une contenance fiére
Roue sa hure en la maniére
Que faict le taureau mugissant
Aupres du lyon rugissant[33] :
L'une des cornes il advance
Furieusement, tant qu'on pense
A veoir un si dangereux coup,
Que cette guerre soit à bout.
   Mais le guerrier qui se prepare
Au combat, du pavoys se pare :
Puis de son bras robuste et fort
Darde d'un valeureux effort
Sa zagaye, qui en l'air sonne,
Et sus le dos du monstre il donne ;
Qui ne se bouge et n'en faict cas :
Le fer rebouche et tumbe à bas.
   A ce coup le limas s'irrite,
Et d'une limonneuse suite[34]
Glisse lentement, et s'en vient

31 Famille de Sémélé, mère de Bacchus ; *cf.* Ronsard, « Les Bacchanales », in *Cinquieme livre des Odes* (1552), v. 433-434, éd. Laum., t. III, p. 207.

32 Soldat fort comme Hercule.

33 Autre réminiscence virgilienne : Turnus, comparé à un lion qui lutte contre un taureau (*Énéide*, X, 453-456).

34 *Cf.* Ronsard, « Responce aux injures », v. 577-580, éd. Laum., t. XI, p. 147.

A bas où le guerrier se tient :
La meslée est forte et cruelle ;
Siléne sus le dos martelle
De son coutelas tant qu'il peult,
Mais l'acier entamer ne veult,
Et ce n'est pas de trempe assez dure
Pour faire à ce fier ouverture,
Qui par troys foys l'a assailly ;
Mais par troys foys il a failly
Que sa dent mordante et qui serre
Ne l'ait pincé et mis par terre.
  Dont ce grand guerrier despité
Que ce glouton l'ait irrité,
Voulant en avoir sa revanche,
D'un revers deux cornes luy tranche,
Puis l'estomach luy va choisir,
Tant qu'à ses pieds le faict gesir
Plus froid que n'est la froide glace,
Mort estendu enmy la place.
  Lors qu'un grand bruit en l'air jecté
Avec un Iö repeté,
Les bandes d'alegresse plaines[35]
Font resonner les proches plaines ;
Et les esquadrons asseurez
Dessus leurs glaives acerez,
Avecques une ovante pompe,
Portoyent cet heroué en triumphe,
Chantantz, saultantz pour le bonheur
De ce magnanime vainqueur.
  Et luy, d'une place éminente
En cette façon parlemente :
  Soldats, compaignons de mes maulx
Et de mes belliqueux travaulx,
Vous voyez ores un grand faict
D'armes par mes deux mains parfaict :

35 = pleines

Ce monstre d'horreur effroyable
Gist mort dessus le rouge sable,
Et ne fault plus que vostre cœur
Frissonne d'une froide peur,
Puis que gist vaine et sans puissance
Cette monstrueuse arrogance.
    Reste ores que devotieux
Allions sacrifier aux Dieux :
» C'est à eulx qu'appartient la gloire
» D'une glorieuse victoire,
» Et l'homme ne doibt pas jamais,
» Soit en temps de guerre ou de paix,
» Aulcune besongne entreprendre
» Qu'aux Dieux des vœux ne vienne rendre,
» Puis venant à heureuse fin
» Leur en rendre graces, affin
» Qu'il puisse en tout endroict et place
» Tousjours sentir leur prompte grace[36].
    On drece soubdain un autel[37]
A ce dieu Thebain immortel,
Et de moust on lave la corne
A un grand bouc paillard qui corne,
Que le bon Siléne à genoux
Devot, immole devant tous.
Puis sus l'heure mesme commande
Que dans une chauldiére grande
L'on face bouillir le limas[38]
En du vin, et qu'on face amas
De touts ceulx que l'on pourra prendre

---

36 Les v. 357-366 sont retenus par Gilles Corrozet dans *Le Parnasse des poetes François modernes [...]*, éd. citée, f. 83v°, mais il substitue « Dieu » aux mots « eulx » (v. 357) et « Qu'aux Dieux » (v. 362).

37 Villiers développe la scène de sacrifice, scène à peine esquissée dans la conclusion de « L'Escargot » de R. Belleau (éd. citée, t. I, p. 175, v. 123 *sqq.*).

38 Dans le poème de Belleau, l'escargot finissait « embroché » (v. 132). Sur cette image, voir A.-P. Pouey-Mounou, « Les géants écrabouillés de Pierre de Ronsard », in *Les Géants entre mythe et littérature*, éd. Marianne Closson et Myriam White-Le Goff, Artois Presses Université, 2007, p. 103-112, n. 49.

Qui rongent la vigne encor tendre,
Et qui de leur baveuse glus
Polluent l'arbre de Baccus :
Car (dict-il) ilz sont touts propices
Pour honnorer nos sacrifices.
Les rangs se rompent, et alors
Les plus jeunes et les plus forts
Donnoient aux limaçons la chasse
Avec la jumelle bezasse :
Partie de l'eau va puisant,
Partie les feux attisant,
Tant qu'il ne restoit rien à faire
Pour ce sainct et sacré mistere.
C'est faict, les compagnons assis
Pres l'un de l'aultre et vis à vis,
Avec les plus grands de l'armée,
Crocquoyent d'une dent affamée
Ces limaçons, qui à grand tas
Bouilloyent dans des chauderons gras :
Si bien qu'ilz n'avoyent plus memoire
Apres bien manger qu'à bien boyre.
Crocquons Soldats, crocquons enfantz,
Crocquons biberons triumphantz,
(Dict Siléne à toute la bande)
Gobons cette doulce viande,
Gobez mes amys ; et eulx tous :
Gobez, Capitaine, avec nous.
En fin, tant de limas gobérent,
Et gobant si fort s'altérerent
De cette limonneuse glus,
Que gober ilz ne pouvoient plus.
Dont un biberon de la troupe
Alteré sus sa chaulde soupe
Pour gober encor un petit[39],
(Est-il saulce que d'appetit ?)

39 = un peu

Prend une des coquilles vuide
Du cornu limaçon humide ;
Il puise en un tonneau et boit,
Et reboit ; Siléne le void,
Qui soubdain sault sus et s'escrie
(Surpris d'une saincte furie)
Iö, Iö, je l'ay trouvé,
Le secret si long temps couvé.
Or sus, mes enfantz, qu'on m'apporte
Le corps de cette fére morte.
J'ay trouvé les moyens comment
Nous boirons plus commodement.
Je vueil que d'une longue aleine
Nous boivons desormais sans peine.
» Le plaisir lors ne nous plait point
» Quand la peine au plaisir se joint.
Il avoit dict, quand il encharge
Qu'on tire de la conque large
A grands crocqs mordantz l'animal,
Qui au bourgeon feit tant de mal,
Qu'on l'escorche, et que l'on escorne
Un chesne, et sa jumelle corne
Troussée avec la vaste peau
On face aussi tost un fardeau,
Pour l'apendre au plus hault de l'arbre
En trophée[40], et que sus un marbre
Au burin l'on grave ces mots :
Siléne, avec ses bons supposts,
Pour avoir mis par sa vaillance,
Cet estrange Monstre à oultrance,
Append à son cuissené dieu
La grasse despouille en ce lieu.
Puis prenant la coquille creuse
De cette fére limonneuse,
Feit deffoncer mille tonneaux
Remplis de mille vins nouveaux.

---

40 *Cf.* Belleau, « L'Escargot », v. 131-134, éd. citée, t. I, p. 176.

Il puise, et la liqueur riante
Dedans cette conque escumante
Sautelle menu, quand le vin
Faict en coronne le daulphin.
Or là, mes amys, troupe chére,
Voyez maintenant la maniere
(Dict Siléne), voyez comment
Nous boyrons plus commodement.
Il prend à deux mains la coquille,
Il l'embouche et tout doulx distille
Ce Nectar, ce moust doulcereux
Qui dedans son estomac creux
Par undes s'espand et gourgoule,
Tant que la goute qui s'escoule,
Et qui ses poulmons va noyer,
De ses yeux le faict larmoyer.
Alors ces bandes alterées
De ces limaçonnes purées
Vont arrousantz leur seiche soif.
Chaqu'un boyvoit et reboyvoit,
Faisoit comme il avoit veu faire,
Boyvoit comme il avoit veu boyre
A leur colonnel, qui avoit
Appris du soldat qui boyvoit.
Dès lors des coquilles usérent
De ces limaçons qu'ilz gobérent,
Et boyvant ne faisoyent plus cas
De mains, ny de morions gras,
Car cette biberonne mode
Leur estoit beaucoup plus commode.
Et parce qu'encor ilz n'avoient
Nommé la conque où ilz boyvoient,
Soubdain gobelet la nommérent[41] ;
D'autant qu'à l'heure qu'ilz gobérent
Fatalement criérent tous :

41 *Cf.* Belleau, « L'Escargot », v. 25-34, éd. citée, t. I, p. 173. L'explication étymologique prend une allure fantaisiste.

» *Gobez, Capitaine, avec nous,*
Estimantz touts bien raisonnable
Que d'un si rare et beau vocable
En memoire fust pris et faict
Le beau nom du sainct Gobelet.
Despuis, l'art imitant nature,
Les hommes feirent par grand' cure
Sus la caverneuse façon
De la conque du limaçon
Des gobeletz de toute sorte,
De toute estofe dure et forte,
De boys, d'airin, d'estain et d'or,
De gemmes et d'argent encor.
De cette belle invention[42]
Sourdant plus grand' perfection,
On façonna le fraisle verre,
Les tasses[43] et les pots de terre,
Pintes, tierces, quartes et pots,
Chopines, trequillons et lots,
Flascons et coupes et bouteilles,
Et d'aultres vases à merveilles,
Dont les buffetz du bon Denys[44]
Sont tousjours chargez et garniz.
Voilà (Blanchefort que j'honnore,
Que je revére et ayme encore),
Voilà que j'ay, joyeux, chanté
Parmy le peuple espouventé,
Apres les fouldres et tonnerres
De toutes ces civiles guerres :

42 Qui rappelle celle du verre et de la coupe dans l'« Elegie du Verre » (*Meslanges*, 1555) de Ronsard (éd. Laum., t. VI, p. 165-171), comme le laisse penser la référence au verre (v. 499). Villiers avait peut-être aussi à l'esprit le calligramme de la bouteille figurant à la fin du *Cinquiesme Livre* de Rabelais, paru au même moment, chez Jean Martin, à Lyon, celui-ci même qui imprimera le *Theatre du monde* de Boaistuau, deux ans plus tard, dans lequel on trouve pour la première fois l'« Hymne au Dieu souverain » de Villiers (voir *infra*, p. 181-187).

43 Voir *supra* l'« Eglogue », v. 185 et la note.

44 Voir *supra L'Erynne françoise*, Premier Livre, v. 77 et la note.

Tandis que Charles, jeune encor[45],
Faict retourner le siecle d'or
(Miracle grand, qu'en si verd age
L'on voye un sens si meur et sage),
Rasseurant par ses sainctes loix
L'estat doubteux des aultres Roix.

FIN.

Tandem ad astra ferar.

7. Dans *Le Theatre du monde [...]* de Pierre Boaistuau. *Plus un Hymne au Dieu souverain par H. Philippes de Villiers*, Lyon, Jean Martin, 1566[46] :

Loin bien loin, fureur qui fais
Insenser les plus parfais[47] :
Sus la Cyprienne lyre[48]
Mon cœur d'autre objet attaint,
Plus beau, plus chaste et plus saint
Autre chant me fait escrire.

Ceux là un Dieu ont chanté
Qui leur a l'œil enchanté
D'une forme fresle et vaine :
Mais moy je m'en vay venter

45 Charles IX avait été sacré à Reims le 15 mai 1561, et déclaré majeur le 19 août 1564.

46 Ce poème ne figure pas dans l'édition originale de cet ouvrage (Paris, Vincent Sertenas, 1558 ; rééd. M. Simonin, Genève, Droz, 1981, qui ne le reproduit pas). Devenu rapidement populaire, ce livre fut réédité et accompagné de l'*Hymne* de Villiers par Jean d'Ogerolles, à Lyon, en 1568 (Londres, British Library, cote : c. 109 e. 52). Sur ce genre littéraire, voir N. Lombart, *L'Hymne dans la poésie française de la Renaissance*, Paris, Classiques Garnier, 2018 (en particiculier p. 996, n. 289). Le poème de Villiers est composé d'une strophe préférée des compositeurs d'odes : le sizain d'heptasyllabes articulé en deux mouvements égaux (aabccb). – Sur P. Boaistuau, voir notamment M. Simonin, « Notes sur Pierre Boaistuau », *Bibliothèque d'Humanisme et Renaissance*, XXVIII (2), 1976, p. 323-333 (repris dans *L'Encre & la lumière. Quarante-sept articles (1976-2000)*, Genève, Droz, 2004, p. 3-14).

47 *Cf.* Virgile, *Énéide*, VI, 258 : « *procul o, procul este, profani* ».

48 La lyre de Cypris, c'est-à-dire amoureuse.

Ce grand Dieu, dont le chanter
Rien que saint aux siens n'ameine[49].

Celuy-là fait à plaisir,
S'en va trompant le desir
De la bouillante jeunesse :
Et cettuy, vrayement Dieu,
Ne delaisse en aucun lieu
Quiconques à luy s'adresse.

Vien donq inspirer mon vers,
Grand moteur de l'Univers[50],
Afin qu'entendre je face
Par un style nompareil
De l'un à l'autre Soleil
Les merveilles de ta grace.

Et toy Ciel, resplendissant
L'ouvrage du Tout-puissant,
Et le tesmoin de sa gloire :
Et toy Terre, et Mer aussi,
Oyez consacrer icy
Sa grandeur à la Memoire.

Avant que ce grand espars[51]
Fust orné de toutes pars

---

49 Rejet du sujet profane et choix de la veine sacrée du lyrisme. Cette déclaration rejoint celle des poètes religieux, comme on pouvait l'entendre au cours des années 1552-1555, en réaction au paganisme des poètes de la Pléiade. Sur cette polémique, voir M. Raymond, *L'Influence de Ronsard sur la poésie française (1550-1585)*, Genève, Droz, 1965, Livre Premier, chap. 1, p. 9-37 ; G. Demerson, *La Mythologie classique dans l'œuvre lyrique de « la Pléiade »*, Genève, Droz, 1972, chap. IV (« Crise de l'inspiration et de l'expression mythologiques »), p. 217 *sqq.*, et surtout chap. VI (« Religiosité et lyrisme mythologique »), p. 395 *sqq.* ; M. C. Smith, *Ronsard & Du Bellay versus Beze. Allusiveness in Renaissance Literary Texts*, Genève, Droz, 1995, chap. II et III, p. 17-48 ; et N. Lombart, *L'Hymne dans la poésie française de la Renaissance*, *op. cit.*, Deuxième partie, p. 431 *sqq.*

50 Sur le sens de cette expression, voir *L'Erynne françoise*, Premier Livre, v. 143-144, et la note.

51 Cette strophe et les deux suivantes rappellent la Genèse I, et le début des *Métamorphoses* d'Ovide (I, 5-75).

De ses beautez plus parfaites,
Et qu'un accordant refus
Rendoit un ordre confus
En ses œuvres imparfaites,

Contant en sa Deité,
Vagant en eternité,
Sus la face des abysmes,
Il alloit formant alors
Les idées de tous cors
Dedans ses pensers sublimes.

Puis jettant l'œil sus le dos
De cet embrouillé Chaos,
Ne sceut plus veoir l'insolence
De cette masse d'accord,
Nourrie en soy d'un discord[52]
L'eternelle violence.

Comme quand on veoid en l'air
De tous costez s'assembler
Les plus des ronflantes nues,
Et que le froid et le chaut
Voulans combattre là haut,
Les ont en un retenues :

On n'entend que bruit là sus,
Meslé d'un fracas confus
Dans la nue qui desserre
Un esclat retentissant,
Ou l'effort rebondissant
D'un contretonnant tonnerre.

Ainsi un divers effort,
Soutenu sus le renfort
D'une eternelle durée,

52 Sur cette idée de l'« accord discordant », voir *L'Erynne françoise*, Quart Livre, v. 164, et la note.

Eternellement bruyant
Tempestoit, continuant
Son insolence endurée.

Dont cet ouvrier souverain
D'une industrieuse main
Dressa cette forme ronde
De ce grand subject massif,
Formant ce cors excessif,
Que nous appellons le Monde[53].

Disoit ce divin Platon[54],
Qui redore encor le nom
De sa Grece qui l'honnore,
Mais l'Hebrieu plus vray disant,
Du Seigneur mieux divisant,
Nous instruit bien mieux encore.

Car de rien ce Dieu parfait,
Par sa seule voix a fait
Ce tour des Cieux pardurable,
L'air, le feu, la terre et l'eau,
Et tout ce qu'on veoid de beau
Dans ce pourpris admirable[55].

Puis çà bas l'homme a formé
Pour chef d'œuvre, et animé
Du parfait de son essence,
L'honnorant ainsi, à fin
Qu'il allast louant sans fin
De ses œuvres l'excellence.

Aussi ne volut il pas
Le mettre ailleurs que çà bas
(Centre et milieu de ses œuvres),

---

53 *Cf.* Ovide, *Métamorphoses*, I, 32-35.
54 Dans le *Timée*.
55 Résumé d'Ovide, *Métamorphoses*, I, 15-20.

A fin qu'il peust mieux reveoir
La grandeur et le pouvoir
De sa dextre à toutes heures[56].

Car soit qu'il jette les yeux
Là haut bien haut vers les Cieux,
Soit qu'en bas il les retire,
Ou qu'il les tourne à travers,
Rien n'y a dans l'Univers
Qui l'esprit de Dieu ne spire.

Qui est ce grand prevoyant,
Qui de l'espy blondoyant
Revest le plain des campagnes ?
Qui rend és cousteaux le vin :
Qui de fresne ou de sapin
Couvre le front des montagnes ?

Mais qui est-ce qui conduit
La main, en ce que produit
La curieuse Nature ?
Qui luy donne les couleurs,
Dont elle émaille les fleurs
En sa diverse peinture ?

C'est celuy, dont le nommer
Aux humains, ni l'exprimer
Par paroles n'est loisible :
Et dont Terme ne scauroit
Borner en aucun endroit
L'essence incomprehensible.

Car comme en l'orgue souvent
Le souflet vomit un vent
Qui les grands tuyaus traverse,
Et qui les semble animer,

56 Ces v. 85-96 sont adaptés d'Ovide, *Métamorphoses*, I, 76-86.

En leur faisant exprimer
Mille accords en voix diverse :

Ainsi ce Dieu curieux
Animant par l'œil des Cieux
Tout ce qui ça bas respire,
Souffle parmy l'Univers
En mille accidens divers
Son esprit qui tout inspire[57].

Dieu-mon-Dieu, nous voyons tous
Ta grandeur, mais nul de nous
N'en peut tirer connoissance :
Car seul tu fais tout cecy,
Et seul tu en as aussi
La parfaite intelligence.

Qui dira le roide tour
Qui se parfait en un jour
(Pour si grand cas peu d'espace)
Du Levant vers le Ponant,
Sus un esseau soustenant
Cette grand celeste masse ?

Mais qui dira les accors
De ces neuf supremes cors[58] ?
Qui chantera l'influence
Qu'ils vont distilans ça bas,
Meuz sans cesse par compas
De leur vive intelligence ?

Ni qui chantera encor
L'infinité des clous d'or,
Qui au firmament reluisent[59] ?

57 Image familière du souffle divin (*cf.* Du Bartas, *La Sepmaine*, II, 215-218).

58 Les neuf sphères célestes, ou « cieux », selon Jean de Sacrobosco ; *cf.* Du Bartas, *La Sepmaine*, II, 965 *sqq.*, et Goulart, *Indice* : « [...] assavoir les sept des Planettes, celuy des estoiles fixes, et [...] le premier mobile », éd. citée, p. 167).

59 Platon, *Timée*, 40a-b ; et Ronsard, « Hymne des Astres », v. 84, éd. Laum., t. VIII, p. 153.

Ni aussi les cercles grans
Des sept luisans cors errans,
Qui ceux de ça bas maistrisent[60] ?

O Dieu tres saint, eternel,
Tres pur, tres bon, supernel,
Souverain Dieu des merveilles :
C'est toy, c'est toy Dieu parfait,
C'est toy, dy-je, qui as fait
Seul ces choses non pareilles.

Puisse-je ainsi à jamais
La merveille de tes fais
Chanter sous l'œyl favorable
Des Chastillons[61], ô Seigneur,
Et celebrer ta grandeur
Infiniment memorable.

Par cette Hymne, où je repan
Tes honneurs, et que j'apan
Sus l'autel de ton grand Prestre,
Ton Odet, lequel peut bien
Heriter de ce saint bien,
Quand tout saint on le veoid estre.

---

60 Les sept planètes telles qu'elles étaient connues à cette époque, dont l'influence, selon une croyance antique, détermine les actions terrestres et prédispose le tempérament des créatures vivantes.

61 Cette famille de la grande noblesse comptait notamment Gaspard de Coligny, maréchal, et ses trois fils : Gaspard II (1519-1572), amiral de Coligny et chef de guerre huguenot, François (1521-1569), seigneur d'Andelot, et Odet (1517-1571), cardinal de Châtillon, mentionné au v. 172, qui était proche des idées de la Réforme. En 1568, celui-ci s'exilera en Angleterre. Il avait protégé Rabelais (*cf. Quart Livre*, préface), et Ronsard qui lui avait dédié ses *Hymnes* (1555). Sur ce personnage, voir l'étude de A. Clerc, « Essai sur la vie du cardinal de Châtillon », *Bulletin de la Société d'études historiques et scientifiques de l'Oise*, 3, 1907, p. 169-188, et celle de M. Christol, « Odet de Coligny, cardinal de Châtillon », *Bulletin de la Société de l'Histoire du Protestantisme français*, 107, 1961, p. 1-12.

8. Dans U. Ph. de Villiers, *Le Trophée d'Anthoine de Croy, prince de Portian [...]. A Monseigneur le Prince de Condé*, Paris, Robert Estienne, 1567[62] :

DIALOGUE

LA POSTERITÉ ET L'HISTOIRE[63].

POSTERITÉ :

Nymphe, que fais-tu là ? mais quel nouveau souci
Te meut de travailler et de suer ainsi ?
L'HIST. Je ramasse en ce lieu l'ennemie destrousse
De Cupidon vaincu, l'arc, la fleche et la trousse,
De l'effroyable mort la fere faulx poignante
Et le fatal roüet de Fortune inconstante.
POST. Pourquoy faire cela ? L'HIST. Pour bastir un trophée
A un Prince vainqueur, dont la gloire estoffée
D'une tant memorable et heureuse victoire
Des plus braves vainqueurs efface la memoire.
POST. Mais auquel des mortels si bragards est permis
D'avoir ainsi domté si puissants ennemis ?
Hé pour Dieu, dy-le-moy. L'HIST. A un Anthoine. POST. Quel ?
Cet Anthoine Romain[64] qui s'est faict immortel,

62 L'ouvrage parut la même année à Lyon, « avec permission », chez Jean Saugrain (Paris, Bibliothèque de l'Arsenal, cote : 8-H-12854 [5]). – Antoine de Croÿ (1541-5 mai 1567), prince de Porcien et huguenot, neveu d'Éléonore de Roye (voir *Autour d'Éléonore de Roye, princesse de Condé*, éd. J. Couchman et C. Winn, Paris, H. Champion, 2012), combattit à la bataille de Dreux (19 décembre 1562), au cours de laquelle son oncle, le chef des troupes protestantes, Louis de Condé, fut capturé, et celui des troupes catholiques, le maréchal de Saint-André, fut assassiné (Ph. Benedict, *Graphic History*, *op. cit.*, p. 145-146). Avec ce *Trophée*, Villiers rend un dernier hommage à celui dont il avait été le secrétaire, et offre son poème à Condé, qu'il va dès lors servir jusqu'à la disparition de celui-ci à la bataille de Jarnac (13 mars 1569). – J. Delaborde ne mentionne pas le nom de Villiers dans l'étude qu'il a consacrée à « Antoine de Croy : Prince de Porcien », *Bulletin de la Société de l'Histoire du Protestantisme français*, 18 (1), 1869, p. 2-26.

63 Ce type d'épitaphe dialoguée, en 208 alexandrins suivis, a une longue tradition depuis l'*Anthologie grecque* jusqu'aux *Emblèmes* d'Alciat. On en trouve des exemples dans l'œuvre de Ronsard, comme l'« Epitafe d'Albert [de Ripa] » et l'« Epitafe de Philipes de Commines » (*Bocage*, 1554), où le poète fait parler le prêtre et le passant (éd. Laum., t. VI, p. 24-27 et p. 37-39), ou encore celle de Quélus (*Œuvres*, 1584, t. XVIII, p. 157 *sqq.*) qui présente le génie et le passant.

64 Marc Antoine (83-30 av. J.-C.), chef de guerre romain, est un exemple de bravoure mise au service de Jules César. Il devint consul à la mort de celui-ci en 44 avant J.-C.

Se rendant de son temps le plus valeureux homme
Qui se trouvast pour lors dans la superbe Romme.
L'HIST. Ce n'est pas celuy là, ce n'est celuy là non,
De cestuy dont je parle est autre le renom,
Et tant que la vertu ça bas soit[65] reverée,
De cestuy-ci sera la memoire honorée,
Ayant tousjours par tout contre tous combatu
Pour suyvre le party de la saincte Vertu.
POST. Quoy ? ce brave Romain n'en feit-il pas de mesme,
Alors qu'il s'exposoit en tout danger extresme,
Et que son estomach et sa robuste main
Garentissoit souvent tout un peuple Romain :
Cela n'est-ce vertu ? L'HIST. C'en est quelque apparence,
Mais souvien-toy qu'il fault qu'une brave vaillance
Soit tousjours moderée et non pas furieuse,
Autrement la vertu se rendroit vitieuse :
Ainsi le Loup felon vertueux pourrois[66] dire
Quand le foiblet aigneau cruellement deschire :
Le Tygre et le Lyon on pourroit bien ainsi
Vertueux appeler, et l'Ours sauvage aussi
Exerçants dessus tous les autres animaux
Beaucoup plus foibles qu'eux la rage de leurs maux.
POST. Qu'est-ce donc que vertu ? L'HIST. Vertu, c'est de cognoistre
De ce grand univers le Seigneur et le maistre,
Ce que l'on nomme DIEU, et puis rendre en tout lieu
L'honneur que veult de nous cet admirable Dieu,
Balancer tous nos faicts au poix de la raison,
Et ne s'en destourner en aucune saison :
Se comporter au reste, et faire entre les hommes
Luire nostre equité, et sçavoir qui nous sommes :
Ainsi les vicieux seront cogneus de tous,
Et les bons vertueux fleuriront parmi vous.
Or ce brave Romain que tu m'as ramentu,

65 = sera (emploi de l'optatif [subjonctif] conforme aux usages grammaticaux en moyen français ; *cf.* G. Gougenheim, *Grammaire de la langue française du seizième siècle*, *op. cit.*, p. 134, # 3).

66 = tu pourrais (omission du pronom)

Ce chemin vertueux oncque suyvre n'a sceu,
Ny luy, ny la part de ceux que tu estimes
Entre tes devanciers glorieux et sublimes :
Car celuy là couroit serf de sa passion,
Comme un cheval sans mords[67], apres l'ambition,
Et comme furieux ingratement s'aplicque
A renverser l'estat de sa grand' republicque :
Mais en fin, acablé des malheurs, idolâtre,
Mourut tout forsené, au sein de Cleopâtre[68].
POST. Oh celuy là duquel tu vantes tant la gloire,
Est-il mort illustré de plus riche memoire ?
L'HIST. Ouy. POST. Comment ? L'HIST. Ainsi, car sa force et valeur
Triomphe de l'amour, de mort, et du malheur :
Et l'autre se perdit en l'amour d'une femme,
Son malheur l'acabla, et le rendit infame :
Et la mort à sa fin feit voir à tous combien
Il vesquit autrement qu'en vray homme de bien.
POST. Et cestuy-ci, comment ? L'HIST. Jamais il n'eut soucy
D'aimer lascivement tant qu'il vesquit icy,
Et ne pollut jamais d'amour desordonnée
De son pudicque lict le sacré Hymenée[69].
POST. Estoit-il autre qu'homme ? et ne sçait-on pas bien
Comme cas asseuré qu'il ne se trouve rien,
Plus propre à esmouvoir que l'attrayante grace
De femme belle ? L'HIST. Ouy : mais ce vice n'ha place
Parmy les gens de bien, et n'en fut oncq attainte
La saincte ame de ceux qui ont de Dieu la crainte :
Car ceste affection plus tost n'est alumée
Que de Dieu la parole en un bon cœur semée
Amortit ceste flame, et repousse à son aise,

67 *Cf.* Marco Girolamo Vida, *De arte poetica. Art poétique*, I, 298-305, éd. et trad. J. Pappe, Genève, Droz, 2013, p. 81, qui adapte Homère, *Iliade*, XI, 558 *sqq.*, et Virgile, *Énéide*, IX, 791-796.

68 Amoureux de la reine d'Égypte, Marc Antoine fut vaincu par Octave à la bataille d'Actium (31 av. J.-C.).

69 Le prince de Porcien avait épousé Catherine de Clèves ou de Nevers (1548-1633), le 4 octobre 1560. Après la mort du prince, celle-ci prit en secondes noces Henri de Lorraine, duc de Guise (1570).

Comme l'eau la chaleur d'une vifve fournaise.
POST. Voyla l'amour donté : mais par quelle puissance
Peult-il vaincre en son temps du mal-heur l'arrogance ?
L'HIST. D'une illustre vertu, que Force l'on appelle,
Ce grand homme a rendu sa memoire immortelle,
Mettant dessous le pied des mal-heurs le soucy,
Le fouloit, le pressoit et maistrisoit ainsi
Qu'un brave lionceau fait le chien qui s'efforce,
Mais en vain, de forcer sa redoutable force[70] :
Et resistoit ainsi aux malheurs survenants
Qu'un rocher combatu et des flots et des vants
Dans l'Ocean salé[71], ou bien comme la teste
De l'Apennin pierreux batu de la tempeste[72].
POST. Cas estrange ! mais quoy ? peut-il bien vaincre encore
La mort, qui des humains les ans ronge et devore ?
L'HIST. Aussi facilement que tu ferois un verre,
Ou le foible labeur d'un fresle pot de terre.
POST. Comment ? L'HIST. Sçais-tu pas bien que la mort est la vie
A ceux qui ont de Dieu la saincte loy suyvie ?
Celuy là meurt de mort, dont les friands delices
L'ont tiré en vivant au chemin de tous vices :
Mais tous les vertueux par mort vivent és cieux,
Et pres du Dieu vivant triomphent glorieux,
Comme ce Prince icy : lequel de la vertu
A frayé en vivant le sentier peu batu,
Et maintenant reluit par ses vertus tres grandes
Plus clairement çà bas que les celestes lampes ;
Car la mort pensant bien encoffrer sa memoire,
Vertu l'a deterré, et faict vivre sa gloire.
POST. O l'homme grand ! O Dieu ! quel Prince estoit-ce là !
L'HIST. Encor promettoit-il beaucoup plus que cela
A qui le cognoissoit : car en tout exercice

70 Cette image du taureau harcelé par le chien vient de L'Arioste, *Roland furieux*, XVIII, 19.
71 Image du roc de Vertu, emblème de la constance (*cf.* G. de Tervarent, *Attributs et symboles dans l'art profane*, *op. cit.*, p. 377).
72 Sur l'Apennin, voir le Tiers Livre de *L'Erynne françoise*, v. 276, p. 77.

Dont un Roy peult tirer d'un tel que luy service,
Il estoit si bien nay, qu'il ne se trouvoit point
Homme qui mieux que luy sceust arriver au poinct
D'exercer sa valeur, et la faire paroistre
Parmy les gens de bien qui la pouvoyent cognoistre.
O ROY, ROY DES FRANÇOIS[73], dont la force et grandeur,
Te promet quelque fois du monde la rondeur,
ROY dont la grand' vertu donne bien à entendre
D'estre un jour un Cesar, ou un autre Alexandre,
Que tu perds aujourd'huy ! je le sçay bien moy-mesme,
Qui l'ay veu t'implorer en son mal plus extresme :
De ton nom reveré les honneurs souloit dire,
Et mesmes en mourant souspiroit, SIRE, SIRE.
Or à la fin le Ciel jaloux de nostre bien,
Ne laissa guere à nous ce qu'il pretendoit sien,
Et quelque temps avant que le vouloir reprendre,
Comme de son chery le donnoit à entendre
Par signes evidents, par faicts prodigieux,
Qu'avons touchez au doigt et perceus de nos yeux.
Mais, las ! genre mortel de trop foible puissance,
Dont l'aide et le secours manque à la cognoissance !
POST. Et si l'on eust cogneu ceste fiere menace,
N'y avoit-il remede à si grande disgrace ?
L'HIST. Pourroit estre qu'ouy, mais l'homme n'est pas sage
Qu'apres l'effect passé du sinistre presage :
Ny qui sera celuy qui pourroit destourner
Le mal que sus son chef le Ciel veult retourner ?
Jà ce bon Prince avoit la mort entre les dents
Qui tost devoit trencher le filet de ses ans,
Et remaschoit desja la mortelle amertume,
Alors qu'un feu fatal sinistrement s'alume
Dans les munitions d'une des places siennes
Forte, s'il en est point, tout joignant les Ardennes,
Que Montcornet l'on nomme[74] : et lors ce feu espars
Les fondements profonds esbranle en toutes pars,

73 Charles IX.
74 Antoine de Croÿ était baron de La Faulche et Montcornet.

D'un confus tintamarre en bas la place mine,
Le fort bondit en hault, et s'en va en ruine.
Peu paravant encor le jour estant fort clair,
Tout aussi tost brouillé, d'un ondoyant esclair,
Discourant parmy l'air ireusement menace
De chasteau Portian la remarquable place,
Le Ciel tonne d'en hault, et d'un esclatant foudre
Frape l'un des costez et le reduict en pouldre.
Bien peu de temps apres ce Prince joignant Seine,
Discourant costoye d'un brave Capitaine,
Son cheval bronche et tombe à plat contre la terre :
Le Prince n'y prend garde, et poursuyvant son erre
Apres avoir volte au lieu mesme se rend,
Où luy advient encor tout le mesme accident,
Le cheval se ressourd, et comme tout farouche
Par viste de la main et le frein en la bouche,
Comme tout furieux gallope par la pleine,
Ne pouvant estre alors retenu qu'à grand peine.
Quelques jours escoulez (ô estrange merveille)
La nuict tout en songeant en sursaut se resveille,
Et comme furieux monstre une contenance
D'un homme de grand cueur qui se met en defense :
Mais le songe escoulé, et revenu à soy,
Enquesté au motif de ce soudain effroy,
Dict qu'il songeoit avoir ja desja sur sa teste
La main d'un sien haineux, toute felonne et preste
Avec un fer cruel luy ouvrir le costé,
Et luy avoir le cœur cruellement osté.
Et vous fideles chiens, les troupes compaignables
De vostre maistre bon, à luy tant aggreables,
Je ne sçay quel esprit vous a bien faict cognoistre
L'heure que vous perdriez vostre seigneur et maistre,
Quand le long de la nuict par vos tristes abois
Sans qu'on peust moderer vostre funebre voix,
Par hurlements affreux tesmoignastes assez
Qu'il s'en alloit bien tost au reng des trespassez.
Vivez heureusement, or vivez meutes cheres,

Sans que le pied d'un Cerf, ou ses rames meurtrieres
Vous offense à jamais, et tousjours puissez-vous
Quelque part que soyez avoir traictement doux !
POST. Tu m'as dict saincte Nymphe, et m'as deduict encore
Le nom et la vertu que ce bon Prince honore :
Mais s'il te vient à gré, et que ce soit raison,
Instruy-moy de sa race et sa noble maison.
L'HIST. Sa race est de CROŸ, famille tres illustre,
Des Epirotes Grecs[75] portant l'antique lustre,
Ayant d'antiquité sa vertu merité
De commander seigneurs d'une noble cité :
CROŸ nommé en Grece, et de ceste grand' ville
Rapporte le surnom ceste brave famille,
Qui se peult bien vanter parmy celles du monde
D'avoir autant esté heureusement feconde
A porter Empereurs, Ducs, Barons, et Seigneurs
Propres à commander, pleins de gloire et d'honneurs,
Qu'autre qui ait esté dés le temps qu'on remarque
La vaillance du grand Alexandre Monarque :
La France le sçait bien, l'Alemaigne s'en loue,
Et tout autre pays qui le cognoist l'advoue.
Mesmes par cestuy-ci, en qui l'on voit reluire
La gloire d'avoir peu trois monstres fiers de destruire,
L'AMOUR, par grand effort de sa pudicité,
FORTUNE (s'il en est) par forte fermeté,
Et la MORT par la foy, qui le fait vivre és Cieux
Au lieu qu'il esperoit pres du Dieu glorieux.

TANDEM AD ASTRA FERAR.

75 Habitants de l'Épire.

9. Dans U. Ph. de Villiers, *Aer funebre sur la mort lamentable de tres-vertueux [...] Prince Loys de Bourbon, Prince de Condé, dédié à Madame la Princesse de Condé*, s.l.s.n., 1569[76] :

Subject de la France.

Loys, Loys, Loys, si du Ciel on oit goute,
Où tu vis bien-heureux, cher nourriçon, escoute
Mes pleurs, et prens pitié de mon affliction :
Et vous Zephires doux, les messagers fidelles,
Des accés douloureux portez dessus vos ailes
Mes cris, et racontez au Ciel ma passion.

Subject du Ciel.

Celuy souspire en vain sa domageab[l]e perte,
Et pour rien de ses mains l'heur escoulé regrette
Quand aux talons il void la chauve occasion[77].
La pierre en l'air jettée en main plus ne retourne,
Le bonheur eschappé tousjours ailleurs sejourne
Et s'empire apres luy toute condition.

76 Poème célébrant la mort de Louis Ier de Bourbon, prince de Condé (1530-1569), et chef des troupes protestantes, tombé le 13 mars 1569 à la bataille de Jarnac, lors de la troisième guerre de religion. Capturé, il fut exécuté par le seigneur de Montesquiou d'une balle dans la tête (voir *supra L'Erynne françoise*, Tiers Livre, v. 403-406, et la note). – Comme le fait remarquer Villiers dans l'avis « Au lecteur », cette plaquette de vers contient un poème de deux sujets, accompagné d'une partition composée par le poète : « le premier desquels (qui est de la France) se doit lamentablement chanter seul sans harmonie d'accords par une voix puerile, et le second (qui est du Ciel) à voix muées et gravement » (f. Air^{o}). On trouvera sur le site Gallica la version numérisée de cette plaquette musicale qu'Isabelle His reproduit à la fin de son étude, « Autour de l'*Aer funebre sur la mort lamentable de tres-vertueux, tres-illustre & tres-invincible Prince Loys de Bourbon, Prince de Condé* d'Ubert Philippe de Villiers », in *Louis Ier de Condé, Prince du sang et huguenot (1530-1569)*, Actes du colloque de Chantilly (2019), dir. Hugues Daussy, à paraître.

77 Emblème de l'Occasion, inspirée d'une épigramme de Posidippe (*Anthologie* de Planude, n° 275), représentant à la Renaissance une femme qui symbolise le temps, ou l'occasion qu'il faut saisir aux cheveux lorsqu'elle se présente. Voir L. Galactéros de Boissier, « Images emblématiques de la Fortune », in *L'Emblème à la Renaissance*, éd. Y. Giraud, Paris, CDU-SEDES, 1982, p. 77-90.

(BIS) Celuy souspire en vain sa domageab[l]e perte,
Et pour rien de ses mains l'heur escoulé regrette
Quand aux talons il void la chauve occasion.
La pierre en l'air jettée en main plus ne retourne,
Le bonheur eschappé tousjours ailleurs sejourne
Et s'empire apres luy toute condition.

(TER) Celuy souspire en vain sa domageab[l]e perte,
Et pour rien de ses mains l'heur escoulé regrette
Quand aux talons il void la chauve occasion.
La pierre en l'air jettée en main plus ne retourne,
Le bonheur eschappé tousjours ailleurs sejourne
Et s'empire apres luy toute condition.

DIALOGUE[78].

Entreparleurs : *La France et le Ciel.*

La France.

Loys, Loys, Loys, si du Ciel on oit goute
Où tu vis bien-heureux, cher nourriçon, escoute
Mes pleurs et prens pitié de mon affliction.
Et vous Zephires doux, les messagers fideles
Des accés douloureux, portez dessus vos ailles
Mes cris, et racontez au Ciel ma passion.

Le Ciel.

Celuy souspire en vain sa dommageable perte,
Et pour rien de ses mains l'heur escoulé regrette
Quand aux talons il void la chauve occasion.
La pierre en l'air jettée en main plus ne retourne :
Le bonheur eschappé tousjours ailleurs sejourne :
Et s'empire apres luy toute condition.

---

78 Même genre poétique que le dialogue entre la Postérité et l'Histoire, *supra* p. 188-194.

La France.

Fendez, mes cris, fendez les plaines ætherées,
Donnez jusqu'au sommet des celestes contrées
Qui ont pour aornement le bien que j'ay perdu.
Loys, mon cher Loys : hè qu'en vain je lamente,
Hè que pour rien aussi mon ame se tormente :
Las ce que mort ravit ne nous est plus rendu.

Le Ciel.

Quel Loys pleures-tu ? France jadis royale
(Et maintenant en tout parjure et desloyale)
Mais lequel des Loys ? n'est-ce pas celuy-là ?
Ce redoubté guerrier, ce grand foudre de guerre,
Dont l'esprit luit icy, le corps repose en terre
Que ta tristresse main meschamment bourrela ?

La France.

Je pleure ce Loys et l'honneur et la gloire
Des Bourbons portelis, dont l'heureuse memoire
Dessus le front du temps son renom gravera
Pour remplir l'univers du bruit de sa vaillance :
Et chanteront par tous les peuples de la France
Son nom, tant que François en France on parlera.

Le Ciel.

Va, va, ingrate, va : trop tard remede aporte
Qui veut le mal chasser quand la personne est morte :
Les celestes n'ont plus de tels honneurs soucy.
Mais dequoy serviroyent ces vains honneurs en terre
A celuy dont le Ciel l'esprit heureux enserre,
Duquel tu n'eus jamais ny pitié ny mercy ?

La France.

Ah, j'ateste d'enhaut tous ces grans luminaires[79],
Et des fideles bons les ames les plus claires,
Et tous les elemens conjurent dessus moy,

---

79 Les astres.

Si jamais prochassay rien au desavantage
De luy, ou contre luy eus onq felon courage,
Ou si jamais encor luy manquay de ma foy.

Le Ciel.

La gravité du mal gist en un mesme affaire.
Celuy peche de faict qui peché soufre faire.
Ne pleure doncques plus, ou si pleurer tu veux,
Pleure du Dieu vengeur la sentence terrible,
Preste à executer d'une façon horrible,
Sus ton dos martelé de foudre de ses feux.

La France.

Dieu, destourne de moy ta fureur punissante
Comme de ces forfaicts je me sen innocente.
Pupille on me detient, et le mal ne doit point
Retourner sus mon chef, mais sus le cœur avare,
Sus l'œil ambitieux de l'estranger barbare,
Qui s'emparant de moy me destruit de tout point.

Le Ciel.

Favorable à tes vœux je te l'avoy fait naistre
Parfaict et accomply ce qu'homme pouvoit estre :
Qui pouvoit la vertu en vertu ressembler,
Qui des malins estoit la terreur redoutable,
Qui se monstroit aux bons humainement traictable
Et tes haineux voisins faisoit soubs toy trembler.

La France.

O combien dure m'est cette triste adventure :
Celuy qui m'honnoroit or dessus moy conjure,
Et, comme un loup felon ne sentant le berger,
Ouvre mon estomach, deschire mes entrailles,
Puis, comme un fer pincé de mordantes tenailles,
Je me sen exposée à tout mortel danger.

Le Ciel.

France revien à toy, romps ce deuil lamentable.
Invoque du grand Dieu le secours favorable :
Es dangers les plus grands ses vertus il depart.
Quand l'importun malheur plus l'affligé surmonte,
Ce bon Dieu monstre alors sa bonté la plus prompte,
Et jamais de sa main la grace ne vint tard.

La France.

Comme ay tousjours senty ta secourante grace
En mes plus durs ennuis, humble devant ta face
Je me prosterne, ô Dieu, pour avoir trefve ou paix
Au danger menaçant qui ma teste environne,
Qui me lasse d'ennuy, qui de frayeur m'estonne,
Qui mes sens esgarez trouble plus que jamais.

Le Ciel.

Ainsi de ce grand Dieu la majesté veut estre
Reconneue en tous lieux, et desja te fait croistre
Là Bas deux clairs flambeaux[80] dont la forte vertu,
Du vice triomphant, repurgera le monde
Des malins esquadrons, la race trop feconde
De l'erreur par Loys à demy combatu.

La France.

C'est à vous chers enfans (Henris royalle race)
Ausquels le Ciel promet une si grande grace.
Croissez Princes heureux, vivez jusques és ans,
Que vostre doux païs, que vostre chere France
Puisse cueillir les fruicts que promet l'esperance
Des vermeillettes fleurs de vostre beau printans.

80 Ce sont les chefs de guerre Henri Ier de Bourbon (1552-1588), fils de Louis de Condé, et Henri de Bourbon (1553-1610), roi de Navarre (futur roi sous le nom d'Henri IV), comme l'indiquent les v. 85 et 93, et 99-100.

Le Ciel.

Comme Auguste mit fin à l'impossible affaire
Que du vaillant Cesar le bras fort ne sceut faire[81],
Ainsi l'adolescent illustre Navarrois
Clorra les hauts desseins que la brave vaillance
De Loys advança, et sa fidelle lance
Des terres dontera les infideles Rois.

La France.

Puisse donter encor soubs la faveur propice
Du Dieu qui sied en toy l'infernale malice,
Cet Henry de Condé, compaignon des travaux
Du Prince Navarrois, ainsi qu'un fils d'Alcmene[82]
L'Amphitrien, joignant sa vertueuse peine,
Robuste triompha de tous les infernaux.

Le Ciel.

Comme un Pirrhe bragard en son adolescence
Du fatal Ilion terraça l'arrogance,
Vengeant son pere Achil meurtri en ce labeur[83],
Tel Henry de Condé de sa main vengeresse
Frapera des malins la puissance traistresse,
Revengeant sur leur chef le paternel malheur.

La France.

Face Dieu, ce grand Dieu par la grand' bonté sienne,
Qu'à ce promis bon-heur l'heureux effect survienne,
Tandis d'un diamant en cristal gravera
Ma curieuse main la tres pure innocence,
Et la claire vertu de l'Achille de France,
Ce grand Loys duquel ces vers on y lira.

81 Auguste (63-14 av. J.-C.) fut le premier empereur romain.

82 Iphiclès, fils d'Amphitryon et d'Alcmène, demi-frère d'Hercule, qui accompagna celui-ci durant ses exploits.

83 Néoptolème, surnommé Pyrrhus, dont Homère, par la voix d'Ulysse, rapporte les exploits pendant le siège de Troie (*Odyssée*, XI, 506-537).

EPITAPHE.

Cy gist ce grand Loys, puissant foudre de guerre,
Dont l'esprit luit au Ciel, le corps repose en terre :
Qui parmy les combats jamais ne recula :
Lequel servant à[84] Dieu de toute sa puissance,
Et pour exterminer les sansues de France,
Une traistresse main meschamment bourrella.

Tandem ad astra ferar.

10. Dans le *Discours de la vie de Pierre de Ronsard [...] Ensemble son Tombeau*, Paris, Gabriel Buon, 1586 (p. 126-127) :

Arreste un peu passant. Comment ? t'estonnes-tu
Pour ne veoir ce cercueil de marbre revestu ?
Semes y seulement et le liz et la rose,
Le tombeau de Ronsard n'a besoing d'autre chose.

84 Usage intransitif du verbe *servir*, conforme à l'usage en moyen français.

VARIANTES
DE *L'ERYNNE FRANÇOISE*

ABRÉVIATIONS

Ms Rawl.	Bodleian Library, Oxford University, Ms. Rawlinson Poet. 244 (43 ff.)
Ms Vad. ou Vad.	Vadiana KB, St. Gallen, Collection Rara Vadian, VadSig Ms. 457 (*Cinq livres de l'Erynne françoise*, 33 ff.)

PREMIER LIVRE DE *L'ERYNNE FRANÇOISE*

a *Dans le Ms Vad., on trouve cette dédicace de Villiers « Au Roy » [= Henri III] :* « Si les humains vouloyent donner lieu aux raisons que la deffiance presente en toute vertueuse operation, il ne s'executeroit rien de bon ny de grand ; et n'oseroit-on rien entreprendre de ce qui rend les hommes illustres et signalez. Car de toute entreprise le cours est fort penible et la fin merveilleusement incertaine, et qui vouldroit l'esplucher de tout poinct, s'imprimeroit une crainte qui luy feroit trouver au commencement assez dequoy se degouster pour n'aspirer jamais à chose haulte. Mais le genereux qui se promet tousjours heureuse yssue en ses desseins, entreprend hardyment tout ce de grand qui se peult presenter : remettant le reste entre les mains de celluy qui facilite tout impossible, estimant (en fin) s'estre bien acquicté quand il a osé se hasarder à chose haulte et labourieuse ; que si l'effect ne se rapporte à son intention, si se rend-il, neantmoins louable pour avoir hardyment entrepris : estant ainsi que *Tout ne peult bien reuscir à touts.* Poussé de telles considerations, j'ay osé entreprendre et composer, et poser tres humblement aux pieds de V[ostre] M[ajesté], ce petit poëme dont l'argument est hault, s'il eust rencontré plume de mesme, qui le fera trouver offrande trop moins que digne d'estre presentée sus l'autel de vostre gloire immortelle. Toutefoys, j'ose bien esperer recepvoir tant d'heur et d'honneur de vostre majesté, qu'elle (à l'imitation de ce tres grand dieu qui considere plus le poix de l'affection que la qualité de l'offrande) l'acceptera d'un œil favorable, comme fidelle tesmoing des incomparables et celestes qualitez qui la rendent heureusement admirable. »

b Ms Rawl. : que
c Ms Rawl. et Vad. : Forcenée du tout
d Ms Rawl. et Vad. : qui hault preside es
e Ms Rawl. et Vad. : et void ce petit monde
f Ms Rawl. et Vad. : Centre de l'univers comme une boulle ronde
g Ms Rawl. et Vad. : Quand
h Ms Rawl. et Vad. : Lors que ses rais à plomb
i *Ms Rawl. et Vad., donnent ici les v. 19-26 réduits à quatre vers :* Le chenu porte-ciel Atlas s'offre à sa veue / Plus ça Fez et Maroch la Guinée proveue / De sucrées liqueurs et tout le hault rivage / Où l'Ocean fremit d'un furieux ravage
j Ms Rawl. et Vad. : mutinez
k *Ms Rawl. et Vad., v. 27-28 :* Puis deça jette l'œil jusques à la riche unde / Que Phebbe se levant void la premiere au monde
l Ms Rawl. et Vad. : à
m *Ms Rawl. et Vad., v. 31-32 :* L'une et l'aultre portant une gent noire et brune / Et la derniere un mont, retraicte de la lune
n Ms Rawl. et Vad. : Duquel l'humide sein renverse
o Ms Rawl. et Vad. : il arrose et
p *Ms Rawl. et Vad. : les v. 35-36 sont absents.*
q Ms Rawl. et Vad. : Du Roy trop obstiné et qui
r Ms Rawl. et Vad. : et par delà
s Ms Rawl. et Vad. : se descouvrent les
t Ms Rawl. et Vad. : Sterilles, et aupres
u Ms Rawl. et Vad. : Se monstre un doux païs lequel heureux
v Ms Rawl. et Vad. : pour
w *Ms Rawl. : parenthèses absentes*
x Ms Rawl. et Vad. : Par delà se
y *Ms Rawl. : parenthèses absentes*
z *Ms Rawl. et Vad., les v. 51-56 sont réduits à quatre vers :* … jadis l'effroy de nues / Dont les vestiges sont or à peinne congnues. / Icy l'Euphrate et là le fier tigre se void / Pres les plains Cadeans où l'Euphrate le boit
aa Ms Rawl. et Vad. : belliqueux
ab Ms Rawl. : rafrener (*Vad. :* refrener)
ac *Ms Rawl. et Vad., v. 59-60 :* … dont les gloutonnes serres / Ne se contentoient pas de la pluspart des terres
ad Ms Rawl. et Vad. : void
ae Ms Vad. : proye
af Ms Rawl. et Vad. : Il void l'Inde au chef d'or
ag Ms Rawl. et Vad. : Qui un monde de terre
ah Ms Rawl. et Vad. : Pour l'or où chasqu'un court
ai *Ms Rawl. et Vad. : les v. 71-72 sont absents.*
aj Ms Rawl. et Vad. : Duquel superbement les
ak Ms Rawl. et Vad. : (ô pere Denys), en solempnelle pompe
al Ms Rawl. et Vad. : raportas le triumphe
am Ms Rawl. et Vad. : S'efforce à resister contre ta forte
an *Ms Rawl. et Vad., v. 81-83 :* … dont l'aislée victoire / Contre ses [*Vad. :* ces] fiers Indois t'eust bien sceu faire acroire / Que d'un dieu immortel tenois ça bas le rang
ao *Ms Rawl. et Vad., v. 87-89 :* … cette empennée course / Drece soudainement droict au quartier de l'ourse / Où ja s'offre à son œil

ap *Ms Rawl. et Vad., v. 95-96 :* Dont les capables bras semblent si loing s'estendre / Qu'on les diroit vouloir tout ce globe comprendre.
aq Ms Rawl. et Vad. : L'œil divin parcourant
ar Ms Rawl. et Vad. : et les lieux de la froide Scithie
as *Ms Rawl. : parenthèses absentes* | Ms Rawl. et Vad. : et la fiere partie
at Ms Rawl. et Vad. : Revend
au *Ms Rawl., les v. 103-106 sont réduits à deux vers :* Duquel Crasse à ton dam entrepris la conqueste / Quand pour gage [*Vad. :* gaige] y laissas l'honneur et la teste.
av *Ms Rawl. : parenthèses absentes*
aw *Ms Rawl. et Vad., v. 115-116 :* … qui par ses longues erres / D'un à aultre soleil fend le millieu des terres
ax Ms Rawl. : flotz
ay Ms Rawl. et Vad. : baigne
az *Ms Rawl. et Vad., v. 119-120 :* … qui fais estendre / Ton renom soubz le nom du monarque Alexandre
ba Ms Rawl. et Vad. : Crete au Taur monstrueux du fameux
bb *Ms Rawl. et Vad. : les v. 123-128 sont absents.*
bc Ms Rawl. et Vad. : Rhodes antique lieu
bd Ms Vad. : (la gloire Paphienne)
be Ms Rawl. et Vad. : Qui dompte d'Ottoman les corsaires
bf Ms Rawl. et Vad. : malcaut
bg *Ms Rawl. et Vad., v. 139-140 :* Mais redrece, Seigneur, ce cours gauche, et ralente / Le vol de mon esprit par cette oblique sente
bh Ms Rawl. et Vad. : Cieulx
bi Ms Rawl. et Vad. : le pourpris de ce rond spacieux
bj *Ms Rawl. et Vad., v. 143-144 :* … qui de son œil clair sonde / De tout cet univers l'abisme plus profonde
bk Ms Rawl. et Vad. : Aux
bl Ms Rawl. et Vad. : amples
bm *Ms Rawl. : sans parenthèses*
bn *Ms Rawl. et Vad. : les v. 151-152 sont absents.*
bo Ms Rawl. : nom
bp *Ms Rawl. et Vad. : les v. 155-158 sont réduits à deux vers :* Il laisse apart l'Asie et les rives humides / De l'Empire ravy des Paludes meotides
bq Ms Rawl. et Vad. : le froid Aquilon
br *Ms Rawl. et Vad., v. 163-166 :* … tousjours plus hault aspire / Aorne superbement d'un et d'un aultre empire / Du Mameluc, du Grec, et de la Trabesonde [*Vad. :* Trapezonde] / Attendant d'asservir tout le reste du monde.
bs Ms Vad. : (Ilion la haultaine)
bt Ms Rawl. et Vad. : que plaine vaste et grande
bu Ms Rawl. et Vad. : à la terre commende
bv Ms Rawl. et Vad. : le sort des humains
bw *Ms Rawl. et Vad., v. 175-176 :* … et les bords Illiricques / Or esclavons [*Vad. :* entre parenthèses] il laisse aux flotz Adriaticques
bx Ms Rawl. et Vad. : dessoubz le fier
by *Ms Rawl. et Vad., les v. 179-184 sont réduits à deux vers :* Pres l'ocean gelé que puissamment habite / Malgré l'air rigoureux le fourré Moscovite.
bz *Ms Rawl. et Vad., v. 187-188 :* … et à grands pas chemine / Devers Vienne et Belgrad es bords de l'unde Euxine

ca Ms Rawl. et Vad. : à la course effrenée
cb Ms Rawl. et Vad. : la Mediterranée
cc Ms Rawl. et Vad. : Pour courir, s'esgayer
cd Ms Rawl. et Vad. : es rivages de
ce *Ms Rawl. et Vad. : les v. 195-200 sont absents.*
cf Ms Rawl. et Vad. : Et là
cg Ms Rawl. : giardin
ch *Ms Rawl. et Vad. : les v. 203-205 sont réduits à ce vers :* Joignant le blond terrouer [*Vad. :* terroir] de la Sicile et baigne
ci *Ms Rawl. et Vad., v. 207-208 :* … se represente encore / L'une et l'aultre Ciclade à la teste du More
cj Ms Rawl. : Puis
ck Ms Rawl. et Vad. : haslées
cl Ms Rawl. et Vad. : Mugle le bris du flot de trois undes sallées
cm Ms Rawl. et Vad. : Le journalier Phœbus
cn Ms Rawl. et Vad. : mets fin à ta reveue
co Ms Rawl. et Vad. : Laisse la France à part, indigne de ta veue
cp *Ms Rawl. et Vad. : les v. 219-220 sont absents.*
cq Ms Rawl. : songneux
cr *Ms Rawl. et Vad. : les v. 227-244 se réduisent à quatre vers :* Là les costaux vineux, icy les blondes plaines / Deça les fleuves beaux, de là sont les fontainnes, / Là les [*Vad. :* Pres des] haultes foretz, cy les [*Vad. :* et des] prairies basses / Et ce riche pourpris plein de campaignes grasses.
cs *Ms Rawl. et Vad. : les v. 245-248 sont réduits à deux vers :* Heureusement aorné de tant de belles villes / De bourgs et de chasteaux et de terres fertilles
ct Ms Rawl. et Vad. : Retient les [*Vad. :* ses] premiers
cu *Ms Rawl. et Vad., v. 255-256 :* La plus grand part de luy par feinte hypocrisie / S'en va pipeusement fardant sa fantaisie
cv *Ms Rawl. et Vad. : les v. 259-260 sont absents.*
cw Ms Rawl. et Vad. : Icy
cx Ms Rawl. et Vad. : Et là
cy *Ms Rawl. et Vad., v. 263-268 :* … pres de [*Vad. :* avec] l'yvrongne table / Frequentez meschamment du blaspheme execrable / Tachez d'inventions estrangeres et sales [*Vad. :* foraines et lubricques] / Sont les deux premiers poinctz de noz façons demnables [*Vad. :* Corrompent de nos mœurs les modelles antiques] / Quand le garçon lascif et la fille affettée [*Vad. :* affectée] / D'un œil trop effronté, d'une face eshontée
cz Ms Rawl. et Vad. : impudemment
da Ms Rawl. et Vad. : la couche incestueuse
db Ms Rawl. et Vad. : l'erreur voluptueuse
dc Ms Rawl. et Vad. : Fraternelle
dd Ms Rawl. et Vad. : La marastre le filz
de *Ms Rawl. et Vad., v. 275-276 :* … et tost la rend parfaicte / Au lubricque mestier où elle s'est forfaicte
df Ms Rawl. et Vad. : qui ne fut oncq
dg *Ms Rawl. : sans parenthèses*
dh Ms Rawl. : songneux
di *Ms Rawl. et Vad. : les v. 287-288 sont absents.*
dj Ms Rawl. et Vad. : Quand son courage fier
dk Ms Rawl. et Vad. : Pour son haineux

dl Ms Rawl. et Vad. : Icy l'ambitieux
dm Ms Rawl. et Vad. : autres
dn *Ms Rawl. et Vad. : les v. 297-302 se réduisent à quatre vers :* Là le larron subtil espie les moyens / Pour enlever de nuict la substance et les biens / De son voisin credule, et jamais il ne cesse / Que du coffre d'aultruy il n'ayt remply sa quesse.
do *Ms Rawl., v. 303-304 :* Le juge corrompu le griffon de praticque / Assez subtillement demaine [*Vad. :* demenent] ce traficque.
dp Ms Rawl. et Vad. : desrober
dq *Ms Rawl. et Vad., v. 307-308 : …* et gaignant l'advantage / Le pipe de mensonge et de faulx tesmoignage.
dr Ms Rawl. et Vad. : trompeur
ds *Ms Rawl. et Vad. : les v. 311-312 sont absents.*
dt Ms Rawl. et Vad. : de l'innocent
du *Ms Rawl. et Vad. : les v. 315-316 sont absents.*
dv Ms Rawl. et Vad. : De tout mortel malheur la tettasse
dw *Ms Rawl. et Vad. ajoutent deux vers après le v. 318 :* Ta ravissante main rend tout insatiable / Nostre condition d'aultant plus miserable.
dx Ms Rawl. et Vad. : Quand soubz ton joug servil
dy *Ms Rawl. et Vad., v. 327-328 :* Ô indignes forfaictz, ô damnables malices ! / La France n'est plus rien qu'une sentine à vices
dz *Ms Rawl. et Vad. : les v. 331-334 se réduisent à deux vers :* Tout est venal par tout, mesmes la conscience / Bonne ou non [*Vad. :* entre parentèses] ne se prend qu'au poix de la chevance.
ea Ms Rawl. et Vad. : L'argent commende à tout
eb Ms Rawl. et Vad. : en la terre
ec Ms Rawl. et Vad. : Pour voir ce qu'en ses flancs cette grand mere enserre
ed Ms Rawl. : propres
ee Ms Rawl. et Vad. : cause de tout mal
ef *Ms Rawl. et Vad. : les v. 343-345 sont réduits à :* La peste des humains : hé, trop heureux les hommes
eg Ms Rawl. et Vad. : thesaurieres
eh Ms Rawl. et Vad. : D'assembler

SECOND LIVRE DE *L'ERYNNE FRANÇOISE*

a *Le Ms Rawl., tout comme la copie du Ms Rasse des Neux (BnF), donnent un « argument » en tête du Second Livre :* Ce livre second donne à congnoistre l'ire de Dieu provocquée par les debordementz et vicieuses actions et impietez de la France qui luy faict lascher la bride aux fleaux et executementz de sa vengence. La Mort, la Peste, la Guerre, la Famine, et aultres sortes de persecutions pour ravager par la France. Sus laquelle exerceans leur rage, renversant tout, et d'un miserable desordre, furieusement se bande contre soy mesme : preste à sentir une entiere ruine sans l'aide survenu de la misericordieuse main de Dieu.
b Ms Rawl. : diffus comme boule ronde [*Vad. :* diffus, et qui juge le monde]
c *Ms Rawl. et Vad. : les v. 3-6 se réduisent à deux vers :* Des François desbordez void la vie mechante / Frayant de mille erreurs la vicieuse sente

d Ms Rawl. et Vad. : en
e *Ms Rawl. et Vad. : les v. 11-12 sont absents.*
f Ms Rawl. et Vad. : souffriray-je
g Ms Rawl. et Vad. : impieté
h Ms Rawl. et Vad. : du Ciel ce seul grand
i Ms Rawl. et Vad. : Et de France courra si horrible
j *Ms Rawl. et Vad., v. 23-24 :* [*Vad. :* Ne suys-je moy qui suis ?] fault-il que l'insolence / De ce rogue pays, de cette ingrate France
k Ms Rawl. et Vad. : Ravage impugniment dissolue là bas
l *Ms Rawl. et Vad. : permutation des v. 25-26 et 27-28*
m *Ms Rawl. et Vad. : les v. 29-32 sont développés par :* Perverse nation : n'ont senty aultrefoys / Les pervers comme toy mes pugnissantes loix ? / Puis-je pas commender que cette terre souffre, / Qu'ouverte je t'abisme en son plus profont gouffre ? / Ne puis-je pas d'ycy fouldroyer sus ta teste / D'une horrible façon les fœus de ma tempeste / Et pour te consummer [*Vad. :* consommer] en tristes funerailles, / Puis-je pas enflammer de peste tes entrailles ? / Ne puis-je en un moment t'exposer au pillage / Et t'asservir au joug de l'estrangere rage ? / Ne puis-je faire encor [*Vad. :* aussi] que la fiere famine / Ton glouton estommach sans cesse ronge et mine ? / Ne puis-je encore plus ? ha je te : lors son ire / Luy couppe la parole et ne luy permect dire
n Ms Rawl. et Vad. : Le reste : ains
o *Ms Rawl. et Vad. : les v. 35-36 sont absents.*
p *Ms Rawl. et Vad. : les v. 39-41 sont concentrés en un vers :* D'un silence muet attendoient quelle traitte
q *Ms Rawl. et Vad., v. 43-45 :* … incontinent appelle / De son divin vouloir l'un des heraults fidelle, / Tout ce que faire il doibt, il luy donne à entendre
r *Ms Rawl. et Vad., v. 47-49 :* Le divin messager batant l'une et l'aultre aisle / Quicte les haults manoirs et d'une course isnelle / Fend le vague de l'air et vironnant il rase
s Ms Rawl. et Vad. : regardant la Scythie
t Ms Rawl. et Vad. : et plus fiere partye
u *Ms Rawl. et Vad., v. 55-56 :* … et qui est coustumiere / Accabler tout dessoubs sa puissance meurtriere
v Ms Rawl. et Vad. : d'une faux
w *Ms Rawl. et Vad., v. 59-60 :* Là le hiboux nocturne et la chouette hideuse / Remplissent l'air d'autour d'une compleinte affreuse
x *Ms Rawl. et Vad., v. 65-68 :* Là n'est nulle saison qui la verdure apporte / Ains l'aetternel hyver rend toute chose morte, / Et en ce lieu ne croist herbe, pierre, ou racine / Qui puisse à nostre vie apporter medecine [*Vad. :* medicine]
y Ms Rawl. et Vad. : Le poison y foysonne
z *Ms Rawl. et Vad. : les v. 71-72 sont absents.*
aa *Ms Rawl. et Vad. : les v. 75-76 sont absents.*
ab Ms Rawl. : la fiere Vad. : fere
ac *Après ce v. 68, Vad. ajoute ces deux vers :* Tel est cet ord palaix que Phœbus mesme ignore, / Plus hydeux mille foys et plus horrible encore
ad *Ms Rawl. et Vad., v. 79-80 :* … se tire arriere et n'entre / (Herissant de frayeur) dans ce tenebreux antre
ae *Ms Rawl. et Vad. : les v. 81-84 sont absents.*
af Ms Rawl. et Vad. : Mais remplissant
ag Ms Rawl. et Vad. : … et s'achemine droict
ah *Ms Rawl. et Vad. : les v. 91-92 sont absents.*

ai Ms Rawl. Et Vad. : Sus
aj Ms Rawl. et Vad. : ou comme un bois cracquette
ak *Ms Rawl. et Vad. : les v. 96-97 sont absents.*
al *Ms Rawl. et Vad., v. 99-100 :* de l'heureuse contrée / Pour trouver icy bas cette infernale entrée
am *Ms Rawl. et Vad., v. 101-102 :* que partir de ce lieu / L'entiere volunté de ce tout puissant dieu
an Ms Rawl. et Vad. : et que plaine de rage
ao Ms Rawl. et Vad. : un horrible carnage
ap *Ms Rawl. et Vad., v. 107-108 :* … qui peuvent nuire / Et qui desire [*Vad. :* desirent] tout renverser et destruire.
aq Ms Rawl. et Vad. : peste
ar *Ms Rawl. et Vad. : les v. 111-114 sont absents.*
as Ms Rawl. : icy
at Ms Rawl. et Vad. : guerre
au Ms Vad. : et de pleurs
av *Ms Rawl. et Vad. : les v. 119-120 sont absents.*
aw *Ms Rawl. et Vad. : les v. 123-124 sont absents.*
ax Ms Rawl. et Vad. : verroux
ay Ms Rawl. et Vad. : les forces sont données
az Ms Rawl. et Vad. : à toutes choses nées
ba *Ms Rawl. et Vad. : les v. 131-132 sont absents.*
bb Ms Rawl. : treuve
bc Ms Rawl. et Vad. : Es Gaules, qui ne feit oncques servile espreuve [*Vad. :* esprouve]
bd *Ms Rawl. et Vad. ajoutent deux vers après le v. 136 :* Deslors le sceptre heureux de ses celestes Roys / Establit sa grandeur par politicques loys.
be Ms Rawl. et Vad. : Le Ciel la feit en tout
bf *Ms Rawl. et Vad. : les v. 143-150 se réduisent à quatre vers :* Or maintenant deloge avec la [*Vad. :* ta] noire bande / La force de ton bras, le seigneur le commende. / Allez, n'oubliez rien de vos tristes offices / Et en France exercez voz damnables malices.
bg *Ms Rawl. et Vad. : les v. 153-154 sont absents.*
bh *Ms Rawl. et Vad., v. 157-158 :* … vers ce tout puissant pere / Quictant les lieux infectz de cette orde chimere
bi Ms Rawl. et Vad. : Qu'il laisse la dolente
bj Ms Rawl. et Vad. : Mais
bk *Ms Rawl. et Vad., v. 165-166 :* Complotantz cent malheurs et de joye sautelle / Au mal appareillé cette trouppe cruelle
bl *Ms Rawl. et Vad., v. 169-170 :* … puis autour soy ramasse / Tous les [*Vad. :* ses] chiens attendantz et appreste sa chasse
bm Ms Rawl. et Vad. : Eux
bn Ms Rawl. et Vad. : Dedans les forts haliers
bo *Ms Rawl. et Vad., v. 177-178 :* Lors le songneux [*Vad. :* soigneux] veneur d'une et d'une aultre couple / Ses chiens courantz serrez docilement il couple
bp Ms Rawl. et Vad. : en
bq *Ms Rawl. et Vad. : les v. 182-183 sont absents.*
br Ms Rawl. et Vad. : Estourdit d'icy bas
bs Ms Rawl. et Vad. : sanglantz
bt *Ms Rawl. : les v. 189-190 sont absents.*
bu *Après le v. 190, Vad. ajoute ces deux vers :* Puis la troupe hereticque en liberté de faire / Sus les pauvres humains quelque inhumain affaire.

bv Ms Rawl. et Vad. : Hurle, tempeste et bruit

bw *Ms Rawl. et Vad. : les v. 193-194 sont absents.*

bx *Ms Rawl. et Vad., v. 197-198 :* L'Ocean [*Vad. :* Loire plate] en fremit, Seinne esperdue en semble, / Des plus fiers animaux le cœur felon en tremble

by *Ms Rawl. et Vad. : les v. 201-202 sont absents.*

bz *Ms Rawl. et Vad. ajoutent 4 vers après ce v. 204 :* Alors l'infecte mort, le colonnel horrible / Des squadrons infernaulx, diligente et habile / Ses forces faict marcher pour respendre leur rage / Sus ceulx que le Seigneur habandonne au pillage.

ca Ms Rawl. : Le Seigneur Vad. : Le hault ciel

cb *Ms Rawl. et Vad., v. 209-210 :* … qui desja s'appreste / Pour fouldroyer ton dos d'une horrible tempeste

cc *Ms Rawl. et Vad., v. 213-216 :* … et tonnerres / Tempestera sus toy l'horreur des dures guerres / Que te feront ses ventz, ses gresles et orages / Et de telles rigueurs les plus cruelles rages.

cd Ms Rawl. : nul

ce *Ms Rawl. et Vad., v. 221-222 :* Mais ce cruel destin qui leur ruine advance / Des pytonicques vers leur rompt l'intelligence

cf Ms Rawl. et Vad. : vengeresses

cg *Ms Rawl. et Vad. : les v. 225-226 sont absents.*

ch Ms Rawl. et Vad. : Mais la fiere durté de ces ames fellonnes

ci Ms Rawl. et Vad. : de leurs cellestes hommes

cj *Ms Rawl. et Vad., v. 229-230 :* Or voilà les Troyens sont trop tost confonduz / Et les oracles vrais

ck Ms Rawl. et Vad. : mal

cl Ms Rawl. et Vad. : Ah !

cm *Ms Rawl. et Vad., v. 237-238 :* … qui me donra puissance / Pour chanter haultement les malheurs de la France

cn Ms Rawl. et Vad. : ingrate

co Ms Rawl. et Vad. : de son Seigneur et

cp *Ms Rawl. et Vad., v. 241-242 :* Estoit preste à sentir une entiere ruine / Sans l'aide survenu de la bonté divine

cq Ms Rawl. et Vad. : gaigne les avenues

cr Ms Rawl. et Vad. : fiere

cs *Ms Rawl. et Vad. : les v. 251-266 sont réduits à ces dix vers :* L'aultre d'aultre costé par un moyen subtil / Embrase les cœurs d'ire avecques son fusil / Et la sedition courant parmy les places / Provocque incontinent les fureurs populaces. / Le desir d'estre grand, l'ambition haultaine / Corrompt tout pour jouir d'un opulent domaine. / L'orgueil la suit de pres qui par sa fiere audace / Veult estre respecté de la premiere place, / Et l'ire et l'avarice, et tous les aultres vices, / Cent et cent mille abus, et cent mille malices

ct Ms Rawl. et Vad. : Decochent

cu Ms Rawl. et Vad. : le sens esgaré

cv *Ms Rawl. et Vad. : les v. 269-281 se réduisent à ces neuf vers :* Voycy venir encor les conspirations / Les inventifz aguetz et les deceptions. / Voycy les trahysons infidelles suivies / De parjures sermentz, de hainnes et d'envies. / Tout est confus par tout et n'y a plus nul ordre / De pouvoir redrecer cet enragé desordre ; / Quand pour derniere main d'un si parfaict chef d'œuvre / Voycy la trouppe noire à la grande couleuvre, / Voycy ô malheur grand, arriver et sans bruict

cw Ms Rawl. et Vad. : Qui de poisons glacez infectoient les poictrines

cx *Ms Rawl. et Vad. : les v. 285-288 sont absents.*

cy Ms Rawl. : Des grands, lesquelz au soir fort

cz Ms Rawl. et Vad. : Au matin s'esveillantz

da Ms Rawl. et Vad. : Elles raudent par tout et de
db Ms Rawl. et Vad. : A grands coups de serpentz infectoient
dc *Ms Rawl. et Vad., v. 293-294 :* … en sa bouticque / Commence à se bender, se mutine et se picque
dd Ms Rawl. : jornal
de *Ms Rawl. et Vad., v. 297-299 :* … en menant [*Vad. :* suivant] sa charrue, / Quicte là son labeur, et furieux se rue / Aux armes
df *Ms Rawl. et Vad. ajoutent deux vers après ce v. 300 :* Le filz poursuit le pere et de mesme poursuitte / Le pere depité baille à son filz la fuitte
dg *Ms Rawl. et Vad. : les v. 303-306 sont réduits à deux vers :* … et le parent aussi / De son propre parent ne veult avoir mercy
dh *Ms Rawl. et Vad. : les v. 307-308 sont absents.*
di *Ms Rawl. et Vad., v. 309-310 :* Les cœurs fellons enflez n'ont aulcue amytié / Et ne sçait-on que c'est de la douce pitié
dj Ms Rawl. et Vad. : aussi
dk *Ms Rawl. et Vad. : les v. 317-318 sont absents.*
dl Vad. : D'où viennent
dm Ms Rawl. et Vad. : On se bande, on se ligue et menées
dn Ms Rawl. et Vad. : de
do *Ms Rawl. et Vad. : les v. 329-332 se réduisent à ces deux vers :* Et ces noms factieux PAPAUX et HUGUENOTZ / Trop malheureusement nous comblent de tous maulx.
dp Ms Rawl. et Vad. : ennemys
dq *Ms Rawl. et Vad. : les v. 337-338 sont absents.*
dr Ms Rawl. et Vad. : faire
ds *Ms Rawl. et Vad., v. 341-342 :* … donne ordre qu'il ne faille / Rien en tout son harnois attendant la bataille
dt Ms Rawl. et Vad. : Si
du *Ms Rawl. et Vad. : les v. 345-346 sont absents.*
dv *Ms Rawl. et Vad. : les v. 349-350 sont absents.*
dw Ms Rawl. et Vad. : se reposant lassé de sa
dx Ms Rawl. et Vad. : sa
dy Ms Rawl. et Vad. : Un peu loing
dz *Ms Rawl. et Vad. : les v. 357-358 sont absents.*
ea Ms Rawl. : Et aux plus propres lieux
eb *Ms Rawl. : les v. 361-362 sont absents, alors qu'ils sont ajoutés par une seconde main dans Vad.*

TIERS LIVRE DE *L'ERYNNE FRANÇOISE*

a *Le Ms Rawl., tout comme la copie du Ms Rasse des Neux (BnF), donnent un « argument » en tête du Troysiesme Livre :* En ce troysiesme livre, sont sommairement touchez les principaux poinctz des braves exploicts qui ont estés executez d'une part et d'aultre durant les premiers, seconds et derniers troubles ; dont le discours est clos par l'exaltation des actes valeureux et remercables victoires obtenues par Monseigneur le duc d'Anjou, frere du Roy ; avec un sommaire regret de trois grandz chefz des deux costez, lesquelz y sont demeurez à diverses foys. | *À noter que, dans le Ms Rasse des Neux (BnF), manquent les pages contenant les v. 335-414 de ce Livre.*

b Ms Rawl. et Vad. : et sans bruit

c *Ms Rawl. et Vad. : les v. 3-8 se réduisent à deux vers :* … quand la songneuse [*Vad. :* soigneuse] aurore / D'un vermeil saffrané le clair levant colore.

d *Ms Rawl. et Vad. : les v. 7-8 sont absents.*

e Ms Rawl. et Vad. : Lors le peuple animé qui peu ou point

f Ms Rawl. et Vad. : Quictant

g *Ms Rawl. et Vad. : les v. 11-12 sont absents.*

h *Ms Rawl. et Vad. : les v. 15-20 sont absents.*

i Ms Rawl. et Vad. : Le camp fremit par tout et brille

j Ms Rawl. : estoit

k *Ms Rawl. et Vad., v. 25-26 :* Cependant du clair jour la lampe estincellante / (L'œil du monde) paroit au levant reluysante

l *Ms Rawl. et Vad. : les v. 27-28 sont absents.*

m Ms Rawl. et Vad. : Quand

n *Ms Rawl. et Vad. : les v. 31-32 sont absents.*

o Ms Rawl. : coustoyées

p *Ms Rawl. : les v. 35-36 sont absents.*

q Ms Rawl. : Qui marchent tout aupres [*Vad. :* autour]

r Ms Rawl. et Vad. : à CAVAL à CAVAL

s Ms Rawl. et Vad. : glaives

t *Ms Rawl. et Vad. : les v. 43-44 sont absents.*

u Ms Rawl. et Vad. : tous pouldreux, la contenance fiere

v *Ms Rawl. et Vad., v. 47-48 :* … et la grave demarche / Du pieton aguerry qui brusquement se marche

w Ms Rawl. et Vad. : Chevalier [*Vad. :* cavalier] la haulte

x *Ms Rawl. et Vad. : les v. 51-52 sont absents.*

y Ms Rawl. et Vad. : Faisoit enfler le cœur

z Ms Rawl. et Vad. : Craignant les coups

aa *Ms Rawl. et Vad. : les v. 55-56 sont absents.*

ab Ms Rawl. : Du [*Vad. :* D'un] son qui fend le Ciel

ac Ms Rawl. : Allors l'alarme sonne à Vad. : L'alarme chaude sonne en

ad Ms Rawl. : Et hurte [*Vad. :* heurte], et fier, et fen, et coupe, et perce, et

ae *Ms Rawl. et Vad. : les v. 63-64 sont absents.*

af Ms Rawl. : Les squadrons valeureux par la campagne [*Vad. :* campaigne]

ag *Ms Rawl. et Vad. : les v. 67-74 se réduisent à ces quatre vers :* Où cours-tu, insensé peuple au fellon courage ? / Quelle estrange fureur te trouble de sa rage ? / Fault-il contre toy-mesme ainsi te despiter ? / Est-ce ainsi qu'il se fault à mort precipiter ?

ah Ms Rawl. et Vad. : qu'as batu

ai Ms Rawl. et Vad. : Contre qui maintenant tu abaisses le bois

aj Ms Rawl. et Vad. : tu n'as

ak Ms Rawl. et Vad. : Qui t'occupoit hier

al *Ms Rawl. et Vad. : à la place des v. 79-84, on trouve ces deux vers :* C'est toy, toy-mesme à qui ta propre main cruelle / Veult respendre le sang, de soy-mesme bourrelle.

am Ms Rawl. : ne mange

an *Ms Rawl. et Vad. :* Nul que le furieux coup mortel ne se donne

ao *Ms Rawl. et Vad. : au lieu des v. 87-88, on trouve ces quatre vers :* Amant d'un cœur fellon et par trop inhumain / Contre son estommach sa meurtriere [*Vad. :* son homicide] main / Qui te rend doncq ainsi, ô malheur desplorable, / Pis qu'une beste brutte au furieux semblable.

ap Ms Rawl. et Vad. : Revien doncques à toy : celuy certes est sage
aq Ms Rawl. et Vad. : proprement symbolise
ar Ms Rawl. et Vad. : son cœur partialise
as *Ms Rawl. et Vad. : les v. 93-94 sont absents.*
at *Ms Rawl. et Vad., v. 95-96 :* Hé pour Dieu, dictes-moy, avon-nous plus d'un Roy ? / Croyon-nous plus d'un Dieu, avon-nous double foy ?
au Ms Rawl. et Vad. : avon-nous
av Ms Rawl. et Vad. : nostre propre heritage
aw Ms Rawl. et Vad. : d'un cœur opiniastre
ax Ms Rawl. et Vad. : vous bender et combatre
ay *Ms Rawl. et Vad. : les v. 101-102 sont absents.*
az Ms Rawl. et Vad. : N'estes-vous pas
ba Ms Rawl. et Vad. : N'estes-vous pas
bb Ms Rawl. et Vad. : N'estes-vous pas
bc Ms Rawl. et Vad. : Sans combatre l'un l'aultre ainsi à toute
bd *Ms Rawl. et Vad., v. 107-108 :* Et sans souiller le sein de vostre doulce mere / Du sang encor bouillant de vostre propre frere
be Ms Rawl. : le
bf Ms Rawl. et Vad. : Se jette
bg *Ms Rawl. et Vad. : les v. 119-120 sont absents.*
bh *Ms Rawl. et Vad. : au lieu de ces v. 121-132, on trouve ces quatre vers :* Pour Dieu pensez à vous et par experience / Des ciseaulx menaceurs, imitez [*Vad. :* practiquez] la science / Quand d'un despit semblant l'un sus l'aultre s'ouvrant / Le drap qui est prochain à la noise accourant.
bi *Ms Rawl. et Vad., v. 133-134 :* S'entremeslant peu fin de la querelle d'eulx / Si tost est despecé qu'il se mect entre-deux.
bj *Ms Rawl. et Vad. : les v. 135-138 sont absents.*
bk *Ms Rawl. et Vad. : les v. 141-142 sont absents.*
bl Ms Rawl. et Vad. : trop tard
bm Ms Rawl. et Vad. : la chose advancée
bn Ms Rawl. et Vad. : que rappeller la pierre jà lancée
bo *Ms Rawl. et Vad. : les v. 147-148 sont absents, tout comme les guillemets des v. 143-148.*
bp Ms Vad. : Sus
bq *Ms Rawl. et Vad. : les v. 157-158 sont absents.*
br Ms Rawl. et Vad. : les fortz ventz
bs Ms Rawl. et Vad. : Tempestantz parmy l'air, ronflent l'un contre
bt *Ms Rawl. et Vad. : les v. 161-162 sont absents.*
bu Ms Rawl. et Vad. : les haultes forestz qui couvrent
bv Ms Rawl. et Vad. : montz
bw *Ms Rawl. et Vad. : à la place des v. 165-222, on trouve ceci :* Se bendent pour celluy qui de leur costé gronde / De l'une et l'aultre part ces deux terreurs du monde / Ravagent là dedans ; on oyt les tintamarres / Et le heurt esbranlé des plus robustes arbres / Qui çà et là flottantz, bruyent, froissent, esclatent / Et de leurs chefs branchus horriblement combatent. / Enfin le vent plus for, veinqueur dessus la place, / Captive du vaincu et la force et l'audace ; / Puis retournent ensemble, et Eole leur Roy / Appoinctez les retient tous deux aupres de soy ; / Laissant là sus le champ les forestz desolées / Et de leurs verds honneurs les cimes despeuplées / Gisantz piteusement contre terre, et [*Vad. :* où] l'orage / Les brisa furieux d'un fouldroyant ravage. / Tels les chefs valeureux et rusez tout ensemble / Ralliantz l'asseuré et le fuyard qui tremble, / Trop-plus fiers [*Vad. :* frez]

que de devant retournent à la charge, / Fendent les rangs espez et se font faire large. / Icy l'un force l'aultre et luy faict perdre place, / L'aultre reprend courage et de là le deplace. / Tout est confus partout, la meslée est doubteuse. / Encores ne paroit la part victorieuse, / Chaqu'un de son costé vaincre l'aultre s'efforce, / Mais la ruse à la fin triumphe de la force, / Et le vaincu cedant, ô [*Vad. :* au] sort injurieux / Se rend entre les mains de son victorieux : / Laissant les corps gisantz par les sanglantes plaines / Marques de la fureur de deux grands capitaines. / Puis de ces deux costez cette sanglante noise / Par un' umbre de paix s'addoucit et s'appaise, / Et ceux là seulement patissent d'advantage / Qui ces troubles durantz ont eu plus de dommage.

bx *Ms Rawl. et Vad. : les v. 223-229 se réduisent à ces trois vers :* Mais comme on voit souvant deux taureaux mutinez / Parmy les verdz pastistz l'un sus l'aultre animez, / Perdant force au combat prendre quelque respit

by *Ms Rawl. et Vad. : les v. 231-232 sont absents.*

bz Ms Rawl. et Vad. : Ainsi

ca Ms Rawl. et Vad. : fureur

cb *Ms Rawl. et Vad., v. 237-238 :* Le cartouche est fort propre et d'amorce si fine / Ne fault pour faire feu [*Vad. :* Pour faire feu ne fault] une pierre de mine

cc Ms Rawl. et Vad. : poulsé du feu [*Vad. :* du feu poussé] va plustost que

cd Ms Rawl. et Vad. : adjouster

ce Ms Rawl. et Vad. : du tout

cf Ms Rawl. : Pour [*Vad. :* Et] soudain renverser

cg Ms Rawl. et Vad. : Par trois diverses fois

ch Ms Rawl. et Vad. : Et la plus-part du temps

ci Ms Rawl. et Vad. : par trois

cj Ms Rawl. et Vad. : furieux

ck *Ms Rawl. et Vad. : les v. 251-252 sont absents.*

cl Ms Rawl. : peult

cm *Ms Rawl. et Vad. : les v. 257-260 se réduisent à deux vers :* Le fier au chef armé le dogue en l'air fouldroye / Et tombant tout froissé aux pieds le foulle et broye.

cn *Ms Rawl. et Vad., v. 261-262 :* … à la force [*Vad. :* au courage] invincible, / Plus fort est opprimé et plus ressort [*Vad. :* ressourd] terrible

co *Ms Rawl. et Vad. : les v. 265-268 se réduisent à deux vers :* Jamais il ne perd cœur et ne faict qu'il s'oublie, / La peur et son cerveau ne s'esgare ains ralie

cp Ms Rawl. et Vad. : Cedant à la fureur

cq *Ms Rawl. et Vad. : les v. 271-272 sont absents.*

cr Ms Rawl. et Vad. : un ruisseau foiblettement

cs Ms Rawl. et Vad. : De l'Appenin forchu [*Vad. :* fourchu] et humble en bas se rendre

ct *Ms Rawl. : les v. 277-286 se réduisent à ces quatre vers :* Puis tout en un instant d'un ravineux orage / Versant en hault un lac qui s'escoule en la plage / Si fierement s'enffler et ravager en bas / Qu'il roule quand et soy les grands rochers à tas

cu Ms Vad. : par

cv *Ms Rawl. et Vad. : les v. 289-290 sont absents.*

cw Ms Rawl. et Vad. : Où l'orage cessé [*Vad. :* escoulé]

cx Ms Rawl. et Vad. : canal

cy *Ms Rawl. et Vad. : les v. 293-294 sont absents.*

cz Ms Rawl. et Vad. : Ainsi

da Ms Rawl. et Vad. : Du

db *Ms Rawl. et Vad., v. 301-302 :* …voyez comme sont vains / Et trop mal asseurez les jugementz humains *[Rawl. : sans parenthèses]* dc Ms Rawl. : grand guerrier Vad. : le Protestant

dd Ms Rawl. et Vad. : Alors que tout luy rit

de *Ms Rawl. et Vad. : les v. 309-314 se réduisent à ces quatre vers :* C'est toy Prince au lis d'or dont la brave vaillance / Des plus fortz as vaincu l'invincible puissance. / C'est toy à qui le Ciel debvoit ce grand triumphe, / Si c'est triumphe, helas, une funebre pompe.

df *Ms Rawl. et Vad., les v. 317-319 sont réduits à ce vers :* Qui souspire envieux de voir qu'en plus bas aage

dg Ms Rawl. et Vad. : l'Asie

dh *Ms Rawl. et Vad. : les v. 321-322 sont absents.*

di Ms Rawl. et Vad. : D'achever

dj Ms Rawl. et Vad. : braves

dk *Ms Rawl. et Vad. : les v. 325-326 sont absents.*

dl *Ms Rawl. et Vad. : les v. 329-330 sont absents.*

dm *Ms Rawl. et Vad. : les v. 333-334 sont absents.*

dn *Ms Rawl. et Vad. : les v. 337-338 sont absents.*

do *Ms Rawl. et Vad., v. 339-340 :* Du soldat insolent les pleinctes desolées, / Des vefves sans confort les vierges violées

dp *Ms Rawl. et Vad. : les v. 341-342 sont absents.*

dq *Ms Rawl. et Vad. : les v. 345-382 se réduisent à ces vingt-huit vers :* Plus d'une ville icy gist deserte et rasée / Parmy la region qui perit embrasée, / Et là la trouppe foible affamée commune / Remplit l'air de ses cris et le ciel importune. / Deça son mary mort la triste vefve [*Vad. :* veufve] pleure / Et se souhaite morte avec luy à toute heure ; / Et là la tendre mere aux moytes yeulx embrasse / Son cher enfant gisant sans ame sus la place. / Les pauvres orphenins d'une douleur amere / Souspirent langoureux sus le corps de leur pere. / Le citadin replet qui vivoit à son ayse / Alerte de pain bis sa dure fain appaise. / Et le roux païsan quicte beufs et charrue / Pour vivre avec les loups parmy la forest drue. / De corps mortz renversez sont couvertz les pavez [*Vad. :* De sang encor bouillant les meurtriz entassez], / Et de leur sang fumant les carreaux sont lavez [*Vad. :* Baignent en mille endroicts les carreaux surpressez]. / Les champs sont tous chargez d'ordes charongnes [*Vad. :* charoignes] mortes / Et malheurs survenantz croissent en toutes sortes. / L'air en est infecté, dont la trouppe estourdie / Tumbe morte en allant [*Vad. :* marchant] de forte malladie, / Tant que la France gist ruinée et deserte / Soubs le malheur cuisant de plus d'une grand perte ; / Et triste, lamentant, se ronge et se consomme / D'un regret despiteux qui l'accable et l'assomme / D'avoir ainsi perdu tant de grands chefz de guerre / Dont les corps sont couverts d'un bien petit de terre, / Mais le renom fameux [*Vad. :* bruit glorieux] qui toute borne eccede / De l'Ethiope au Parthe, et du Françoys au Mede,

dr Ms Rawl. et Vad. : Plus clair que le beau jour

ds *Ms Rawl. et Vad. : les v. 385-394 sont absents.*

dt *Ms Rawl. et Vad., v. 397-398 :* … ton ame fut ravye / Contrainct tu fus chercher [*Vad. :* fus de cercher] au Ciel plus seure vye

du Ms Rawl. et Vad. : grand

dv Ms Rawl. et Vad. : Parmy les fiers destours [*Vad. :* estours]

dw Ms Rawl. et Vad. : comblé d'honneur

dx Ms Rawl. et Vad. : grande

dy *Ms Rawl. et Vad. : au lieu des v. 407-410, on trouve ces deux vers :* Ah, Prince guerrier, que ta triste adventure / Respond trop mal au poinct de ta haulte nature

dz *Ms Rawl. : les v. 413-414 sont absents, alors qu'ils sont ajoutés par une seconde main dans Vad.*

QUART LIVRE DE *L'ERYNNE FRANÇOISE*

a *Ce Livre IV est absent des Ms. Rawlinson (Oxford) et Rasse des Neux (BnF).*
b Ms Vad. : mot
c *Ms Vad. : les v. 7-10 se réduisent à ces deux vers :* Ne me resouvenant (suivant l'experience) / Qu'un mal si tost n'est hors qu'un aultre ne s'advance.
d *Ms Vad. : phrase entre guillets depuis* curieux.
e *Ms Vad., v. 13-16 :* Va errant ça et là en mille et mille lieux / Pour paistre son esprit aussi bien que ses yeux ; / Apres avoir raudé les plaines et valées, / Reveu soubs les deux pols les campaignes salées
f *Ms Vad., v. 19-20 :* … presque estoufé de peine / Haletant, ça et là tout panthoys se promeine
g *Ms Vad. : les v. 35-36 sont absents.*
h *Ms Vad., v. 35-37 :* Du destin conjuré les communes miseres / Courent les animaux jusques dans leurs repaires, / Où leur condition n'est non plus
i Ms Vad. : dont elle
j *Ms Vad. : les v. 47-48 sont absents.*
k Ms Vad. : L'homme est le mesme fer duquel soymesme il forge
l Ms Vad. : Aussi dict-on
m Ms Vad. : De sa dextre le bien, le mal
n *Ms Vad. : après ce v. 54, on trouve ces deux vers :* Sus les pauvres humains : mais, ou sa dextre est chiche / Du bien, ou le terrouer trop mal propre et en friche
o Ms Vad. : produict
p *Ms Vad. développe les v. 57-58 en ces quatre vers :* Le mal ne croist que trop semé dans nostre champ, / Où sa tyge nourrie au large se respand, / Si bien qu'un seul boysseau, tant la graine est feconde, / Bien qu'il soyt clair semé peult fournir tout le monde
q Ms Vad. : Mais
r Ms Vad. : Et ne nous est non plus
s Ms Vad. : la gourmande racine
t *Ms Vad., v. 64-65 :* Du chardon, de la ronce et de l'injuste espine ; / Qui contre tout debvoir
u Ms Vad. : elle
v *Ms Vad., v. 67-68 :* … de l'heur de nostre vie / Luy porte incessamment une mortelle envie
w *Ms Vad., v. 69-70 :* Nous deniant encor cette ferme asseurance / D'avoir
x *Ms Vad. : les v. 83-84 sont développés en quatre vers :* Ou bien pourquoy nous fut nature tant merastre / De nous bailler des yeux en ce sanglant desastre / Pour le veoir et pourquoy oreilles eusmes-nous / Pour ouyr si a clair le malheur de nous touts ?
y Ms Vad. : Roulez de longue main
z Ms Vad. : citadin
aa Ms Vad. : prochaine
ab Ms Vad. : Morte sus le terrein
ac Ms Vad. : sainctement
ad *Ms Vad. : les v. 97-98 sont absents.*
ae Ms Vad. : De vos cœurs enflammez
af *Ms Vad., v. 109-110 :* … d'ordonnance ny loy / Chaqu'un est à soy dieu, chaqu'un est à soy roy
ag *Ms Vad. : les v. 115-124 se réduisent à ces quatre vers :* Les doulces fleurs du bien et les mœurs empirées / Estoufent les vertuz de tout poinct expirées : / Gisantz soubs la mercy des insolents gendarmes, / Qui portent la justice au trenchant de leurs armes.

ah *Ms Vad., v. 125-126 :* … nourrir tout à propos / Et doubler nos malheurs par un petit repos)
ai *Ms Vad., v. 131-134 :* Le pere estreint le fils d'un pitoyable bras / Qu'il espioyt naguere au milieu des combas, / Où le fils aguettoyt, d'une hayne mortelle, / Son ennemy juré qu'or son pere il appelle.
aj Ms Vad. : l'aultre
ak Ms Vad. : les deux cœurs tendres
al *Ms Vad. : les v. 139-140 sont absents.*
am Ms Vad. : par
an Ms Vad. : fier
ao Ms Vad. : tables drecées
ap Ms Vad. : des viandes pressées
aq Ms Vad. : le moust
ar Ms Vad. : joyeuses
as *Ms Vad. : les v. 157-160 développent ces deux vers :* Et d'estenduz discours, apres manger et boire, / Trompent autour des feux l'horreur de la nuict noire.
at Ms Vad. : … qui maintiens (ô le salut
au *Ms Vad. : les v. 163-164 sont absents.*
av Ms Vad. : Et de ce monde entier
aw *Ms Vad., v. 169-170 :* … que desormais par siecles infiniz / Ainsi que sont nos cœurs… uniz.
ax *Ms Vad., v. 171-173 :* Non, non ; helas le sort des humains sans propos / Si tost qu'il est venu bannit le doulx repos. / La paix la guerre suit
ay Ms Vad. : Qu'il n'est estat si seur
az *Ms Vad. : les v. 179-180 sont absents.*
ba Ms Vad. : des vents
bb *Ms Vad., v. 191-196 :* Dans le nuage espais, où l'oblique estincelle / (Par ses feux redoublez) d'une atteinte mortelle / Allant et revenant darde un fouldre qui force / Tout, sans que rien qui soit puisse empescher sa force. / Qui ça qui là s'enfuyt ; qui poysant et qui viste / Accourt aux toicts prochains pour gaigner la garite.
bc Ms Vad. : et assomme
bd *Ms Vad., v. 199-200 :* … au son de la trompette / Le soldat deplaçoit pour faire sa retraicte
be *Ms Vad., v. 203-204 :* … la quantité nombreuse / (Rasseurantz au travail leur main laborieuse)
bf *Ms Vad. : les v. 207-208 sont absents.*
bg Ms Vad. : l'improuveu
bh Ms Vad. : qui tant de malheurs traine ?
bi Ms Vad. : de l'Erynne inhumaine ?
bj Ms Vad. : pourroyt
bk *Ms Vad. : les v. 223-226 réduisent ces six vers :* Onc amorce ne fut à prendre si soubdaine / Ny à donner le feu dans la mine prochaine, / Ny le fort à bondir enlevé par la fouldre / Provenant de l'esfort de l'ensoulphrée pouldre, / Ny l'assiegé dedans (ignorant de la mine) / Quand plus est asseuré plus pres de sa ruine
bl Ms Vad. : Se tenant asseuré
bm Ms Vad. : brandy
bn *Ms Vad. : les v. 231-234 développent ces deux vers :* Qui ça, qui là s'espand ; qui seul, et qui en troupe / Force les lieux plus forts, et qui le chemin coupe
bo Ms Vad. : S'en vient sans y penser
bp Ms Vad. : huche
bq *Ms Vad. : les v. 237-238 sont placés après le v. 240.*
br Ms Vad. : Qui void dedans son lict

bs Ms Vad. : Et le glaive en son flanc enlever touts ses biens
bt Ms Vad. : Tue
bu Ms Vad. : va poursuivant
bv Ms Vad. : à qui s'en va fuyant
bw Ms Vad. : Et tant à ce dur temps est
bx *Ms Vad. : les v. 251-252 sont absents.*
by *Ms Vad. : les v. 255-256 sont absents.*
bz Ms Vad. : Et des temples
ca Ms Vad. : nully
cb *Ms Vad. : les v. 259-260 sont absents.*
cc Ms Vad. : Perit
cd Ms Vad. : Tout rouges
ce Ms Vad. : cadavres nuds
cf Ms Vad. : de leurs flots retenuz
cg *Ms Vad. : les v. 267-268 sont absents.*
ch *Ms Vad. : les v. 271-272 sont absents.*
ci Ms Vad. : à nully ne sert
cj *Ms Vad., v. 279-280 :* … sans pitié, d'une mortelle oppresse, / Haste les prochains jours du cours de la vieillesse
ck Ms Vad. : but
cl Ms Vad. : le cas
cm Ms Vad. : superbe

CINQIESME LIVRE DE *L'ERYNNE FRANÇOISE*

a *Le Ms Rawl. donne un « Argument du dernier Livre de l'Erynne Françoyse » :* Ce quatriesme et dernier livre *[Livre V en 1585]* exprime les douleurs et pitoyables regretz de la France, laquelle ne peult plus supporter le poisant faix de si cuisantz maleurs, en fin a recours à la misericorde de Dieu et par une devote et pitoyable oraison fleschit et appaise le rigoureux courroux du souverin, lequel d'en hault envoye la paix en terre qui est reconnue apres un long-temps par ce tres grant Roy Charles neufiesme regnant, lequel pour la grandeur et gloire immortelle de S. M. pour le bien commun et conservation de ses subgectz nous en faict heureusement jouir. – *Rappelons que les premières versions du poème ne contiennent pas le Livre IV, nouvellement créé en 1585 et intercalé entre les III*[e] *et V*[e] *parties. | À noter que, dans le Ms Rasse des Neux (BnF), manquent les pages contenant les 175 premiers vers de ce Livre.*

b *Ms Rawl. et Vad. : les v. 1-12 se réduisent à ces six vers :* Au millieu de la France où la royale Seinne / Par un cours serpentin lentement se pourmeinne, / Un umbrageux costau dont l'air plaisant attire / Les souefves douceurs des souspirs de Zephire / Se trouve, et de son pied la fraische gallerie / Aboutit sus les bords d'une verde prairie

c Ms Rawl. et Vad. : De trois parts l'umbrageant, gratieuse,

d *Ms Rawl. et Vad. : les v. 15-19 sont réduits à ceci :* De si plaisant pourpris s'il en est poinct à monde / Le cristal refrizé d'une freschellette unde / Arrose le meillieu

e Ms Rawl. et Vad. : Riantz à la fraischeur

f Ms Vad. : d'au-dedans

g *Ms Rawl. et Vad., v. 21-22 :* Là les fonteines belles qui de leur bruit abusent / Les passantz qui tout court pour œillader [*Vad. :* l'œillader]

h *Ms Rawl. et Vad. : les v. 23-28 sont développés en seize vers :* Là l'abespin fleurit tout le long de l'année / Et la couldre y estant sa feuillue ramée / Où cent mille oysillons [*Vad. :* oyselets] aux voix claires et nettes / Rechantent plaisemment leurs douces amourettes. / Le linot argentin, le tarin gasouillard, / Le serin doucereux, le chardrier babillard, / Sifflantz de branche en branche en si plaisant boscage / Avecques la callende entonnent leur ramage / Aupres du rossignol qui d'un doux flifletis / Rousle en mille façons son [*Vad. :* un] haultin fleuretis / Qui respond bien souvent aux [*Vad. :* Se rapportant au son des] musicales eaux / Que versent plaisamment leurs murmurantz ruisseaux / Comblantz plus d'un canal qui proprement arose / D'une et d'une aultre fleur la botonniere [*Vad. :* boutonniere] esclose. / Là l'odorant citron, icy l'orenge aigrette / Dessus l'arbre en tout temps sa blanche fleur y jette.

i *Ms Rawl. et Vad. : les v. 31-32 sont absents.*

j *Ms Rawl. et Vad., v. 33-34 :* … admirable / Foisonne heureusement en ce clos delectable

k *Ms Rawl. et Vad. : les v. 35-56 sont développés en huit vers :* Si bien que la beaulté des herbes qui fleurissent / Et la souefve odeur [*Vad. :* Leur odeur, la saveur] des fruictz doux qui meurissent / De tous les plantz exquis la diverse nature / Des boscages plaisantz l'eternelle verdure, / Le gasouillis gaillard des oysillons qui chantent / Le murmur resonnant des undes qui contentent / Et de l'air temperé la tres saine demeure, / Que les Zephires doux parfument à toute heure

l Ms Rawl. et Vad. : A qui ce lieu verroit

m *Ms Rawl. : les v. 61-76 se réduisent à ces six vers :* Dessus le piedestal d'une double collonne / Des Gaulles est assis le sceptre et la coronne / Portant des chapiteaux la haulteur erigée / Ces motz : *lieu escarté de la France affligée,* / Et un peu au dessoubz l'une et l'aultre cornice / Se lict en lettre d'or *Pieté et Justice. Dans Vad., les v. 61-76 sont absents.*

n *Ms Rawl. et Vad. : les v. 79-80 sont absents.*

o Ms Rawl. et Vad. : Qui

p Ms Rawl. et Vad. : Son beau [*Vad. :* clair] chef d'une main soustient triste [*Vad. :* morne]

q *Ms Rawl. et Vad., v. 83-88 :* Tandis que plaisamment sus sa poictrine belle / Flotte parmy les lys ceste bille jumelle / De fin yvoire dur que laissoit descouverte / Son manteau à lys d'or gisant sus l'herbe verte / Que l'aultre blanche main d'une mignarde adresse / Par ses bords azurez negligemment redresse

r Ms Rawl. et Vad. : Pendant

s Ms Rawl. et Vad. : sus terre

t Ms Rawl. et Vad. : Dont les perlez ruisseaux

u Ms Rawl. et Vad. : passion

v *Ms Rawl. et Vad. : les v. 95-96 sont absents.*

w Ms Rawl. et Vad. : Si doulcement sanglotte

x Ms Rawl. et Vad. : furieux

y *Ms Rawl. et Vad., v. 99-101 :* … que la Nymphe profere / Des animaux cruels la rigueur la plus fiere / Amolit sa durté

z Ms Rawl. et Vad. : des

aa Ms Rawl. et Vad. : La

ab Ms Vad. : sa dolente

ac Ms Rawl. : Le dur marbre s'esmeut

ad Ms Vad. : aux bords insignes

ae Ms Vad. : ses undes voysines

af *Ms Rawl. et Vad. : les v. 107-110 se réduisent à ces deux vers :* Dieu, disoit-elle, lors, sans que ta bonté saincte / J'offence, permets-moy desgorger ma complaincte
ag *Ms Rawl. et Vad., v. 111-113 :* Puis que l'infortuné soulage son martire / Exalant les vapeurs du feu dont il souspire, / Et que le malheureux rend son desastre moindre
ah *Ms Rawl. et Vad. : les v. 115-116 sont absents.*
ai Ms Rawl. et Vad. : Car
aj Ms Rawl. et Vad. : par le meillieu
ak *Ms Rawl. et Vad., v. 119-120 :* Ainsi le cœur chargé du deuil qui le devore / Perit, si de ce mal le feu ne s'esvapore
al *Ms Rawl. et Vad., v. 123-124 :* Mais celluy beaucoup plus me semble deplorable / Qui tumbe de tres hault en estat miserable
am *Ms Rawl., v. 127-128 :* … la diverse nature / Du malheur survenant redouble [*Vad. :* augmente] la poincture
an *Ms Rawl. et Vad., v. 131-132 :* … de son horrible fouldre / Quant bien de mille fœus il le mectroit en pouldre
ao Ms Rawl. et Vad. : Las ! je ne me plaindroy
ap Ms Rawl. et Vad. : fiere
aq *Ms Rawl. et Vad. : les v. 139-140 sont absents.*
ar *Ms Rawl. et Vad. : les v. 143-144 sont absents.*
as Ms Rawl. et Vad. : De cent chiens clabaudantz poursuivye et chassée
at *Ms Rawl. et Vad., v. 147-148 :* Quand ja desja se sent plus d'une dent sus elle / Qui de tous les costez la pauvrette bourrelle
au Ms Rawl. et Vad. : qui l'estourdit
av Ms Rawl. : gousier
aw *Ms Rawl. et Vad. : après ce v. 156, on trouve quatre vers :* Icy les durs soucis de mon affliction / Attisent feu sus aultre à ma grand passion / Qui m'accable et meurtrit soubs son obstiné fouldre / Si bien que je n'ay plus moyen de me resouldre.
ax *Ms Rawl. et Vad., v. 159-160 :* … et que [*Vad. :* quand] ta main bien heure / Par un contraire effect du meschant la demeure
ay *Ms Rawl. et Vad., v. 165-166 :* Et sus celluy lequel, par plus d'un demerite, / Prophane ta haulteur et ta gloire despite ?
az *Ms Rawl. et Vad., v. 169-172 :* Je veuil que maintenant ta dure main m'assomme / Qu'elle m'abisme encor et du tout me consomme / Si de tout mon pouvoir et de tous les costez / Je n'ay tousjours esté serve à tes [*Vad. :* ses] voluntez
ba Ms Rawl. et Vad. : … l'une et l'aultre saison
bb Ms Rawl. et Vad. : … et en rendez raison
bc *Ms Rawl. et Vad., v. 181-182 :* Quand pour porter le bien ou pour mectre le vice / Aux miens se declaroit ou haineux ou propice
bd Ms Rawl. et Vad. : … de mon Roy, de mon maistre
be *Ms Rawl. et Vad. : les v. 185-186 sont absents.*
bf Ms Rawl. et Vad. : Pour composer au
bg *Ms Rawl. : les v. 191-194 se réduisent à ces deux vers :* Hé que vouldroit ce roy tres bon faire ou penser, / En ses plus tendres ans pour nuire ou offencer. *Dans Vad., ils sont absents.*
bh Ms Rawl. et Vad. : et metz fin à ton ire
bi Ms Rawl. et Vad. : martire
bj *Ms Rawl. et Vad. : les v. 201-202 sont absents.*
bk Ms Rawl. et Vad. : si tu veux qu'elle puisse
bl Ms Rawl. : M'ont
bm *Ms Rawl. et Vad. : les v. 209-210 sont absents.*

bn Ms Rawl. et Vad. : … place vefve, où sa douce [*Vad. :* chere]
bo *Ms Rawl. et Vad., v. 213-218 :* … qui tandis qu'elle tarde / Est faicte le butin de quelque main paillarde ; / Lors de fureur atteinte oubliant sa nature, / De sa dent faict sentir à chaqu'un la morsure / Qui se trouve au devant sans aulcun recongnoistre ; / Mesme se jette encor au collet de son maistre
bp Ms Rawl. et Vad. : douleur
bq Ms Rawl. et Vad. : et
br *Ms Rawl. et Vad., v. 229-230 :* … par un desordre enorme, / France n'ayant plus rien de sa premiere forme
bs Ms Rawl. et Vad. : ô Seigneur
bt Ms Rawl. et Vad. : la
bu *Ms Rawl. et Vad., v. 237-238 :* … flechi un peu ton ire / Et regarde en pityé l'ardeur de son martire
bv Ms Rawl. et Vad. : Qui sans ton prompt secours
bw Ms Rawl. et Vad. : Si oncq n'y avoit eu habitation
bx Ms Rawl. et Vad. : prononcée
by Ms Rawl. et Vad. : poulsée
bz Ms Rawl. et Vad. : Où le Seigneur
ca *Ms Rawl. et Vad., les v. 247-250 se réduisent à ces deux vers :* … A gauche et tout soubdain d'un undoyant esclair / Signe de sa fureur il embrase tout l'air
cb Ms Rawl. et Vad. : Et poulsant [*Vad. :* posant]
cc Ms Rawl. : Il envoye ça bas la paix tant Vad. : Nous promet icy bas une fin
cd Ms Vad. : des rives françoyses
ce Ms Vad. : des plaines polonnoyses
cf Ms Vad. : lient
cg Ms Vad. : Et bien loing des
ch *Ms Vad., v. 267-270 :* Et fuyoient devant luy la haine et le discord / Et l'inhumaine Erynne et la cruelle mort, / Comme l'obscure nuict, viste, quicte la place / Devant le poinct du jour qui la presse et la chasse.
ci *Ms Vad., v. 273-274 :* … y choisir sa demeure, / Et faire ne peult-on qu'elle n'y vive et meure
cj Ms Vad. : Revient par un costé
ck *Ms Vad. : les v. 281-282 sont absents.*
cl *Ms Rawl. : les v. 253-298 se réduisent à ces seize vers :* Qui invisible à tous dans une obscure nue / Ne paroissoit encor et n'estoit poinct congnue / Long-temps et trop long-temps chassée de la Guerre / N'arrestoit un moment en nul lieu de la terre / Incongnue de tous et de tous peu prisée / Par le nuage espais dont estoit desguisée / Cette fille du ciel quand le bonheur s'arreste / Vers Charles, ce grand Roy au jugement celeste / Qui premier abbatit dans ses maisons royales / Le fard qui la couvroit de ses deux mains loyales / Levant ce voille obscur qui faisoit la pauvrette / Bannie de tous lieux errer ainsi seulette. / Ores elle paroit resplendissante et claire / Comme un beau soleil la requise lumiere / Qui hors les gris rideaux d'un importun nuage / Libre esclaire par tout au prochain voysinage. | *Au lieu des v. 285-298, Vad. donne ceci :* Ainsi la lice Erynne, ainsi la louve fiére / Qui alaicte chez nous sa semence meurtriére / (Touts les vices mortels) ne veult quicter la place ; / Quoy que de touts costez on la presse et la chasse. / Voycy encor un coup les armes relevées / Et plus fort que jamais les provinces grevées. / De peuples mutinez, de troupes malcontentes / Qui, discourant, par tout, en leurs guerriéres bandes / Sembloyent vouloyr chocquer, resolutz, pour connoistre / Qui sus le champ vaincueur demeureroyt le maistre.
cm Ms Rawl. : Ce grand Roy, dieu chery, Charles
cn Ms Rawl. et Vad. : de vertus vironné

co Ms Vad. : *je veuil qu'un mesme Roy*
cp Ms Vad. : *je veuil que mesme loy*
cq Ms Rawl. : volunté
cr Ms Rawl. et Vad. : d'une escumeuse suitte
cs Ms Rawl. et Vad. : à bouillante poursuitte
ct Ms Rawl. et Vad. : haultz bondissent es
cu Ms Rawl. et Vad. : cherchent
cv *Ms Rawl. et Vad. : les v. 315-316 sont absents.*
cw Ms Rawl. et Vad. : d'une maistresse audace
cx Ms Rawl. et Vad. : royal, imperieux menace
cy *Ms Rawl. et Vad. : les v. 323-326 se réduisent à ces deux vers :* Des ventz, font [*Vad. :* faict] joug dessoubs puissance si terrible / Qui rend en un moment [*Vad. :* instant] l'air et la mair paisible.
cz Ms Vad. : reverer et redouter
da *Ms Rawl. : les v. 327-328 sont absents.*
db *Ms Rawl., v. 331-332 :* Et d'un seul coup encor a dompté la puissance / Du discord embrouillé qui consommoit la France
dc *Ms Rawl. : les v. 335-336 sont absents.*
dd *Ms Vad. : les v. 327-338 sont ajoutés par un second copiste.*
de *Ms Rawl. : les v. 339-340 sont absents.*
df Ms Rawl. : O Roy le plus grand roy qui portas
dg *Ms Rawl., v. 343-346 :* Si la grandeur d'un roy ne se void moindre en luy / Contregardant l'acquis qu'à conquester l'aultruy / Quand d'un celeste esprit d'un sens incomparable / D'un jugement divin qui n'a poinct de semblable
dh Ms Rawl. : Seul tu as esclarcy
di Ms Rawl. : Si bien que l'Asien et l'Affricain admire
dj Ms Rawl. : s'en estonne et
dk Ms Rawl. : Ce que servillement
dl Ms Rawl. : Ceux lesquels à la longue il pensoit voir matter
dm Ms Rawl. : eux
dn Ms Rawl. : Par eux-mesmes vaincuz leur
do Ms Rawl. : les choses perverties
dp Ms Rawl. : sont en bien converties
dq Ms Rawl. : bossolle
dr Ms Rawl. : Et vogue hardiment
ds Ms Rawl. : de picque ou hallebarde
dt Ms Rawl. : et n'est ce jour de garde
du Ms Rawl. : Mais vivant
dv *Ms Rawl., v. 371-372 :* Le laboureur des champs sa charrue racoutre / De tous ses ferrementz et de soc et de coutre
dw Ms Rawl. : serre-tout à la riche praticque
dx Ms Rawl. : du gain de son trafficque
dy Ms Rawl. : le faict
dz Ms Rawl. : tourne à l'effect de son premier office
ea Ms Rawl. : d'une saincte police
eb *Ms Rawl. : les v. 383-384 sont absents.*
ec *Ms Rawl., v. 387-389 :* … en quel jaspe ou porphire / Gravera le burin, l'honneur de son empire ? / Quel palais, quelle place ou quel beau coing de rue
ed Ny de quel tiltre encor herault de ses merites / Aornerons-nous le los de ses haultes conduictes ?

ee Ms Rawl. : les
ef *Ms Rawl., v. 395-396 :* … cette ame debonnaire, / Ny de celluy Piteux cet humain examplaire
eg Ms Rawl. : Ny de ce preux
eh Ms Rawl. : prouesse
ei Ms Rawl. : Ny de ce mesme encor la celeste equité
ej *Ms Rawl. : après ce v. 404, on trouve ces quatorze vers :* Car comme pere bon recongnoissant le cœur / De ses enfans bendez, jaloux de sa faveur, / D'un œil commun à tous doulcettement apaise / Le feu qui nourriçoit parmy eux cette noise, / Les bras esgaulx tendus ensemble les embrasse / Et tous s'entrebaisantz les reçoit en sa grace. / Ainsi de ce bon Roy cette sagesse accorte / Tout ce qui s'est passé benignement supporte. / A aultre but ne tend d'aultre chose n'a cure / De ce Roy tres humain la facille nature / Que ce feu amorty rabiener tous les siens / Et soubz son sceptre doux, paisibles en leurs biens, / Pour fidelles subgectz par tout les recongnoistre / Eux l'ayantz pour leur Roy, leur Seigneur et leur Maistre.
ek Ms Rawl. : Charles
el *Ms Rawl., v. 407-408 :* Vive à jamais heureux, et sa Royale race / Sus son trosne establi herite de sa place
em *Ms Vad. : les 339-410 sont absents.*

GLOSSAIRE

Abismer : engloutir, sombrer
Abordée (d') : d'abord, du premier coup
Abouchement : conversation, rencontre
Aboys (mettre aux) : contenir
Abreuver : abreuvoir, arroser
Acoustumance : habitude
Acrocher : user d'un crochet pour dérober
Advenue : accès, entrée
Affiler : aiguiser
Affiner (s') : abuser, tromper
Aguets (par) : en embuscade
Aguetter : guetter
Aguetteur : guetteur
Aigrette (adj.) : aigre, amère
Ains : mais
Aire : espace
Airin : airain
Alarme (masc.) : appel aux armes, combats
Al(l)echement : appât
A l'encontre : contre
Aleneux : soufflé, causé par l'haleine
Amaire : amère
Amorce : appât, attrait
Anter : enter
Aorner : orner
Apendre : suspendre
Appareiller : préparer, équiper
Araigne : araignée
Areine : sable, rivage sablonneux
Areneux : sableux
Argenteux : d'argent
Arrogamment : avec arrogance
Arroy : équipement
Assiet (ind. prés. *asseoir*)
Astré (adj.) : céleste
Atterrer : jeter à terre, anéantir
Attoucher : toucher, porter atteinte à
Augmenter (s') : croître
Aval (adv.) : vers le bas
Aviron : environ, rivage
Avoler : arriver en volant, voler

Bailler : donner
Bander, bender (se) : s'unir pour lutter ; se diviser
Baster (imparf. *bastoit*) : suffire
Bellicque : belliqueux, guerrier
Benin : bienveillant
Bessonne : jumelle
Biberon : buveur
Bont : bon ordre
Borasque : bourrasque
Borne : limite
Borner : limiter
Bourelle : torture
Bourreller : torturer
Boutefeu : incendiaire
Bragard : orgueilleux
Branler : bouger
Brave : sauvage
Brider : tenir en bride, guider
Bris : débris, écueil, naufrage
Broust : nourriture
Bruire : gronder, hurler
Bruit : renommée, réputation

Ça : ici
Ça bas : ici-bas, sur terre
Caboche : cabochon
Canton : coin de rue, quartier

Carriere : chemin, route
Cauteleux : prudent
Cautement : prudemment, insidieusement
Celer : cacher
Cercher : chercher
Certain : assuré
Chef : tête
Chet (ind. prés. de < cheoir) : tombe
Chetif : misérable ; captif, prisonnier
Cheuz (passé simple de *challoir*) : tomber
Chevetain : capitaine
Chiennil : chenil
Chiorme : chiourme
Choquer : attaquer
Cimeau : cime
Cinge : singe
Col : cou
Colletter : être corps à corps
Colonnel : chef militaire
Confondre : réfuter
Conniller : se cacher comme un lapin, se tapir
Conque : coquille
Consigner : attester
Content : heureux ; satisfait
Contraire : adversaire
Contrefaire : imiter
Contregarder : protéger, sauvegarder
Contreminer : contrefaire
Contretonner : imiter le tonnerre
Cornuage : cocuage
Costoyer : accompagner, entourer
Couldre : coudrier
Coulpe : faute
Coultre : coutre
Courail : corail
Courant (de *courir*) : s'écouler
Courir (trans.) : courir après, poursuivre
Courratier : courtier
Courre (laisser) : courir
Courrier : coursier, messager
Coursaire (adj.) : pirate
Coutre : couteau
Cuider : croire, penser
Cure : soin, attention

Dam (à son, au) : dommage
Darder : tirer, lancer
Debile : faible
Debordé (adj.) : bordé
Debordement (adv.) : avec excès, violence
Debusquer : partir
Deception : tromperie
Dece(p)voir : tromper
Declicquer : déclenchement
Decliner : s'éloigne, se coucher
Dedans : dans
Degaster : ravager, dévaster
Degousté : dégoûtant
Demarcher : démarche
Dementer (se) : se soucier
Departir : éloigner
Derocquer : renverser, abattre
Derompre : rompre, briser
Desciller : ouvrir
Desconforter : décourager, affliger
De(s)loger : quitter
Despit(e) : fâché, irrité
Despiter (trans.) : mépriser
Despiteux : dédaigneux, arrogant
Desroy : confusion ; mauvais tour
Deshonneste : malhonnête
Desseigner : dessiner, tracer ; concevoir
Destiné : prédestiné
Destraper : dégager, libérer
Desvoyer : s'écarter
Devers : vers
Dextre (subs.) : puissance
Differer à : différer de
Discord : discorde
Disparoir (subj. prés. : *dispare*) : disparaître
Dispost(e) : en bon état, alerte
Distiller : fondre
Doguyne (adj. < *dogue*) : comme un chien sauvage
Dolente : qui souffre doucement
Dommage : malheur
Doubter, se doubter : redouter

Doubteux : incertain
Drecer : dompter
Durté : dureté

Embas, enbas, en bas : les enfers
Emblée (à l') : à la dérobée
Emmonceler : amonceler, entasser
Emmy, en-my : parmi, au milieu de
Empalmer : border de palmier
Empellisser : se vêtir de peau
Emperler : orner, parer
Empesché (faire de l') : gêné, occupé ; privé de
Empreindre (part. p. : *empreintes*) : marquer, figurer
Enamourer : amoureux
Enceindre : entourer
Encombre : peine, dommage
Enfellonir : irriter, envenimer
Engresler : charger de grêle
Enhorter : exhorter
Enquester (s') : s'enquérir
Enseigne : insigne
Ensoulfrer : charger de soufre
Entorce : violence, défaite
Entour (subs.) : tour, entourage, voisinage
Entour (à l') : alentour
Entourner : entourer
Entre-choquer : entre-attaquer
Entre-encontrer (s') : se rencontrer
Entre-fureter : se regarder, s'espionner
Entrenuir (s') : se nuir l'un à l'autre
Entrerompre : interrompre
Entre-saluer (s') : se saluer
Erres (prendre les) : partir, prendre la route
Es : dans
Esbeter : hébéter
Escailler : couvrir d'écailles
Eschaper : s'échapper
Escharner : dépouiller
Escharsement : avidement
Eschauder : brûler
Eschellante : qui escalade, gravit
Esclarcir : éclaircir
Esclaver : asservir
Esgarer : être à l'écart
Esgouter (s') : couler
Esjouir : réjouir
Espaix : lourd
Espandre : répandre
Espars : étendu
Espic : épi
Espiciere : odorante, chargé d'épices
Esprouve : épreuve
Essourder : assourdir
Estoc : épée ; souche
Estof(f)er : enrichir, orner
Estrange : étranger, étrangère
Estranger (verbe) : éloigner
Exemplaire (subs.) : exemple
Exempter : épargner, se priver de, s'abstenir

Faction : action militaire
Faillir : manquer, échouer ; fauter
Faix : poids
Fameux : célèbre
Farder : déguiser
Faulser : forcer, fendre
Faulte (avoir) : manquer de
Feindre : imiter, représenter
Fenner : faner
Fer : glaive, couteau
Fère : bête sauvage, cruelle
Ficher : fixer, établir
Fin (mettre à) : mettre fin
Finesse : habileté, ruse
Flageol : flûte
Flechir : dominer, soumettre
Fleuretis :
Flifletis :
Fond (à plein) : d'une grande dimension
Fontainier : d'une source
Forain : étranger
Fors (à) : sauf à
Forsen(n)ement : trouble, folie
Forsenner : être emporté de rage, troublé

Fol : fou, déraisonnable
Forfaire : transgresser, commettre un crime
Fourby : poli
Fourmiere : fourmillière
Fouteau : hêtre
Franc, franche : libre
Franchement : librement
Fredonneur : musicien
Frez : frais, fraîcheur
Friandise : gourmandise
Froidureux : froid, hivernal
Froisser : briser

Garite : guérite, créneau
Gehenner : torturer
Gemnou : genou
Gent (subs.) : gens, famille, nation
Gent (adj.) : gentil, joli
Giardin : jardin
Gister : résider
Glout : goulu, glouton
Goulpheux : golfique
Gourgouler : gargouiller
Gouteux : qui souffre de la goutte
Gresler : cribler
Grever : accabler
Gringotter : marmonner, gazouiller
Guerdon : récompense
Guidon : guide, conduite
Guisarme : sorte de hallebarde

Haineux : adversaire
Haleinne : haleine, souffle, air
Hannissement : hénissement
Haper : saisir, s'emparer de
Haras : troupeaux
Harper : happer
Hart : corde à pendre
Hazard (au) : danger
Hazardeux : dangereux
Herouë : héros
Heur : bonheur
Heure (pour l') : l'instant
Heutin : bœuf
Houper : garnir de houppes
Hure : crinière

Icy bas : sur terre
Impiteuse : impitoyable, sans pitié
Improvu (à l') : à l'improviste
Impugniment : impunément
Incontinent : aussitôt
Industrie : confection
Inique : injuste
Iniquité : injustice
Ire : colère
Ireux : coléreux

Joug (faire) : plier, se soumettre
Journal (adj.) : journalier
Journalier : quotidien, éphémère
Jus (mettre) : mettre bas

Labeurer : travailler, élaborer
Lairroyent (3e pers. cond. prés. de *laier*) : laisseraient
Las (adv.) : hélas
Limas : escargot
Limonnier (subst.) : limon
Liqueur : liquide
Lisse (subst.) : lice
Los : louange
Lot : mesure pour les liquides

Maillot : maillet
Malheurté : malheur
Malin, maligne : méchant(e)
Maltalent : malveillance, mécontentement
Manteler : couvrir
Mastin, mastine : chien, chienne
Matin (plus) : tôt
Mercy : pitié
Meschef : malheur
Mesnager : domestique
Metre : vers
Mignard : mignon, gentil
Mixtionner : mélanger
Mol : mou
Montanar : montagnard

Mordant, remordant :
Mords : mors, morsures
Morrion : casque léger
Moyson : moisson
Muettement : en silence
Muny : garni
Myterrain : méditerranéen

N'aguere : naguère, depuis peu
Nentilleux : de lentille sur la peau
Nocher : marin
Nombres (< latin : *numeri*) : vers
Nombreux : harmonieux
Nonpareil : unique
Novalité : nouveauté
Noyse : débat, querelle
Nueux : nuageux
Nuicteux : nocturne

Odorer : parfumer
Œillader : regarder
Onc, onques : jamais
Oraculeux : oraculaire
Ordure : saleté, infâmie
Ost : armée
Oultre, plus oultre : au-delà
Oultrer : dépasser, surpasser
Ovant : triomphant, triomphal

Paillasse : lit de roseaux
Paître, repaître : nourrir, alimenter, contenter
Pâliant : se cachant
Palud : marécage
Parangon : modèle, exemple
Parfaire : achever, accomplir
Parlementer : parler
Patitz : pâturages
Pavillon : tente
Pavoys : bouclier
Perclus : enclos
Perruque : chevelure
Phifre : fifre
Pieça : il y a longtemps
Pieton : fantassin
Pietonne : à pied
Piller, se piller : saccager
Piper : mentir, voler
Pipeur : menteur, trompeur
Pipeusement : faussement
Piteux : qui suscite la pitié ou fait preuve de pitié
Pitoyable : compatissant, charitable
Plain (subs.) : plaine
Plomb (à) : à la verticale
Poignant : piquant
Poisant : pesant
Poix : poids
Polluer (part. passé : *polluz*) : souiller, profaner
Pompe : éclat, magnificence
Pompeusement : avec magnificence
Pompeux : éclatant
Portal, portaux : porte(s)
Pour-dieu : par Dieu
Pourpris : enclos, enceinte
Praerie : prairie
Priser : estimer
Prochain de : proche ou près de
Prochasser : pourchasser
Propice : capable, apte
Proprement : comme il faut
Pugnisse : punisse

Quant et : avec
Quasi : presque
Quester : chercher
Quicter : délaisser

R'accourir : revenir en courant
R'acoster : accoster de nouveau
Ralenter : ralentir
Ramentevoir (part. passé, *ramentu*) : rappeler
Ranger : dompter, maîtriser
Rarité : rareté
Rauder : rôder, parcourir en divers sens, suivre
Ravir (part. passé : *ravi, ravie*) : emporter, enlever ; procurer un vif plaisir

Ray : rais, rayon
Rebours (subs.) : contraire, en arrière
Receler, se receler : cacher
Reflater : caresser
Refreschir : rafraîchir
Remascher : ruminer
Remettre sus : se relever
Renom : renommée, réputation
Rensanglanter : déplorer
Resangloter : ensanglanter de nouveau
Ressourdre (se) : se redresser
Reuthme : rhume
Rithme : rime (par extension : poésie)
Rogue : cruel
Rond (adj. subst.) : cercle, rondeur
Ronse : ronce
Rouer : tourner, faire tourner
Ruer coups : jeter des coups
Ruineux : qui causent la ruine

Sacmenter : assommer
Sacrificature : fonction de prêtre
Seant (part. prés. de *seoir*) : étant assis, posé, demeurant
Secoux (part. de *secourre*) : secoué
Seillon : sillon
Sejour : demeure
Sembler à : ressembler à
Semer : diffuser
Siller : fermer les yeux de
Soigneux : soigneux, soucieux
Solitairer : vivre en solitude
Sommité : sommet, exrêmité, cime
Soudain (adj.) passager, prompt, changeant
Souef, souefve : agéable, délicat
Souloir : avoir l'habitude de
Sourcilleux : élevé, hautain
Sourdant (de sourdre) : se levant, se montrer
Squadron : escadre, troupe
Stygieux : du Styx, infernal
Subtile : habile, fin
Survendre : vendre trop cher
Sus : sur

Tabour : tambour
Tasquet : glaive
Tempester : agiter, déchaîner
Tempestueux : déchaîné, qui cause la tempête
Tençon : querelle
Tesniere : tanière
Teste (faire) : tenir tête, résister
Testu : pourvu de tête
Tetasse : tétin, sein
Tige (subst. masc.) : race, lignée
Tortis : entrelassement, couronne
Tourné : retourné
Traict : flèche
Traicte : poursuite judiciaire, sentence
Train : marche
Travail : souffrance, tourment
Tresfin : fin
Trespas : mort
Tressault (ind. prés. de *tressaillir*)
Tressuer : suer
Trotter : passer
Trousse : carquois

Unde : onde, mer
Usurper : s'emparer de

Vaisseau : vase
Veillacque : vil, misérable
Ventelant (part. prés. de *venteler*) : soufflant doucement
Venteux : rapide et léger comme le vent
Verrouil : verrou
Vesprée : soir, soirée
Vieil : vieux
Vineux : qui produit la vigne ; causé par l'excès de vin
Viste : rapide
Vitupere : honte, blâme
Volenter : voleter
Vuider : vider

Zagaye : sagaie

BIBLIOGRAPHIE

Toutes nos références aux grands auteurs grecs et latins de l'Antiquité renvoient, sauf mention contraire, aux éditions de la « Collection des Universités de France » publiée aux éditions des Belles Lettres par l'Association Guillaume Budé.

SOURCES MANUSCRITES

Bibliothèque Nationale de France : Français 22564 (Papiers de François Rasse des Neux) : version incomplète de *L'Erynne Françoyse*

Bodleian Library, Oxford University, Ms. Rawlinson Poet. 244 (43 ff.)

Vadiana KB, St. Gallen, Collection Rara Vadian, VadSig Ms. 457 (*Cinq livres de l'Erynne françoise*, 33 ff.)

ÉDITIONS DES ŒUVRES DE VILLIERS

Bref discours du siege de Metz en Lorraine [...] par Bertrand de Salignac, Lyon, Philibert Rollet et Thibaud Payan, 1553.

S'ensuyvent les Ruisseaux de Fontaine [...] de Charles Fontaine, Lyon, Thibaut Payen, 1555 (BnF, Rés-YE-1610 ; accessible sur Gallica).

Interpretation Greque, Latine, Tuscane et Françoise, du Monstre, ou Enigme d'Italie, de Gabriele Symeoni, Lyon, Antoyne Voulant, 1555 (BnF, 8-Lb31-58 ; accessible sur Gallica).

Cinquante Jeus Divers d'honneste entretien, industrieusement inventées par Messer Innocent Rhinghier [Innocentio Ringhieri], *gentilhomme Boloignoys, et fais Françoys par Hubert Philippe de Villiers, Livre Premier*, Lyon, Charles Pesnot, 1555 (accessible sur le site de la Bayerische Staatsbibliothek München).

Lettres amoureuses de Messer Girolam Parabosque [Girolamo Parabosco], *avec quelques autres ajoutées de nouveau à la fin : reduites de l'Italien en nostre vulgaire Françoys, par Hubert Philippe de Villiers*, Lyon, Charles Pesnot, 1556 (éd. Anvers, Jean Richart, 1556 ; accessible sur le site de la Bayerische Staatsbibliothek München).

Le Limas, Paris, Nicolas du Chemin, 1564 (Arsenal, 8-BL-8841 ; accessible sur Gallica ; reproduction dans « Un poème du XVIe siècle : *Le Limas* d'Ubert-Philippe de Villiers », *Revue bourguignonne*, vol. XVIII, 1908, p. 247-269).

Le Theatre du monde où il est fait un ample discours des miseres humaines [...] par Pierre Boaysteau, dit Launay natif de Bretagne. Plus un Hymne au Dieu souverain, par H. Philippes de Villiers, Lyon, Jean Martin, 1566 (accessible sur le site de la Bibl. Mun. de Lyon).

Le Trophée d'Anthoine de Croy, Prince de Portian, souverain des terres d'outre et deça Meuze, Conte d'Eu, Marquis de Reynel, Baron de la Faulche. Et Montcornet lez Ardennes, Mauru, Pargny et Lougny au Perche, Pair de France, et Chevalier de l'Ordre du Roy, Lyon, Jean Saugrain, 1567.

Le Trophée d'Anthoine de Croy, Prince de Portian, souverain des terres d'outre et deça Meuze, Conte d'Eu, Marquis de Reynel, Baron de la Faulche. Et Montcornet lez Ardennes, Mauru, Pargny et Lougny au Perche, Pair de France, et Chevalier de l'Ordre du Roy, Paris, Robert Estienne, 1567 (BnF, Rés-Y-4619-Pièce ; accessible sur Gallica).

Aer funebre sur la mort lamentable de tres-vertueux, tres-illustre et tres-invincible Prince Loys de Bourbon, Prince de Condé, s.l.s.n., 1569 (BnF, Rés-YF-1654 ; accessible sur Gallica ; rééd. Nîmes, C. Lacour, 2011).

Cinq livres de L'Erynne Françoise par Ubert Philippe de Villiers, Conseiller du Roy, et Esleu en l'Election de Clamecy, Paris, Jean le Blanc, 1585.

Les Satires françaises du XVIe siècle recueillies et publiées par Fernand Fleuret et Louis Perceau, Paris, Garnier, t. 2, 1922 (reproduction du Tiers Livre de *L'Érynne françoise*, p. 117-130).

AUTRES ÉDITIONS

ALCIAT, André, *Emblemata*, Lyon, Macé Bonhomme pour Guillaume Rouille, 1551.

ANEAU, Barthélemy, *Decades de la description, forme et vertu naturelle des animaulx, tant raisonnables que brutz*, Lyon, Balthazar Arnoullet, 1549.

ANEAU, Barthélemy, *Alector*, éd. crit. de Marie Madeleine Fontaine, Genève, Droz, 1996, 2 t.

AUBIGNÉ, Agrippa d', *Les Tragiques* (1616), éd. Frank Lestringant, Paris, Gallimard, « Poésie », 1995.

BAÏF, Jean-Antoine de, *Poemes*, in *Euvres en rime*, Paris, Lucas Breyer, 1572-1573 (et éd. dir. par Jean Vignes, Paris, H. Champion, 2002-..., 5 t.).

BELLEAU, Remy, *Œuvres poétiques*, dir. Guy Demerson, Paris, H. Champion, 1995-2003, 6 t.

BELLEFOREST, François de, *La Cosmographie universelle de Sebastian Munstere*, Bâle, Henri Pierre, 1552.

BELON, Pierre, *Les Observations de plusieurs singularitez et choses memorables trouvées en Grece, Asie, Judée, Egypte, Arabie et autres pays estranges*, Paris, Gilles Corrozet, 1553.

BELON, Pierre, *L'Histoire de la nature des* oyseaux, Paris, Guillaume Cavellat et Gilles Corrozet, 1555 (et éd. Philippe Glardon, Genève, Droz, 1997).

Brief discours du Siége de Metz en Lorraine, rédigé par escript, de jour en jour, par un soldat à la requeste d'un sien amy, Metz, Lecouteux, 1846.

CHARTIER, alain, *Quadriloge invectif* [1422], trad. et éd. Florence Bouchet, Paris, H. Champion, 2002.

CORROZET, Gilles, *Le Parnasse des poetes François modernes*, Paris, Galiot Corrozet, 1571.

DORAT, Jean, *Les Odes latines*, éd. et trad. Geneviève Demerson, Clermont-Ferrand, Publications de la Faculté des Lettres et Sciences humaines, 1979.

DU BARTAS, Guillaume de Saluste, *La Sepmaine ou Creation du monde*, Paris, Michel Gadouleau et Jean Fevrier, 1578.

DU BARTAS, Guillaume de Saluste, *Brief advertissement de G. de Saluste, Seigneur Du Bartas, sur quelques points de sa Premiere et Seconde Semaine*, Paris, Pierre L'Huillier, 1584.

DU BARTAS, Guillaume de Saluste, *La Sepmaine ou Creation du monde*, éd. dir. par Yvonne Bellenger, Jean Céard et Denis Bjaï, Paris, Classiques Garnier, 2011, 3 t.

DU BELLAY, Guillaume, *Instructions sur le faict de la guerre*, Paris, Michel Vascosan, 1548.

DU BELLAY, Joachim, *Œuvres poétiques*, éd. H. Chamard, Paris, STFM, 1908-1932, 6 t.

DU BELLAY, Joachim, *Œuvres complètes*, éd. dir. par Olivier Millet, Paris, H. Champion-Classiques Garnier, 2003-2021, 4 t.

DU FOUILLOUX, Jacques, *La Venerie*, Poitiers, Marnef et Bouchet, 1561.

DU PERRON, Jacques Davy, *Oraison funebre sur la mort de Monsieur de Ronsard* (1586), éd. M. Simonin, Genève, Droz, 1985.

DU VERDIER, Antoine, *La Bibliotheque*, Lyon, Barthélemy Honorat, 1585.

Epitaphes sur le tombeau d'Anne de Montmorency, Paris, Philippe G. de Roville, 1567.

ESTIENNE, Charles, *La Guide des chemins de France*, Paris, Charles Estienne, 1552.

FOLENGO, Teofilo, *Baldus*, trad. Gérard Genot et Pierre Larivaille, Paris, Les Belles Lettres, 2004-2007, 3 t.

GESSNER, Conrad, *Historia animalium*, Zurich, Christoph Froschauer, 1551.

GRAZZINI, Anton Francesco dit Lasca, *Le Rime burlesche edite e inedite*, éd. Carlo Verzone, Florence, G. C. Sansoni, 1882.

HABERT, Isaac, *Les Œuvres poetiques*, Paris, Abel L'Angelier, 1582.

HABERT, Isaac, *Les Trois livres des Meteores*, Paris, Jean Richer, 1585.

HABERT, Isaac, *Amours et baisers*, éd. Nathalie Mahé, Genève, Droz, 1999.

JODELLE, Étienne, *Œuvres complètes*, éd. Enea Balmas, Paris, Gallimard, 1968, 2 t.

Journal du siège de Metz en 1552, éd. F.-M. Chabert, Metz, Rousseau-Pallez, 1856.

LA CROIX DU MAINE, *Premier volume de la bibliotheque*, Paris, Abel L'Angelier, 1584.

LA PORTE, Maurice de, *Les Epithetes*, Paris, Gabriel Buon, 1571 (éd. François Rouget, Paris, H. Champion, 2009).

L'ARIOSTE, *Roland furieux*, trad. André Rochon, Paris, Les Belles Lettres, 1998-2002, 4 t.

LORRIS, Guillaume de, et MEUN, Jean de, *Le Roman de la Rose*, éd. et trad. Armand Strubel, Paris, LGF, Livre de Poche, 1992.

MAROT, Clément, *Œuvres poétiques*, éd. crit. Gérard Defaux, Paris, Bordas, « Classiques Garnier », 1990-1993, 2 t.

Muses françoises ralliées, Paris, Mathieu Guillemot, 1599.

Paeanes, sive hymni in triplicem victoriam felicitate Caroli IX, Galliarum regi, et Henrici fratris [...], réunis par Jean Dorat, Paris, Jean Charron, 1569.

PASSERAT, Jean, *Recueil des Œuvres poétiques*, Paris, Abel L'Angelier et Claude Morel, 1606 (et éd François Rouget, Paris, Classiques Garnier, 2021).

PELETIER, Jacques, *Art poétique* (1555), in *Traités de poétique et de rhétorique de la Renaissance*, éd. Francis Goyet, Paris, LGF, Le Livre de Poche classique, 1990.

RAMUSIO, Giovanni Battista, *Delle Navigationi et viaggi*, Venise, Giunta, 1563.

RASSE DES NEUX, François, *Recueil poétique* (BnF, Ms. Fr. 22565), éd. crit. de Gilbert Schrenck, Paris, Classiques Garnier, 2019.

RIGOLEY de JUVIGNY, *Les Bibliotheques françoises de La Croix du Maine et de Du Verdier*, Paris, Saillant et Nyon, et Michel Lambert, 1772-1773, 4 t.

RONSARD, Pierre de, *Œuvres complètes*, éd. Paul Laumonier, Raymond Lebègue et Isidore Silver, Paris, STFM, 1914-1975, 20 t.

RONSARD, Pierre de, *Œuvres complètes*, éd. Jean Céard, Daniel Ménager et Michel Simonin, Paris, Gallimard, « Bibliothèque de la Pléiade », 1993-1994, 2 t.

SAINTE-MARTHE, Charles de, *La Poësie françoise*, Lyon, Le Prince, 1540.
SCÈVE, Maurice, *Œuvres complètes*, éd. Michèle Clément, Paris, Classiques Garnier, 2013-…
THEVET, André, *Cosmographie de Levant*, Lyon, Jean de Tournes, 1556 (éd. Frank Lestringant, Genève, Droz, 1985).
THEVET, André, La *Cosmographie universelle*, Paris, Guillaume Chaudiere, 1575.
THEVET, André, *Cosmographie moscovite*, éd. Augustin Galitzin, Paris, J. Techener, 1858.
TZETZÈS, Jean, *Alexandra*, Bâle, Jean Oporin, 1546.
VADIANUS, Joachim, *Epitome topographica totius orbis*, Anvers, Jean Grapheus pour J. Steelsius, 1535.
VÉGÈCE, *Du fait de guerre, et fleur de chevalerie*, Paris, Chétien Wechel, 1536.
VILLIERS, Pierre de, *Chansons*, introduction et transcriptions par Frank Dobbins et Jean Duchamp, Paris, H. Champion, 1997.
VILLIERS, Pierre de, *Motets et messe*, introduction et transcriptions par David Fiala, Paris, H. Champion, 1999.
VIRET, Pierre, *Exposition de la doctrine chrestienne, touchant la vraye cognoissance et le vray service de Dieu […]*, Genève, Jean Rivery, 1564.
VORAGINE, Jacques de, *La Légende dorée*, trad. Teodor de Wyzewa, Paris, Le Seuil, 1998.

ÉTUDES CRITIQUES

AGAMBEN, Giorgio, *Stanze. Parole et fantasme dans la culture occidentale*, Paris, Payot, 1994.
Babel à la Renaissance, Actes du XIe colloque international de la Société française d'Étude du XVIe siècle (Toulon, mars 1997), éd. James Dauphiné et Myriam Jacquemier, Mont-de-Marsan, Éditions InterUniversitaires, 1999.
BAMFORTH, Stephen, « Un poète scientifique méconnu : Isaac Habert (1560-v. 1625) et son *Poème du Soleil* », *Nouvelle Revue du Seizième Siècle*, nº 3, 1985, p. 65-89.
BANDERIER, Gilles, « Errances éditoriales et enracinement épistémologique : quelques mots sur les deux *Discours* de 1578 », in *Pontus de Tyard : errances et enracinement*, dir. François Rouget, Paris, H. Champion, 2008, p. 107-128.
BARBIER-MUELLER, Jean Paul, *Ma Bibliothèque poétique. Quatrième partie : Contemporains et successeurs de Ronsard*, t. II : *D'Aubigné à La Boétie*, Genève, Droz, 2001.

BARBIER-MUELLER, Jean Paul, Molins, Marine, et Ducimetière, Nicolas, *Dictionnaire des poètes français de la seconde moitié du XVIe siècle (1549-1615)*, t. III : *E-J*, Genève, Droz, 2016.

BELLENGER, Yvonne, « Le mécénat de Henri III dans quelques pièces d'éloge dues à divers poètes », in *Henri III mécène des arts, des sciences et des lettres*, dir. Isabelle de Conihout, Jean-François Maillard et Guy Poirier, Paris, PUPS, 2006, p. 121-132.

BENEDICT, Philip, *Graphic History. The* Wars, Massacres and Troubles *of Tortorel and Perrissin*, Genève, Droz, 2007.

BOUCHER, Jacqueline, « Philippe Desportes et la chute de Henri III. Un ambitieux déçu », in *Philippe Desportes (1546-1606). Un poète presque parfait entre Renaissance et Classicisme*, éd. Jean Balsamo, Paris, Klincksieck, 2000, p. 19-36.

BOURCIEZ, Émile, *Précis historique de phonétique française*, Paris, Klincksieck, 1955.

BRUNOT, Ferdinand, *Histoire de la langue française, des origines à nos jours, t. II : Le XVIe siècle*, Paris, A. Colin, 1967.

CÉARD, Jean, « Le Thème du "monde à l'envers" dans l'œuvre d'Agrippa d'Aubigné », in *L'Image du monde renversé et ses représentations littéraires et para-littéraires de la fin du XVIe siècle au milieu du XVIIe*, Colloque international (Tours, 17-19 novembre 1977), éd. Jean Lafond et Augustin Redondo, Paris, Vrin, 1979, p. 117-127.

CHARBONNIER, François, *La Poésie française et les guerres de religion (1560-1574)*, Paris, 1920 (rééd. Genève, Slatkine Reprints, 1970).

Charles Fontaine, un humaniste parisien à Lyon, éd. Élise Rajchenbach et Guillaume De Sauza, Genève, Droz, 2014.

CHEVALLIER, Pierre, *Henri III*, Paris, Fayard, 1985.

CLOSSON, Marianne, *L'Imaginaire démoniaque en France (1550-1650). Genèse de la littérature fantastique*, Genève, Droz, 2000.

CLOULAS, Ivan, *Catherine de Médicis*, Paris, Fayard, 1979.

CREORE, Alvin Emerson, « The language of Du Bartas », *Modern Language Quarterly*, I, 4, 1940, p. 503-526.

CREORE, Alvin Emerson, « Word-Formation in Du Bartas », *Bibliothèque d'Humanisme et Renaissance*, XV (2), 1953, p. 192-208.

DANDREY, Patrick, *L'Éloge paradoxal : de Gorgias à Molière*, Paris, PUF, 1997.

DECHAUD, Jean-Marc, *Bibliographie critique des ouvrages et traductions de Gabriel Chappuys*, Genève, Droz, 2014.

DEMERSON, Guy, « Le mythe des Âges et la conception de l'ordre dans le lyrisme de la Pléiade », in *Humanism in France at the End of the Middle Ages and the Early Renaissance*, éd. Anthony H. T. Levi, Manchester University Press, 1970, p. 271-294.

DENIAUX, Élizabeth, « Les tempêtes et la vie politique : recherches sur l'imaginaire des Romains de la fin de la République », in *Roma illustrata. Représentations de la ville*, Actes du colloque international de Caen [6-8 octobre 2005], dir. Philippe Fleury et Olivier Desbordes, Caen, Presses universitaires, 2008, p. 115-128.

Dictionnaire de Pierre de Ronsard, éd. dir. par François Rouget, Paris, H. Champion, 2015.

DOBBINS, Frank, *Music in Renaissance Lyons*, Oxford, Clarendon Press, 1992.

DUPONT-FERRIER, Gustave, « Essai sur la géographie administrative : des élections financières en France de 1356 à 1790 », *Annuaire-Bulletin de la Société de l'Histoire de France*, 1928, 65 (2), p. 193-342.

DUROT, Éric, *François de Lorraine, duc de Guise entre Dieu et le Roi*, Paris, Classiques Garnier, 2021.

(L')Énigmatique à la Renaissance : formes, significations, esthétiques, Actes du colloque organisé par l'Association Renaissance, Humanisme, Réforme (Lyon, 7-10 septembre 2005), éd. Daniel Martin, Pierre Servet, et André Tournon, Paris, H. Champion, 2008.

(L')Épithète, la rime et la raison. La lexicographie poétique en Europe, XVIe-XVIIe siècles, dir. Sophie Hache et Anne-Pascale Pouey-Mounou, Paris, Classiques Garnier, 2015.

EXPILLY, Jean-Joseph, *Dictionnaire géographique, historique et politique des Gaules et de la France*, Amsterdam et Paris, Nyon *et alii*, 1762-1770.

FÉRET, Pierre, *Le Cardinal Du Perron, orateur controversiste, écrivain. Étude historique et critique*, Paris, Didier, 1877 (rééd. Genève, Slatkine Reprints, 1969).

GALACTÉROS de BOISSIER, Lucie, « Images emblématiques de la Fortune », in *L'Emblème à la Renaissance*, éd. Yves Giraud, Paris, CDU-SEDES, 1982, p. 77-90.

GALAND-HALLYN, Perrine, *Le Reflet des fleurs. Description et métalangage poétique d'Homère à la Renaissance*, Genève, Droz, 1994.

GARRISSON, Janine, *Les Protestants au XVIe siècle*, Paris, Fayard, 1997.

GIACOMMOTTO-CHARRA, Violaine, « "Le papier le reçoit, mais la foy le rejette" : Christophe de Gamon correcteur de la poétique bartasienne », in *Ronsard and Du Bartas in Early Modern Europe*, éd. Anne-Pascale Pouey-Mounou et Paul J. Smith, Leyde, Brill, 2021, p. 49-69.

GODET, Antonin, *Le Parnasse des poètes françois modernes de Gilles et Galliot Corrozet (1571, 1572, 1578) : édition critique*, thèse de doctorat, dir. Michèle Clément, Université Lyon 2, 2020.

GOUGENHEIM, Georges, *Grammaire de la langue française du seizième siècle*, Lyon, IAC, 1951.

GRAHAM, Victor E., et JOHNSON, William McA., *The Paris Entries of Charles IX and Elisabeth of Austria, 1571*, Toronto et Buffalo, University of Toronto Press, 1974.

HALÉVY, Olivier, « Expression poétique et invention lexicale : les adjectifs forgés par composition (1549-1555) », in *Vocabulaire et création poétique dans les jeunes années de la Pléiade (1547-1555)*, éd. Marie-Dominique Legrand et Keith Cameron, Paris, H. Champion, 2013, p. 279-292.

HANDY, Isabelle, *Musiciens au temps des derniers Valois (1547-1589)*, Paris, H. Champion, 2008.

HAWKINS, Richmond L., *Maistre Charles Fontaine Parisien*, Cambridge, Harvard University Press, 1916 (rééd. New York, Kraus, 1966).

HIS, Isabelle, « Autour de l'*Aer funebre sur la mort lamentable de tres-vertueux, tres-illustre & tres-invincible Prince Loys de Bourbon, Prince de Condé* d'Ubert Philippe de Villiers », in *Louis Ier de Condé, Prince du sang et huguenot (1530-1569)*, Actes du colloque de Chantilly (2019), dir. Hugues Daussy, à paraître.

Histoire et dictionnaire des guerres de religion, éd. Dominique Biloghi, Jacqueline Boucher, Arlette Jouanna et Guy Lethiec, Paris, R. Laffont, « Bouquins », 1998.

HULUBEI, Alice, *L'Églogue en France au XVIe siècle. Époque des Valois (1515-1589)*, Paris, Droz, 1938.

JOUKOVSKY, Françoise, *La Gloire dans la poésie française et néolatine du XVIe siècle (des Rhétoriqueurs à Agrippa d'Aubigné)*, Genève, Droz, 1969.

JOURDE, Michel, ROSENTHAL, Olivia, *et alii*, « *Va mon Livre* : quelques jalons pour une histoire de la destination », *Nouvelle Revue du Seizième Siècle*, n° 21/1, 2003, p. 121-151.

JUNG, Marc-René, *Hercule dans la littérature française du XVIe siècle. De l'Hercule courtois à l'Hercule baroque*, Genève, Droz, 1966.

LA CHARITÉ, Claude, « Les *Perroniana*, les traductions de Cicéron par Jacqes Davy Du Perron et la formation rhétorique de Henri III », *Tangeance*, vol. 93, 2010, p. 65-78 et 108-109.

LANGER, Ullrich, « De la métamorphose : le polyptote comme figure du plaisir (Pétrarque, Scève, Ronsard) », in *Esprit généreux, esprit pantagruélicque. Essays by His Students in Honor of François Rigolot*, éd. Rainier Leushuis et Z.ahi Zalloua, Genève, Droz, 2008, p. 39-55.

LAVAUD, Jacques, *Un Poète de cour au temps des derniers Valois. Philippe Desportes (1546-1606)*, Paris, Droz, 1936.

LAVOCAT, Françoise, *La Syrinx au bûcher. Pan et les satyres à la Renaissance et à l'âge baroque*, Genève, Droz, 2005.

LEBÈGUE, Raymond, « Dépérissement et mort du néologisme (d'Henri II à Louis XIII) », *Cahiers de l'Association Internationale des Études françaises*, 1973, n° 25, p. 31-44.

LECERCLE, François, « Énigme et poésie à Lyon au milieu du seizième siècle », in *Intellectual Life in Renaissance Lyon, Proceedings of the Cambridge Lyon*

Colloquium (14-16 April 1991), éd. Philip Ford et Gilian Jondorf, Cambridge French Colloquia, 1993, p. 135-172.

LE ROUX, Nicolas, *Les Guerres de religion 1559/1629*, Paris, Belin, 2009.

LESTRINGANT, Frank, « Chorographie et paysage à la Renaissance », in *Le Paysage à la Renaissance*, études réunies par Yves Giraud, Fribourg, Éditions Universitaires, 1988, p. 9-26.

LETERRIER-GAGLIANO, Anne-Gaëlle, « "Le frère contre le frère". La réception catholique des *Discours des misères de ce temps* : reprises et variations du motif de la famille éclatée », in *« Une honnête curiosité de s'enquérir de toutes choses ». Mélanges en l'honneur d'Olivier Millet, de la part de ses élèves, collègues et amis*, études réunies par Marine Champetier de Ribes, Sofina Dembruk, Daniel Fliege et Vanessa Oberliessen, Genève, Droz, 2021, p. 587-594.

LOMBART, Nicolas, « "Ô qu'à bon droict les Grecz t'ont nommé d'un beau nom !". L'économie lexicale des hymnes cosmiques de Ronsard (*Le Ciel* et *Les Astres*, 1555) », in *Vocabulaire et création poétique dans les jeunes années de la Pléiade (1547-1555)*, ét. réunies par Marie-Dominique Legrand et Keith Cameron, Paris, H. Champion, 2013, p. 195-208.

LOMBART, Nicolas, « Écouter l'épique : les paysages sonores de *La Franciade* », in *« Toute l'âme de la poésie héroïque ». Études sur l'épopée en France (*XVI*e-*XVIII*e siècles) offertes à Denis Bjaï*, éd. François Rouget, Genève, Droz, 2021, p. 131-156.

LOTE, Georges, *Histoire du vers français*, Paris, Boivin, 1949 (et Université d'Aix-en-Provence, 1990).

MARGOLIN, Jean-Claude, « L'"Hymne de l'Or" et son ambiguïté », *Bibliothèque d'Humanisme et Renaissance*, XXVIII (2), 1966, p. 271-293.

MATHIEU-CASTELLANI, Gisèle, *Les Thèmes amoureux dans la poésie française (1570-1600)*, Paris, Klincksieck, 1975.

MÉNAGER, Daniel, « Ronsard et les feux follets », in *Ronsard et les éléments*, Actes du colloque de l'Université de Neuchâtel [14-15 avril 1989], éd. André Gendre, Neuchâtel et Genève, Faculté des Lettres et Droz, 1992, p. 127-138.

MÉNAGER, Daniel, *La Renaissance et la nuit*, Genève, Droz, 2005.

MENIEL, Bruno, *Renaissance de l'épopée. La poésie épique en France de 1572 à 1623*, Genève, Droz, 2004.

MENIEL, Bruno, « La colère dans la poésie épique, du Moyen Âge à la fin du XVIe siècle », *Cahiers de Recherches Médiévales et Humanistes*, 11, 2004, p. 37-48.

MOLINS, Marine, *Charles Fontaine traducteur. Le poète et ses mécènes à la Renaissance*, Genève, Droz, 2011.

NAÏS, Hélène, *Les Animaux dans la poésie française de la Renaissance*, Paris, M. Didier, 1961.

PERTILE, Lino, « Un poemetto inedito sulle guerre di religione : "L'Erynne Françoise de la France affligée" di Germain Audebert », *Bibliothèque d'Humanisme et Renaissance*, XXXVIII (2), 1976, p. 299-322.

PETEY-GIRARD, Bruno, *Le Sceptre et la plume. Images du prince protecteur des Lettres de la Renaissance au Grand Siècle*, Genève, Droz, 2010.

PICHOT, Pierre-Élie, « L'artillerie dans la poésie épique française au temps des guerres de religion », *Seizième Siècle*, 16, 2020, p. 7-25.

PINEAUX, Jacques, *La Poésie des protestants de langue française (1559-1598)*, Paris, Klincksieck, 1971.

POIRIER, Guy, « Interstices à l'imaginaire maniériste : les stances de Philippe Desportes », in *Philippe Desportes (1546-1606). Un poète presque parfait entre Renaissance et Classicisme*, éd. Jean Balsamo, Paris, Klincksieck, 2000, p. 341-354.

POUEY-MOUNOU, Anne-Pascale, *L'Imaginaire cosmologique de Ronsard*, Genève, Droz, 2002.

POUEY-MOUNOU, Anne-Pascale, « Les géants écrabouillés de Pierre de Ronsard », in *Les Géants entre mythe et littérature*, éd. Marianne Closson et Myriam White-Le Goff, Artois Presses Université, 2007, p. 103-112.

POUEY-MOUNOU, Anne-Pascale, avec CASIGLIA, Nathalie, « La Porte, la Pléiade et Bacchus. Ce que le traitement électronique d'un article des *Epithetes* nous apprend du travail de La Porte », in *Inqualifiables fureurs. Poétique des invocations inspirées aux XVIe et XVIIe siècles*, éd. A.-P. Pouey-Mounou, Paris, Classiques Garnier, 2019, p. 247-278.

POUEY-MOUNOU, Anne-Pascale, « Ronsard et l'épithète homérique », in *Le Poète aux mille tours : la traduction des épithètes homériques à la Renaissance*, éd. Anne-Pascale Pouey-Mounou et Silvia D'Amico, Genève, Droz, 2020, p. 361-384.

QUAINTON, Malcolm, *Ronsard's Ordered Chaos. Visions of Flux and Stability in the Poetry of Pierre de Ronsard*, Manchester, Manchester University Press, 1980.

RAYMOND, Marcel, *L'Influence de Ronsard sur la poésie française [1550-1585]*, Genève, Droz, 1965 [1re éd. 1927].

RENTET, Thierry, *Anne de Montmorency : Grand Maître de François Ier*, Rennes, Presses universitaires, 2011.

ROUGET, François, *L'Apothéose d'Orphée. L'esthétique de l'ode en France au XVIe siècle de Sébillet à Scaliger (1548-1561)*, Genève, Droz, 1994.

ROUGET, François, « La bibliothèque de François Rasse des Neux : compléments d'enquête », in *Labyrinthes de l'esprit*, Actes du colloque de la FISIER (Montréal 2011-Cambridge 2012), dir. Rosanna Gorris Camos et Alexandre Vanautgaerden, Genève, Droz, 2015, p. 421-471.

ROUGET, François, « Ronsard et la célébration poétique de la mort de François de Lorraine (1563) », *Revue d'Histoire Littéraire de la France*, 2017, nº 2, p. 369-389.

ROUGET, François, « "Le Tombeau poétique de Fleurie, pour Niré" : la célébration poétique de la mort de Marie de Clèves (1574) », *Revue d'Histoire Littéraire de la France*, 2021, nº 4, p. 773-792.

ROUGET, François, « Les tonneaux de Jupiter : détours d'un comparant d'Homère à Voltaire », *Les Détours du comparant*, Actes du colloque international de l'Université de Rouen (juin 2022), dir. Xavier Bonnier et Florence Fix, Paris, Classiques Garnier, à paraître.

ROUSSEAU, Nathalie, « Traduire l'intraduisible : questions de morphologie grecque », in *Le Poète aux mille tours : la traduction des épithètes homériques à la Renaissance*, éd. Anne-Pascale Pouey-Mounou et Sylvia D'Amico, Genève, Droz, 2020, p. 55-94.

ROY, Bruno, « Des devinettes aux énigmes. Les premières séries de *Questions énigmatiques* », in *L'Énigmatique à la Renaissance : formes, significations, esthétiques*, Actes du colloque organisé par l'association Renaissance, Humanisme, Réforme (Lyon, 7-10 septembre 2005) de Lyon, éd. Daniel Martin, Pierre Servet, et André Tournon, Paris, H. Champion, 2008, p. 155-171.

SEALY, Robert J., *The Palace Academy of Henry III*, Genève, Droz, 1981.

SIMON, Marcel, « Du Perron et la poétique de son temps », *Travaux de Littérature*, II, 1989, p. 83-89.

SIMONIN, Michel, *Vivre de sa plume au XVIe siècle ou La carrière de François de Belleforest*, Genève, Droz, 1992.

SIMONIN, Michel, « Notes sur Pierre Boaistuau », *Bibliothèque d'Humanisme et Renaissance*, XXVIII (2), 1976, p. 323-333 (repris dans *L'Encre & la lumière. Quarante-sept articles (1976-2000)*, Genève, Droz, 2004, p. 3-14).

SMITH, Pauline M., *The Anti-Courtier Trend in Sixteenth Century French Literature*, Genève, Droz, 1964.

TERVARENT, Guy de, *Attributs et symboles dans l'art profane. Dictionnaire d'un langage perdu (1450-1600)*, Genève, Droz, 1997 (1re éd. 1958).

THUILLIER, Guy, « Un poème protestant inconnu : *L'Erynne françoise* d'Ubert Philippe de Villiers (1585) », *La Revue administrative*, n° 333, mai 2003, p. 240-245.

TOMARKEN, Annette H., *The Smile of Truth. Eulogy and Its Antecedents*, Princeton University Press, 1990.

USHER, Phillip J., *L'Aède et le géographe. Poésie et espace du monde à l'époque prémoderne*, Paris, Classiques Garnier, 2018.

VEYRIN-FORRER, Jeanne, « Un collectionneur engagé, François Rasse des Neux, chirurgien parisien », in *La Lettre et le texte*, Paris, ENS Éditions, 1987, p. 423-477.

WEBER, Henri, *La Création poétique au XVIe siècle en France de Maurice Scève à Agrippa d'Aubigné*, Paris, Nizet, 1955.

YATES, Frances A., *Astraea : The Imperial Theme in the Sixteenth Century*, Londres et Boston, Routledge et Kegan Paul, 1975.

INDEX NOMINUM

TABLE ALPHABÉTIQUE DES *INCIPIT*

TABLE DES FIGURES

TABLE DES MATIÈRES

CINQ LIVRES DE L'ERYNNE FRANÇOISE ET AUTRES POÉSIES

IMPRIM'VERT®

Achevé d'imprimer par Corlet,
Condé-en-Normandie (Calvados),
en Septembre 2022
N° d'impression : 177579 - dépôt légal : Septembre 2022
Imprimé en France